AF234360

ACHETER
SON BIEN IMMOBILIER

Groupe Eyrolles
61, Bd Saint-Germain
75240 Paris Cedex 05

www.editions-eyrolles.com

De Particulier à Particulier
45, rue du Cardinal Lemoine
75239 Paris Cedex 05
www.pap.fr

Le code de la propriété intellectuelle du 1er juillet 1992 interdit en effet expressément la photocopie à usage collectif sans autorisation des ayants droit. Or, cette pratique s'est généralisée notamment dans l'enseignement, provoquant une baisse brutale des achats de livres, au point que la possibilité même pour les auteurs de créer des œuvres nouvelles et de les faire éditer correctement est aujourd'hui menacée.

En application de la loi du 11 mars 1957, il est interdit de reproduire intégralement ou partiellement le présent ouvrage, sur quelque support que ce soit, sans autorisation de l'éditeur ou du Centre français d'exploitation du droit de copie, 20, rue des Grands-Augustins, 75006 Paris.

© Groupe Eyrolles, 1998, 2000, 2002, 2005, 2007, 2011
© De Particulier à Particulier, 1998, 2000, 2002, 2005, 2007, 2011
ISBN : 978-2-212-55173-0

Coordonné par Jean-Michel GUÉRIN
avec la collaboration de Valérie SAMSEL

ACHETER SON BIEN IMMOBILIER

EYROLLES

Dans la même collection :

- La copropriété
- Vendre son bien immobilier
- Louer un bien immobilier
- Les relations de voisinage

Sommaire

© Groupe Eyrolles / PAP

© Groupe Eyrolles / PAP

Deuxième partie

Le compromis de vente

© Groupe Eyrolles / PAP

© Groupe Eyrolles / PAP

© Groupe Eyrolles / PAP

Troisième partie
Les frais de notaire

© Groupe Eyrolles / PAP

© Groupe Eyrolles / PAP

Quatrième partie
Faire construire sa maison

Le financement 161

Les frais d'acquisition du terrain 161
Les frais spécifiques à la construction 162

Le terrain 167

Comment trouver le terrain ? 167
Quel terrain choisir ? 168

© Groupe Eyrolles / PAP

© Groupe Eyrolles / PAP

© Groupe Eyrolles / PAP

© Groupe Eyrolles / PAP

© Groupe Eyrolles / PAP

Introduction

Pour bon nombre d'entre nous, l'achat d'un logement est la décision patrimoniale la plus importante de notre vie. Il importe donc de réussir du mieux possible cette opération, afin d'en tirer le maximum de satisfactions. Et là, le meilleur conseil que l'on peut donner est le suivant : savoir acheter, c'est d'abord se faire plaisir. D'une part, parce que rien n'est plus déprimant que d'être condamné à vivre dans un logement qui ne convient pas. D'autre part, parce qu'un propriétaire heureux est le meilleur ambassadeur du bien qu'il souhaite revendre ou louer. Certes, nous ne prétendons pas donner ici la méthode qui vous conduira au « coup de cœur ». Simplement, nous pensons qu'il est indispensable de connaître et de maîtriser certains détails techniques ou pratiques. Ces connaissances seront autant d'atouts pour vous éviter des erreurs ou vous permettre d'apprécier à leur juste valeur les arguments de vos interlocuteurs. Tel est donc l'objet du présent ouvrage.

Vous y trouverez, de la recherche du crédit jusqu'à la construction de votre propre maison, en passant par la signature de la promesse de vente, le paiement des frais de notaire et éventuellement de la TVA immobilière, tout ce qu'il faut connaître et maîtriser pour que vous puissiez succomber, en toute confiance, à votre « coup de cœur ».

© Groupe Eyrolles / PAP

Première partie

Le financement

Trouver le bon crédit ne demande ni beaucoup de temps ni des connaissances mathématiques particulières. Il suffit d'un peu de méthode et de connaître le jargon des banquiers. Grâce à cela, vous pouvez optimiser votre financement. Et un financement bien conçu, c'est pour vous le gage d'accéder à un logement plus spacieux où vous pourrez vivre plus confortablement.

Ce chapitre, en indiquant tous les types de crédit actuellement pratiqués et en répondant aux questions les plus importantes, doit vous permettre de choisir le financement le plus adapté à l'achat d'un logement neuf ou ancien, à la construction d'une maison ou encore à la réalisation de travaux d'aménagement. Voici les notions de base que vous devez connaître pour discuter à armes égales avec votre banquier.

Le prêt : contrat et garanties

Avant d'emprunter

Définissez votre capacité de remboursement

Vous devez savoir que le montant maximal du prêt que vous pouvez contracter dépend de votre taux d'endettement. Pour limiter principalement les risques de surendettement, l'organisme de crédit que vous consultez exige que le montant de l'échéance de remboursement de votre emprunt ne dépasse pas un certain pourcentage de vos revenus appréciés sur une année. Selon vos ressources, ce pourcentage varie de 25 à 33 % (limite maximale) de vos revenus, majorés éventuellement du montant de l'aide personnalisée au logement (APL) à laquelle vous seriez susceptible de prétendre dans le cadre d'un financement aidé par l'État.

Calcul de votre capacité de remboursement

Les revenus annuels de votre couple sont de 2 700 € mensuels × 13 mois soit 35 100 €. Votre capacité de remboursement est d'environ 30 %, soit 10 530 € annuels. Vous pouvez donc acquitter des mensualités de l'ordre de 877,50 €, voire 900 €.

© Groupe Eyrolles / PAP

Pour déterminer votre capacité d'emprunt, il faut également tenir compte des charges de remboursement afférentes aux prêts principaux, aux prêts constitutifs d'apport personnel et ne pas oublier les crédits à court terme que vous avez éventuellement contractés pour votre équipement ménager ou l'acquisition d'une automobile.

La constitution de votre apport personnel

Le prêt qui vous est consenti n'est, en général, que de 80 % à 90 % du prix de vente du logement. Il vous faudra donc trouver les 10 % ou 20 % manquants augmentés des frais de notaire. C'est ce qui est couramment dénommé « apport personnel ». Si vous n'arrivez pas à réunir la somme nécessaire grâce à des économies, un emprunt familial, etc., reportez-vous au paragraphe « Les crédits constitutifs d'apport personnel ».

À savoir

Il est aujourd'hui possible, pour ceux qui disposent d'un bon dossier, de financer totalement leur acquisition par un prêt.

Constituer son dossier

Les principaux documents nécessaires à la constitution d'un dossier de crédit sont :

- l'évaluation de vos salaires ou de vos revenus moyens nets annuels (feuilles de paie et déclaration de revenus notamment) ;
- les justificatifs de votre situation de famille, et éventuellement de la condition des personnes à charge (pour certains prêts) ;
- la copie de la promesse de vente ou du titre de propriété ;
- le montant et les charges de remboursement des divers prêts constitutifs d'apport personnel, ou autres, auxquels vous avez vocation.

Pour un projet de construction de maison individuelle, il vous faut aussi fournir :

- un plan ou une indication des surfaces projetées (habitables et annexes) ;

© Groupe Eyrolles / PAP

- un devis estimatif ou une évaluation du coût total des travaux à entreprendre ;
- éventuellement, les caractéristiques du prêt déjà consenti pour financer l'achat du terrain.

Pour une acquisition de logement ancien (appartement ou pavillon) à rénover (opération dite « d'acquisition-amélioration »), vous devez fournir :

- un plan ou une indication des surfaces habitables et annexes, avant et après travaux ;
- un devis estimatif, ou une évaluation du coût des travaux d'amélioration ou d'extension nécessaires pour mettre le logement en conformité avec les normes minimales légales d'habitabilité ;
- une indication de l'ancienneté de l'immeuble considéré (date de construction si possible).

Pour l'achat d'un logement neuf ou ancien, faisant partie d'un immeuble ou d'un ensemble immobilier, renseignez-vous pour savoir s'il s'agit ou non d'une acquisition en copropriété.

Les deux formes de contrat de prêt

Le contrat de prêt peut revêtir deux formes :

- soit il s'agit d'un **acte authentique**, c'est-à-dire d'un acte reçu par un officier public, le notaire. Ce type d'acte est obligatoire dès que le crédit est garanti par une hypothèque ou un privilège. Il donne lieu à des émoluments notariés qui se calculent sur le montant des sommes empruntées, et que le notaire perçoit le jour de la signature du contrat ;

    ☞ *Pour plus de détails, reportez-vous à la partie « Les frais de notaire ».*

- soit c'est un **acte sous seing privé**, c'est-à-dire un acte rédigé et signé par les « parties » (le prêteur et vous-même) sans l'intervention du notaire.

Le choix de l'une ou l'autre forme incombe au prêteur et dépend du prêt souscrit, mais surtout du type de garantie exigé par la banque (hypothèque, privilège ou caution d'une société spécialisée).

© Groupe Eyrolles / PAP

Les garanties du prêteur

Celui qui prête de l'argent, que ce soit une banque, un organisme spécialisé ou un particulier, a besoin de garanties qui lui permettent, le cas échéant, de récupérer les sommes prêtées. Ces garanties prennent le nom d'hypothèque, de privilège de prêteur de deniers (PPD) ou de caution. Leur point commun : permettre au créancier, en cas de défaut de paiement, de faire procéder à la vente du bien et de se rembourser sur le prix de vente.

Ces garanties ont un coût qu'il ne faut pas négliger lors de l'établissement du plan de financement : droits d'enregistrement et frais de notaire pour le privilège et l'hypothèque, commission et contribution au Fonds mutuel de garantie (FMG) pour la caution

☞ Se reporter à la partie « Les frais de notaire ».

L'hypothèque

L'hypothèque confère un droit permettant au prêteur-créancier de saisir l'immeuble hypothéqué en quelques mains qu'il se trouve. Si le débiteur (vous-même) est défaillant, le créancier-prêteur peut faire vendre l'immeuble en justice et se payer par prélèvement sur le prix de vente.

À savoir

L'hypothèque prend date à compter de son inscription sur un registre public.

Plusieurs hypothèques peuvent être successivement constituées sur le même immeuble. Tel est le cas si, pour réaliser votre achat, vous recourez à un financement aidé par l'État et à un crédit complémentaire bancaire. Une hypothèque de 1er rang est alors formalisée en garantie du prêt aidé, puis, si nécessaire, une hypothèque de 2e rang garantit le crédit complémentaire bancaire.

Ce n'est pas parce qu'une hypothèque est prise sur votre logement que vous ne pouvez plus le vendre. Il vous suffira de rembourser les crédits restant dus, grâce à l'argent que vous percevrez lors de votre vente. Votre notaire se chargera de procéder à la mainlevée de l'hypothèque.

© Groupe Eyrolles / PAP

8

L'hypothèque rechargeable (HR)

Ce type de crédit hypothécaire permet à un emprunteur ayant déjà remboursé une partie de son crédit de souscrire un nouveau prêt qui est garanti par l'hypothèque initiale. En d'autres termes, le bien immobilier acheté au départ et sur lequel a été inscrite une hypothèque peut servir de garantie pour d'autres crédits ; aussi bien des prêts à la consommation que des prêts immobiliers.

À savoir

L'emprunteur doit faire part de son intention dès la première prise d'hypothèque en mentionnant qu'elle pourra être réaffectée à la garantie d'autres créances.

Ce type de produit est plus adapté à des prêts de nature immobilière (travaux de rénovation, d'agrandissement ou d'achat d'un bien immobilier), car la « recharge » de l'hypothèque est soumise à des frais de notaire. La convention de rechargement pour obtenir le nouveau prêt est en effet obligatoirement passée devant notaire, avec application des règles protectrices du consommateur, notamment un délai de réflexion de dix jours. L'emprunteur doit par ailleurs mentionner pour quelle somme maximale l'hypothèque pourra être réaffectée à la garantie d'autres créances.

Il est également possible de transformer une hypothèque classique prise avant l'entrée en vigueur du nouveau dispositif, soit le 25 mars 2006, en hypothèque rechargeable. Cela nécessite un acte notarié publié au Bureau des hypothèques, donc des frais de notaire et des frais fiscaux.

Exemple

Vous avez acquis un bien immobilier en souscrivant un prêt de 150 000 €. Au bout de cinq ans, vous avez déjà remboursé 50 000 €. Vous pouvez alors réemprunter à concurrence de ce montant (ou plus même) et la banque est garantie par l'hypothèque initiale qui est rechargée. Reste un point essentiel toutefois : l'emprunteur doit être en mesure de rembourser les deux prêts et la banque doit prendre en compte sa capacité d'endettement. Dans ce cas, si les ressources de l'emprunteur n'ont pas

© Groupe Eyrolles / PAP

évolué et qu'il est déjà au maximum de l'endettement, il ne peut pas réemprunter, même avec une hypothèque rechargeable.

Le privilège

Pour garantir leur créance, il arrive assez souvent que les banques prennent une autre sorte de sûreté réelle que l'on appelle « privilège de prêteur de deniers » (PPD). Comme l'hypothèque, elle permet à la banque, en cas d'impayés, de faire vendre le bien et de se rembourser sur le prix de vente. En cas de revente du bien, le prêt est remboursé et le notaire procède à la mainlevée de l'inscription.

Cette garantie, moins onéreuse que l'hypothèque, assure de plus une meilleure protection des créanciers. C'est pourquoi le PPD a de plus en plus souvent aujourd'hui la faveur des banques et des emprunteurs.

À savoir

Le privilège n'est possible que pour l'acquisition d'un bien et non pour sa construction. Il est donc exclu pour garantir un prêt destiné à financer la construction d'une maison ou l'achat d'un logement sur plan.

Le cautionnement

À l'heure actuelle, les banques proposent de plus en plus souvent à leurs clients de garantir les prêts qu'elles accordent par la caution d'une société spécialisée. En cas d'incident de paiement, la société de caution paie aux lieu et place de l'emprunteur et se retourne ensuite contre lui. Cette garantie est en principe réservée aux emprunteurs disposant d'un minimum d'apport personnel. Elle est à peu près aussi coûteuse au départ qu'une hypothèque ou un PPD mais, en cas de revente du bien, la société de caution rembourse à l'emprunteur les deux tiers environ des frais de départ.

La protection de l'emprunteur

Elle résulte de la loi du 13 juillet 1979, dite loi « Scrivener », maintenant codifiée aux articles L. 312-1 et suivants du Code de la consommation.

© Groupe Eyrolles / PAP

Cette loi est relative à l'information et à la protection des emprunteurs dans le domaine du crédit immobilier. Elle réglemente l'information qui doit vous être fournie. Ainsi, les documents publicitaires doivent comporter des mentions obligatoires, notamment : l'identité du prêteur, la nature du prêt et le taux d'intérêt du prêt. Votre protection, en tant qu'emprunteur, est par ailleurs assurée par les mécanismes suivants.

L'offre de prêt

Son contenu est strictement encadré par la loi. Elle doit vous être envoyée par la banque, gratuitement et par voie postale (article L. 312-7 du Code de la consommation). La banque ne peut donc vous remettre directement l'offre de prêt. En outre, vous ne pouvez accepter cette offre avant l'expiration d'un délai obligatoire de réflexion de dix jours. Si vous acceptez l'offre de prêt, vous devez également le faire par lettre (le cachet de la poste faisant foi). L'envoi de l'offre a pour effet d'obliger la banque à maintenir son offre pendant un délai minimal de trente jours à compter de sa réception par l'emprunteur (article L. 312-10 du Code de la consommation).

En pratique, la durée de validité de l'offre est presque toujours supérieure à un mois, souvent quatre mois. En fait, cela dépend de la nature de l'opération à financer. Le délai est susceptible d'être allongé dans l'hypothèse où certaines formalités administratives seraient exigées (notamment obtention d'un permis de construire).

Les droits d'instruction

Ils varient suivant l'établissement bancaire et selon le type de prêt. Ils s'élèvent en principe à 1 % du capital emprunté mais sont toujours négociables.

Pénalités en cas de remboursement anticipé du prêt

Vous pouvez toujours décider de rembourser par anticipation une partie (plus de 10 %) ou la totalité du prêt. La banque peut alors demander une pénalité qui ne peut excéder un semestre d'intérêt sur le capital remboursé au taux moyen du prêt sans pouvoir dépasser 3 % du capital restant dû (article L. 312-21 du Code de la consommation).

© Groupe Eyrolles / PAP

> **À savoir**
>
> Pour les prêts souscrits depuis le 1er juillet 1999, cette indemnité n'est pas due lorsque le remboursement est motivé par la vente du bien immobilier suite à l'un des événements suivants : changement de lieu ou cessation forcée d'activité professionnelle de l'emprunteur ou de son conjoint, ou bien décès de ces derniers.

Le lien obligatoire entre l'obtention du prêt et l'opération à financer

L'offre est toujours acceptée sous la condition résolutoire de la non-conclusion, dans un délai de quatre mois à compter de son acceptation, du contrat pour lequel le prêt est demandé (article L. 312-12 du Code de la consommation). Ceci signifie que si vous n'achetez plus, pour une raison ou pour une autre, vous ne serez plus obligé d'emprunter.

Conditions suspensives

Le contrat principal (contrat de construction, acte de vente...) est conclu sous la condition suspensive de l'obtention du ou des prêts qui en assurent le financement. Si le prêt n'est pas accordé, la convention signée est considérée comme nulle et non avenue. Dans ce cas, toutes les sommes que vous avez pu verser d'avance doivent être immédiatement et intégralement remboursées (article L. 312-14 du Code de la consommation).

Vous bénéficiez de la même protection quand bien même votre contrat ne contiendrait pas ce type de clause et que le prêt vous serait refusé par votre banque. La protection de l'emprunteur est donc poussée à l'extrême.

> **À savoir**
>
> Si vous achetez sans l'aide d'un crédit, vous pouvez renoncer à la condition suspensive en inscrivant, de façon manuscrite, une mention spécifiant votre renonciation au bénéfice de la loi Scrivener (article L. 312-17 du Code de la consommation). Mais attention, une fois cette mention portée dans l'acte, vous ne pouvez plus revenir dessus.

© Groupe Eyrolles / PAP

● Conditions suspensives multiples

Vous pouvez insérer différentes conditions suspensives dans le compromis. Si vous achetez un terrain, vous pouvez faire figurer dans la promesse de vente deux conditions suspensives : celle pour l'obtention d'un crédit et celle pour l'obtention d'un permis de construire. Si vous n'obtenez pas le permis, la vente ne se réalise pas. L'offre de prêt que l'organisme financier vous a faite est considérée comme inexistante.

● Remboursement des 10 %

Vous signez une promesse de vente pour l'achat d'un appartement. À ce titre vous versez 10 % du prix. Puis vous faites des démarches auprès des banques, mais celles-ci refusent de vous prêter la somme nécessaire au financement de l'appartement. Vous pouvez obtenir le remboursement intégral des 10 % versés à la promesse de vente (article L. 312-16 du Code de la consommation).

● Un mois minimum pour obtenir ses prêts

La durée de validité de la condition suspensive d'obtention du ou des prêts ne peut être inférieure à un mois à compter de la signature de l'acte ou de l'enregistrement de la promesse. En d'autres termes, vous avez au minimum un mois pour trouver vos prêts. En pratique, on prévoit le plus souvent un délai plus long, qui est plutôt de quarante-cinq jours. Si dans le délai indiqué vous n'avez pas obtenu votre prêt, vous n'êtes plus lié par la vente.

Toutes les sommes que vous avez préalablement versées doivent donc vous être intégralement remboursées. Il s'agit par exemple des frais de notaire, de l'indemnité d'immobilisation effectuée lors de la signature de la promesse, du dépôt de garantie versé lors de la signature du contrat préliminaire dans le cas d'une vente sur plan.

Encore faut-il que vous ayez accompli l'ensemble des démarches nécessaires pour obtenir vos emprunts. À défaut, le vendeur serait en droit de ne pas vous restituer les sommes perçues d'avance. Tel est le cas par exemple si vous vous abstenez de déposer le dossier de demande de prêts ou si vous ne le faites pas en temps utile.

© Groupe Eyrolles / PAP

Des prêts dépendants les uns des autres

En cas de recours à plusieurs prêts pour la même opération, chaque prêt d'un montant supérieur à 10 % du crédit total est conclu sous la condition suspensive de l'octroi de chacun des autres prêts (article L. 312-13 du Code de la consommation). Ce qui veut dire que si l'un des prêts vous est refusé, vous n'êtes plus obligé d'acheter et toutes les sommes versées préalablement doivent vous être remboursées.

Si vous achetez avec un ou plusieurs prêts, votre vendeur, pour se protéger, vous demandera sans doute d'énumérer ces prêts et leurs principales caractéristiques. Inutile de vous dire que tout énoncé vague ou fantaisiste peut toujours se retourner contre vous !

Contrat de prêt et contrat de réservation

Dans le cadre d'une vente sur plan, vous signez non pas une promesse ou un compromis de vente mais un contrat de réservation. Soyez vigilant sur les clauses du contrat car les dispositions de la loi Scrivener ne s'appliquent pas d'office. D'où l'intérêt de prévoir une disposition concernant l'obtention des prêts afin d'éviter, en cas de refus de votre banque, de perdre définitivement les sommes préalablement versées.

Les assurances

Aucun établissement de crédit n'accepte de consentir un prêt sans une assurance décès-invalidité : c'est une règle incontournable.

L'assurance décès-invalidité

Indispensable, cette assurance prend en charge vos mensualités de remboursement en cas d'incapacité temporaire ou totale de travail ainsi qu'en cas de décès de l'emprunteur ou de son conjoint. Son coût est inclus dans votre mensualité et est compris entre 0,2 et 0,65 % par an du capital initialement emprunté. Il peut parfois être plus élevé (jusqu'à 1 % par exemple) en cas de problèmes médicaux spécifiques. Toutefois, quand ces derniers sont jugés trop graves, l'assurance peut vous être refusée. C'est pourquoi vous devez remplir un questionnaire médical afin de faire connaître au mieux votre état de santé.

© Groupe Eyrolles / PAP

Conseil

Remplissez le questionnaire médical avec exactitude, car toute omission ou passage mensonger peut vous coûter cher. En cas de problèmes ultérieurs, l'assurance peut refuser de vous indemniser.

L'assurance décès-invalidité prend à sa charge les mensualités de remboursement pour une période d'incapacité de travail donnée, après un délai de carence généralement fixé à quatre-vingt-dix jours. Elle assure le règlement du solde du prêt en cas d'incapacité totale ou de décès.

S'assurer quel que soit son état de santé

Les établissements de crédit sont soumis à une loi du 31 janvier 2007 qui permet aux emprunteurs présentant un risque de santé de pouvoir s'assurer et emprunter. Cette loi reprend les engagements adoptés par la convention AERAS (s'Assurer et Emprunter avec un Risque Aggravé de Santé) et élargit l'accès à l'assurance aux personnes qui se voyaient jusque-là opposer des refus de prêt immobilier en raison de leur état de santé ou de leur handicap. C'est le cas, par exemple, des personnes ayant eu un cancer, une cardiopathie… Une réforme du texte doit voir le jour en septembre 2011, pour plus de souplesse et une meilleure prise en compte des pathologies et des avancées médicales.

Il est possible et toujours judicieux de faire jouer la concurrence entre compagnies d'assurances. D'ailleurs, depuis le 1er septembre 2010, la banque ne peut plus vous refuser le recours à une assurance autre que celle qu'elle vous propose. Vous avez donc la possibilité, notamment si vous êtes jeune, d'obtenir de meilleurs tarifs auprès d'assurances spécialisées (coût inférieur à 0,20 % du capital emprunté) plutôt qu'auprès de l'assurance proposée par la banque. Le tarif proposé par l'assurance extérieure est en effet parfaitement ajusté à votre profil (âge, santé, profession) et à votre prêt. Si les garanties proposées par cette assurance sont identiques à celles proposées par l'assurance de groupe de la banque, cette dernière est obligée d'accepter et ne peut pas modifier les conditions du prêt.

L'assurance perte d'emploi

Autre assurance : celle qui garantit la perte d'emploi du salarié. En règle générale, sachez que l'assurance chômage n'est pas bon marché.

© Groupe Eyrolles / PAP

Explication à ce phénomène, le caractère facultatif de cette assurance entraîne une faible mutualisation des risques, tous les emprunteurs ne souscrivant pas cette garantie. Cela oblige par conséquent les assureurs à répartir son coût sur un faible nombre d'assurés, d'où son prix élevé.

Toutefois, le coût d'une assurance perte d'emploi est variable d'une compagnie à une autre. Certaines calculent son coût en fonction des mensualités de remboursement (entre 1 % et 6,5 % par mois), d'autres en fonction du capital emprunté (entre 0,09 % et 0,65 % par an). Autre système proposé par certaines, celui qui vous rembourse, en fin de prêt, 50 % des primes d'assurance versées si vous n'avez jamais mis en œuvre cette garantie pendant toute la durée du crédit.

Une des particularités d'une assurance chômage est qu'elle n'est pas opérationnelle tout de suite : avant d'être indemnisé, vous devez laisser passer un délai de carence et un délai de franchise plus ou moins longs selon les contrats.

- **Le délai de carence**, qui court à compter de la souscription du prêt, est une période pendant laquelle vous n'avez droit à aucune indemnité si vous perdez votre emploi. Il varie en fonction des contrats d'assurance : de six à douze mois à compter de la signature du prêt.
- **Le délai de franchise** : tous les établissements prévoient, à compter du jour où vous touchez les Assedic, une période pendant laquelle vous ne serez pas indemnisé. Elle varie selon les contrats entre trois et six mois.

Sa période d'indemnisation n'est pas illimitée ; sa durée maximale varie d'une manière importante entre les différents contrats. Elle oscille généralement entre douze et trente-six mois pour une même période de chômage.

© Groupe Eyrolles / PAP

Les types de crédit

Les types de financement doivent être envisagés selon vos ressources, la nature exacte de l'opération immobilière souhaitée et votre situation de famille.

Par ailleurs, la destination que vous entendez donner au logement est également déterminante quant au choix du crédit. Ainsi, les prêts pour l'habitation principale impliquent que les lieux soient occupés au moins huit mois par an par vous-même, vos ascendants, descendants ou ceux de votre conjoint, ou encore (dans certains cas) par votre locataire.

Ainsi, si vous souhaitez :
- faire construire une maison individuelle,
- acquérir un terrain à bâtir,
- acquérir un logement neuf,
- acquérir un logement ancien et l'améliorer,
- acquérir un logement ancien ne nécessitant pas ou peu de travaux d'amélioration,
- améliorer le logement que vous occupez,
- aménager un local, non destiné initialement à l'habitation, en logement,
- agrandir votre logement actuel devenu trop exigu,
- réaliser des travaux d'économie d'énergie,

sachez qu'il existe toute une gamme de prêts susceptibles de vous permettre de réaliser votre projet immobilier :
- le prêt à taux zéro plus ;

© Groupe Eyrolles / PAP

- le PAS, prêt d'accession sociale ;
- le PC, prêt conventionné par l'État ;
- les prêts complémentaires à taux privilégiés ;
- les PEL, prêts d'épargne-logement, faisant suite à la souscription d'un compte ou d'un plan ;
- les prêts immobiliers traditionnels.

Nous allons étudier maintenant dans le détail chacun de ces prêts. Ils peuvent être en fait répartis en deux groupes : les prêts constitutifs d'apport personnel et les autres.

Les crédits constitutifs d'apport personnel

La constitution d'un apport personnel suffisant est bien souvent la clef de voûte d'un plan de financement. Cet apport doit représenter un montant minimal variant suivant le type de crédit principal auquel vous avez recours et selon les établissements de crédit. L'idéal est de disposer d'un apport personnel compris entre 20 % et 30 % du montant de l'acquisition. Car n'oubliez pas que vous devez également vous acquitter, à l'aide de fonds propres, des frais annexes, et notamment des frais de notaire.

L'apport personnel est constitué des économies de l'acquéreur. Celles-ci peuvent être complétées par des prêts qui bénéficient d'une aide de l'État, et que l'on appelle les prêts aidés. Ces prêts sont en effet considérés comme de l'apport personnel.

Parmi les différents crédits constitutifs d'apport personnel, le prêt à taux zéro plus est le plus avantageux puisqu'il vous permet de rembourser un crédit sans verser d'intérêt.

Le prêt à taux zéro plus (PTZ+)

Le PTZ+ est une avance remboursable sans intérêts, destinée aux personnes physiques qui désirent acquérir un logement en vue de l'occuper à titre de résidence principale.

Le prêt à taux zéro % existe depuis 1995. Il a été réformé de façon substantielle, d'où le nom de prêt à taux zéro plus, et les nouvelles

© Groupe Eyrolles / PAP

règles s'appliquent depuis le 1er janvier 2011. La grande nouveauté est que le PTZ+ est désormais accordé quel que soit le niveau de ressources de l'emprunteur. Elles entrent en ligne de compte simplement pour déterminer les modalités de remboursement du prêt.

Qui peut en bénéficier ?

Comme dans le précédent dispositif, le PTZ+ est réservé aux primo-accédants, c'est-à-dire aux personnes qui achètent pour la première fois leur résidence principale.

Être primo-accédant

Pour bénéficier du PTZ+, il ne faut pas avoir été propriétaire de sa résidence principale au cours des deux dernières années précédant l'offre de prêt. Il existe toutefois des exceptions à cette condition de première propriété. Ainsi, peuvent bénéficier du PTZ+, alors même qu'elles étaient propriétaires de leur résidence principale au cours des deux dernières années, les personnes suivantes :
- les titulaires d'une carte d'invalidité (2e ou 3e catégorie) ;
- les titulaires de l'allocation allouée aux adultes handicapés ou d'une allocation d'éducation spéciale (versée aux personnes qui assument la charge d'un enfant handicapé) ;
- les victimes d'une catastrophe ayant rendu définitivement inhabitable leur résidence principale (suite à une catastrophe naturelle, technologique, à des tempêtes, ouragans, cyclones…). Dans ce cas, la demande de prêt doit intervenir dans les deux ans de la publication de l'arrêté de catastrophe naturelle ou technologique.

La résidence principale

Les logements financés à l'aide du PTZ+ doivent constituer la résidence principale de l'emprunteur, c'est-à-dire qu'ils doivent être occupés au moins huit mois par an par l'emprunteur et sa famille.

Tant que l'avance n'est pas intégralement remboursée, le logement ne peut être ni affecté à la location saisonnière ou à la location meublée, ni utilisé comme résidence secondaire ou à titre d'accessoire de travail.

© Groupe Eyrolles / PAP

> **À savoir**
>
> Le logement peut toutefois être transformé en local commercial ou professionnel si la surface affectée à cette activité est limitée à 15 % de la surface financée par le prêt.

Exceptions

Par ailleurs, l'obligation d'habiter le logement à titre de résidence principale, c'est-à-dire au moins huit mois dans l'année, ne s'applique pas dans les quatre hypothèses suivantes :

- en cas de force majeure ;
- pour raison de santé ;
- en cas d'obligation liée à l'activité professionnelle de l'emprunteur, autrement dit si sa profession ne lui permet pas d'habiter le logement huit mois dans l'année. Elle l'oblige par exemple à des déplacements réguliers (marin) ou bien à loger sur le lieu de son activité (concierge).

Possibilité de location

Par ailleurs, vous pouvez dans certains cas louer le logement tout en conservant le bénéfice du prêt. Il en est ainsi :

- si le logement est destiné à devenir votre résidence principale lors de votre départ à la retraite ;
- en cas de mobilité professionnelle entraînant un trajet de plus de 50 km entre le nouveau lieu de travail et le logement financé ou un temps de trajet aller/retour d'au moins 1 h 30 ;
- en cas de situation de chômage de plus d'un an ;
- en cas de décès, divorce ou rupture de Pacs.
- en cas d'invalidité grave.

Dans toutes ces situations, le logement peut être loué, pendant une durée maximale de six ans, sachant que le montant du loyer et les ressources du locataire sont soumis aux plafonds applicables à la location d'un logement locatif social.

Pour quels types de logement ?

Vous pouvez solliciter un prêt à taux zéro plus pour financer les opérations suivantes :

© Groupe Eyrolles / PAP

- la construction d'un logement neuf ainsi que, le cas échéant, l'achat du terrain destiné à la construction ;
- l'acquisition d'un logement neuf (achat d'un logement sur plan ou d'un logement jamais habité) ;
- l'aménagement à usage de logement de locaux non destinés à l'habitation ;
- l'acquisition d'un logement ancien (ayant déjà été occupé) et l'ensemble des travaux rendus nécessaires par sa mise aux normes, à l'exception des travaux financés par l'éco-prêt à taux zéro.
- l'acquisition d'un logement faisant l'objet d'un contrat de location-accession (régi par la loi du 12.07.84).

À savoir

À compter du 1er juin 2011, le PTZ+ peut financer l'acquisition de la nue-propriété ou de l'usufruit, l'achat de parts indivises d'un logement ou d'un terrain, sous réserve que cela conduise à l'acquisition totale du logement ou du terrain.

Dans la mesure où elles font partie d'une opération immobilière financée par le PTZ+, les dépendances (garages, emplacements de stationnement, jardins…) peuvent être financées par le PTZ+.

Le montant de l'avance

Le montant du prêt correspond à un pourcentage du coût de l'opération, dans la limite d'un plafond qui diffère selon la localisation du bien et la composition de la famille. Le niveau de performance énergétique du logement a également une incidence sur le montant du prêt accordé.

La localisation du logement

Le montant du PTZ+ varie selon la zone géographique dans laquelle est situé le logement. Il est beaucoup plus important dans les zones « tendues », c'est-à-dire celles où les prix sont élevés à cause du déséquilibre entre l'offre et la demande. Les zones géographiques qui existaient déjà dans l'ancien dispositif ont été revues pour tenir compte de la réalité du marché et permettre un meilleur rééquilibrage territorial.

© Groupe Eyrolles / PAP

Le nouveau PTZ doit ainsi permettre de développer l'achat de logements neufs en zone tendue, c'est-à-dire en zone A, d'où un plafond d'opérations important dans cette zone. Par ailleurs, une nouvelle zone a fait son apparition puisque la zone B est scindée en deux. On distingue donc quatre zones géographiques.

Les zones géographiques du PTZ+

- Zone A : l'agglomération parisienne, la Côte d'Azur (bande littorale Hyères-Menton) et le Genevois français.
- Zone B1 : les agglomérations de plus de 250 000 habitants, grande couronne autour de Paris, quelques agglomérations chères (Annecy, Chambéry, Saint-Malo, etc.), le pourtour de la Côte d'Azur, les départements d'outre-mer, la Corse.
- Zone B2 : les agglomérations de plus de 50 000 habitants, les autres zones frontalières et littorales chères et la limite de l'Île-de-France.
- Zone C : le reste du territoire.

La performance énergétique globale du logement

– Dans l'ancien, le montant du prêt varie selon la « classe énergie » du logement, symbolisée par une lettre de A à G.

Cette étiquette énergétique résulte du diagnostic de performance énergétique (DPE) que tout vendeur doit faire établir préalablement à la vente.

☞ *Voir le paragraphe « Le dossier de diagnostic technique ».*

À savoir

Depuis le 1er janvier 2011, la « classe énergie » des logements doit être mentionnée dans toutes les annonces de ventes.

– Dans le neuf, le montant du PTZ+ varie selon deux catégories : les logements « Bâtiments basse consommation », dits BBC 2005, qui sont très économes en énergie car très en avance sur la réglementation thermique en vigueur, et les autres logements.

À savoir

Dans tous les cas, il ne peut être accordé qu'un seul PTZ+ pour votre projet !

© Groupe Eyrolles / PAP

Les personnes destinées à occuper le logement

Seul le nombre de personnes appelées à vivre dans la maison est pris en considération, sans tenir compte de la situation matrimoniale. Peu importe donc que vous soyez marié, pacsé ou concubin. En outre, un enfant à naître est considéré comme faisant déjà partie du ménage, ce qui permet aux particuliers qui se trouvent dans cette situation d'emprunter davantage.

Le montant du PTZ+ dans l'ancien

Le montant du prêt correspond à un pourcentage du coût de l'opération, pris dans une certaine limite qui varie selon la zone géographique et le nombre de personnes de la famille.

Les plafonds d'opération sont donc les suivants :

Montants plafonds du coût de l'opération

	Zone A	Zone B1	Zone B2	Zone C
1 personne	124 000 €	93 000 €	86 000 €	79 000 €
2 personnes	174 000 €	130 000 €	120 000 €	111 000 €
3 personnes	211 000 €	158 000 €	146 000 €	134 000 €
4 personnes	248 000 €	186 000 €	172 000 €	158 000 €
5 personnes et plus	285 000 €	214 000 €	198 000 €	182 000 €

Pour connaître le montant du PTZ+, on applique ensuite aux plafonds ci-dessus un pourcentage qui varie selon la « classe énergie » du logement, symbolisée par une « étiquette » allant de la lettre A à la lettre G. La « note » est fonction de la consommation annuelle d'énergie du bâtiment par mètre carré, exprimée en kWh/m^2/an. Un bâtiment très économe se voit attribuer la lettre A tandis qu'un logement énergétivore est noté G.

Les sept catégories de « classe énergie » sont regroupées en trois niveaux selon le classement suivant :

© Groupe Eyrolles / PAP

**Quote-part du prêt accordé selon la classe énergie
dans laquelle se situe le logement**

Classe énergie du logement	Zone A	Zone B1	Zone B2	Zone C
Étiquettes A, B, C et D	20 %			
Étiquettes E et F	10 %			
Étiquette G	5 %			

Ce barème avantage donc fortement ceux qui achètent un logement économe en énergie.

À savoir

L'emprunteur justifie de la performance énergétique du logement à l'aide du diagnostic de performance énergétique (DPE) que lui a fourni le vendeur au moment de la vente et qui indique la « classe énergie ».

En articulant les deux tableaux, on obtient les montants maximaux de prêts pouvant être accordés, selon la « classe énergie » dont relève le logement :

**Montants maximaux du PTZ+ pour un logement
de classe énergie A, B, C ou D**

	Zone A	Zone B1	Zone B2	Zone C
1 personne	24 800 €	18 600 €	17 200 €	15 800 €
2 personnes	34 800 €	26 000 €	24 000 €	22 200 €
3 personnes	42 200 €	31 600 €	29 200 €	26 800 €
4 personnes	49 600 €	37 200 €	34 400 €	31 600 €
5 personnes et plus	57 000 €	42 800 €	39 600 €	36 400 €

© Groupe Eyrolles / PAP

© Groupe Eyrolles / PAP

Exemple

Un couple avec un enfant achète une maison de classe énergie D à Saint-Pair-sur-Mer dans la Manche (zone C) d'un montant de 180 000 €. Le montant maximal du PTZ+ que cette famille peut obtenir est de : 134 000 (180 000 plafonnés à 134 000) × 20 % = 26 800 €.

Montants maximaux du PTZ+ pour un logement de classe énergie E ou F

	Zone A	Zone B1	Zone B2	Zone C
1 personne	12 400 €	9 300 €	8 600 €	7 900 €
2 personnes	17 400 €	13 000 €	12 000 €	11 100 €
3 personnes	21 100 €	15 800 €	14 600 €	13 400 €
4 personnes	24 800 €	18 600 €	17 200 €	15 800 €
5 personnes et plus	28 500 €	21 400 €	19 800 €	18 200 €

Exemple

Une personne seule achète un appartement de classe énergie E à Louveciennes dans les Yvelines (zone A) d'un montant de 400 000 €. Le montant maximal du PTZ+ que cette personne peut obtenir est de : 124 000 (400 000 plafonnés à 124 000) × 10 % = 12 400 €.

Montants maximaux du PTZ+ pour un logement de classe énergie G

	Zone A	Zone B1	Zone B2	Zone C
1 personne	6 200 €	4 650 €	4 300 €	3 950 €
2 personnes	8 700 €	6 500 €	6 000 €	5 550 €
3 personnes	10 550 €	7 900 €	7 300 €	6 700 €
4 personnes	12 400 €	9 300 €	8 600 €	7 900 €
5 personnes et plus	14 250 €	10 700 €	9 900 €	9 100 €

Exemple

Un couple avec trois enfants achète une maison de classe énergie G à Pougues-les-Eaux dans la Nièvre (zone B2) d'un montant de 187 000 €. Le montant maximal du PTZ+ que cette famille peut obtenir est de : 187 000 × 5 % = 9 350 €.

À savoir

Vous pouvez calculer le montant de votre PTZ+ en utilisant le simulateur mis en place par le ministère du Logement : ptz-plus.gouv.fr, ou par votre Adil (Agence départementale d'information sur le logement). Pour connaître votre Adil vous pouvez consulter le site de l'Anil qui les regroupe : anil.org.

Le montant du PTZ+ dans le neuf

Comme dans l'ancien, le montant du prêt représente un pourcentage du prix de l'opération, pris dans une certaine limite. Mais les plafonds retenus sont plus élevés et le pourcentage applicable diffère selon que le logement bénéficie du label « bâtiment basse consommation » (BBC 2005) ou non. La valeur verte du logement est donc également prise en compte dans le neuf.

Qu'est-ce qu'un logement BBC ?

BBC signifie Bâtiment Basse Consommation. Cette norme technique, qui sera obligatoire le 1er janvier 2013, impose aux logements neufs de ne pas consommer plus de 50 kWh par mètre carré et par an avec une modulation selon les régions (65 kWh en Île-de-France, 40 kWh sur l'arc méditerranéen par exemple), soit deux à trois fois moins que les biens conformes à l'actuelle réglementation thermique, la RT 2005.

Les logements BBC bénéficient d'une isolation thermique renforcée et sont particulièrement étanches pour limiter drastiquement les déperditions caloriques. Ils sont équipés de chauffage de dernière génération (pompes à chaleur, poêles à bois, chaudières à condensation, etc.), de chauffe-eau solaires ou thermodynamiques, de ventilations améliorées (double flux notamment), etc.

Pour être officiellement BBC, un logement doit être labellisé comme tel par les organismes certificateurs Cerqual ou Promotélec.

© Groupe Eyrolles / PAP

Montant plafond du coût de l'opération pris en compte

	Zone A	Zone B1	Zone B2	Zone C
1 personne	156 000 €	117 000 €	86 000 €	79 000 €
2 personnes	218 000 €	164 000 €	120 000 €	111 000 €
3 personnes	265 000 €	199 000 €	146 000 €	134 000 €
4 personnes	312 000 €	234 000 €	172 000 €	158 000 €
5 personnes et plus	359 000 €	269 000 €	198 000 €	182 000 €

À savoir

Le barème du PTZ+ avantage fortement ceux qui achètent ou font construire un logement neuf dans les zones « tendues » (zones A et B1).

Quote-part du prêt accordé selon que le logement est **BBC** ou non

	Zone A	Zone B1	Zone B2	Zone C
Logement BBC 2005	40 %	35 %	30 %	25 %
Logement non BBC	27 %	22 %	17 %	15 %

L'articulation de ces deux tableaux permet d'obtenir les montants maximaux de PTZ+ qu'il est possible d'obtenir.

Montants maximaux du **PTZ+** pour un logement **BBC 2005**

	Zone A	Zone B1	Zone B2	Zone C
1 personne	62 400 €	40 950 €	25 800 €	19 750 €
2 personnes	87 200 €	57 400 €	36 000 €	27 750 €
3 personnes	106 000 €	69 650 €	43 800 €	33 500 €
4 personnes	124 800 €	81 900 €	51 600 €	39 500 €
5 personnes et plus	143 600 €	94 150 €	59 400 €	45 500 €

© Groupe Eyrolles / PAP

Un couple avec deux enfants fait construire une maison BBC à Bréville-sur-Mer dans la Manche (Zone B2) d'un montant de 180 000 €. Le montant maximal du PTZ+ que cette famille peut obtenir est de : 172 000 (180 000 plafonnés à 172 000) × 30 % = 51 600 €.

Montants maximaux du PTZ+ pour un logement non BBC

	Zone A	Zone B1	Zone B2	Zone C
1 personne	42 120 €	25 740 €	14 620 €	11 850 €
2 personnes	58 860 €	36 080 €	20 400 €	16 650 €
3 personnes	71 550 €	43 780 €	24 820 €	20 100 €
4 personnes	84 240 €	51 480 €	29 240 €	23 700 €
5 personnes et plus	96 930 €	59 180 €	33 660 €	27 300 €

Un couple avec un enfant achète sur plan un appartement non BBC à Brie-Comte-Robert en Seine-et-Marne (zone B1) d'un montant de 190 000 €. Le montant maximal du PTZ+ que cette famille peut obtenir est de : 190 000 × 22 % = 41 800 €.

Le remboursement du PTZ+

Le remboursement se fait par versement d'une somme tous les mois, comme pour un prêt classique, et ce à mensualités constantes.

Mais, et c'est toute la spécificité du PTZ, l'emprunteur peut avoir droit à un différé de remboursement. Par conséquent, le remboursement s'effectue :

– soit en une seule période au cours de laquelle l'emprunteur rembourse chaque mois la même somme. Le calcul est d'ailleurs simple puisqu'il suffit de diviser le montant du prêt par le nombre de mois de remboursement ;

© Groupe Eyrolles / PAP

– soit en deux périodes, la première au cours de laquelle l'emprunteur ne rembourse qu'une partie du prêt, c'est la période de différé, la seconde pendant laquelle il rembourse l'autre fraction du prêt. Ce différé permet à l'emprunteur d'alléger sa charge de remboursement pendant toute la première période pour faire face à ses autres prêts.

Ainsi, la fraction et la durée du différé varient dans les limites suivantes :

– la fraction du prêt qui fait l'objet d'un différé ne peut dépasser 45 % ;
– la durée du différé doit être comprise entre cinq et vingt-trois ans et ne peut dépasser la durée des autres prêts finançant l'opération ;
– la période de remboursement, suite au différé, est comprise entre deux et sept ans.

Le PTZ+ n'ouvre pas droit à un différé total de remboursement, comme c'était le cas avec l'ancien prêt à taux zéro %. L'emprunteur commence donc à rembourser le PTZ+ dès le départ, même si ce n'est qu'une fraction du prêt. Si le montant du remboursement est élevé et limite celui des autres prêts, l'emprunteur a tout simplement la possibilité de réduire le montant du PTZ+.

Plus précisément, les modalités de remboursement, déterminées par le décret du 30 décembre 2010, varient selon la situation géographique du logement, son caractère neuf ou ancien, les ressources de l'emprunteur et, nouveauté du PTZ+, la composition de la famille.

> **Exemple**
>
> Un couple avec un enfant achète en zone B1 un logement non BBC d'une valeur de 200 000 euros. Il a droit à un PTZ+ de 43 780 euros.
>
> Si son revenu fiscal de référence de 2009 (année n-2) est de 30 000 euros, il bénéficie d'un différé à hauteur de 15 % du prêt pendant 23 ans. Le solde est ensuite remboursé sur 2 ans.
>
> Le remboursement s'effectue de la façon suivante :
>
> – Montant remboursé pendant la période 1 : 37 213 € (soit 85 % de 43 780 €)

© Groupe Eyrolles / PAP

– Durée de la période 1 : 23 ans
– Mensualités pendant la période 1 : 135 €
– Montant remboursé pendant la période 2 : 6 567 €
– Durée de la période 2 : 2 ans
– Mensualités pendant la période 2 : 274 €

Notez que si ce même couple dispose de revenus élevés, il ne bénéficie d'aucun différé et doit rembourser le PTZ+ sur cinq ans, ce qui donne des mensualités de 730 euros.

À savoir

Vous pouvez connaître les conditions de remboursement de votre PTZ+ en utilisant le simulateur mis en place par le ministère de l'Écologie, du Développement durable, des Transports et du Logement : ptz-plus.gouv.fr.

Le transfert du prêt

Si vous devez déménager et vendre votre logement avant la fin du PTZ+, vous devez en principe rembourser le capital restant dû à la banque au moment de la vente.

Mais vous pouvez demander à l'établissement de crédit de conserver votre PTZ+ pour financer votre nouvelle acquisition. L'établissement de crédit transfère alors le capital restant dû sur le nouvel achat, s'il estime que la garantie dont il dispose pour cette nouvelle acquisition est satisfaisante.

Financements complémentaires

Le PTZ+ ne peut en aucun cas constituer le financement principal de l'opération puisqu'il couvre entre 5 et 40 % au maximum du financement de l'opération, et au maximum la moitié des emprunts finançant l'achat.

Ainsi, il est cumulable avec tout autre prêt tel que les prêts bancaires classiques, prêt à l'accession sociale, prêt conventionné, prêt d'épargne-logement, prêt action logement, avec le prêt social de location-accession…

© Groupe Eyrolles / PAP

L'éco-prêt à taux zéro : un prêt écologique pour les travaux dans l'ancien

L'éco-prêt à taux zéro est un prêt destiné à financer les travaux réalisés dans la résidence principale et qui améliorent la performance énergétique des logements dans l'ancien. Peuvent en bénéficier aussi bien le propriétaire occupant que le propriétaire bailleur, pour les travaux dans le logement ou dans les parties communes de l'immeuble, pour sa quote-part de travaux. Sont concernés les logements construits avant le 1er janvier 1990, et peu économes en énergie.

Ce prêt à taux zéro est accordé par les établissements de crédit sans condition de ressources pour un montant maximal de 30 000 € par logement. La durée du remboursement est en principe fixée à dix ans, mais peut varier entre trois et quinze ans au maximum.

Trois types de travaux sont concernés. Le bénéficiaire doit s'engager à réaliser au choix :

- soit au moins deux types de travaux figurant parmi une liste : isolation thermique des toitures, des murs donnant sur l'extérieur, des parois vitrées et portes donnant sur l'extérieur, travaux d'installation, de régulation ou de remplacement de systèmes de chauffage ou de production d'eau chaude, installation d'équipement de chauffage ou de production d'eau chaude utilisant une source d'énergie renouvelable ;
- soit des travaux permettant d'atteindre une performance énergétique globale minimale du logement. Dans ce cas, le logement doit avoir été construit après le 1er janvier 1948 et avant le 1er janvier 1990 ;
- soit des travaux de réhabilitation de systèmes d'assainissement non collectif par des dispositifs ne consommant pas d'énergie.

À savoir

Vous pouvez solliciter ce prêt depuis le 1er avril 2009 et jusqu'au 31 décembre 2013.

Ce prêt est cumulable avec le PTZ+ pour l'achat de la résidence principale.

© Groupe Eyrolles / PAP

● Contrôle

Vous devez signer une déclaration sur l'honneur, auprès de votre établissement de crédit, précisant que vous n'avez recours qu'à une seule aide de l'État sous forme d'avance pour l'opération.

● À qui s'adresser ?

Le prêt est délivré par l'ensemble des établissements financiers qui ont passé une convention avec l'État à cet effet. En pratique, la quasi-totalité des banques le distribue et vous pouvez choisir celle de votre choix.

> **À savoir**
>
> Aucuns frais de dossier ne peuvent être demandés pour le PTZ+, ni frais d'expertise, ni intérêts ou intérêts intercalaires.

Comme pour tout autre prêt immobilier, la banque peut assortir l'octroi du prêt d'une garantie de remboursement (hypothèque par exemple) et exiger la souscription d'une assurance décès-invalidité, ce qui occasionne quelques frais.

Le prêt Paris logement (PPL)

Afin de permettre aux Parisiens de rester dans la capitale, et d'acquérir un logement neuf ou ancien, avec ou sans travaux, le Conseil de Paris a mis en place un prêt logement à taux zéro. Il permet aux Parisiens aux revenus moyens confrontés à la crise du logement d'accéder à la propriété dans Paris *intra-muros*. Ce prêt sans intérêts est accordé par les banques ayant signé une convention avec la ville de Paris.

> **À savoir**
>
> Tout comme le PTZ+, le PPL est réservé aux primo-accédants.

● Montant du PPL

Il est de 24 200 € pour une personne seule et de 39 600 € pour tous les autres ménages. Le montant du prêt est augmenté de 50 % afin de

© Groupe Eyrolles / PAP

faciliter l'accès au logement des Parisiens dans le contexte de crise. Jusqu'au 31 mars 2011, il était possible d'emprunter 36 300 € pour une personne seule et 59 400 € pour un couple, et ce sans condition. Depuis le 1er avril 2011, cette majoration est réservée aux ménages qui ont besoin d'emprunter au moins la moitié du prix du logement. Le besoin d'emprunt est égal au prix du logement diminué de l'apport personnel et du montant du PPL de base.

Exemple

Soit un logement de 200 000 euros. Un couple a droit à un PPL de base de 39 600 €. S'il dispose de 20 000 euros d'apport personnel, il a besoin d'emprunter 140 400 €, soit plus de la moitié du prix du bien. Il a droit à la majoration. En revanche, s'il a 70 000 € d'apport personnel, il doit emprunter seulement 90 400 € et n'a donc pas droit à la majoration.

Le PPL est remboursé par mensualités constantes et sans intérêts sur quinze ans. Le logement doit être financé, pour moitié au moins, par d'autres prêts. L'emprunteur doit y établir sa résidence principale dans l'année de l'achat.

Conditions d'attribution

Pour prétendre au prêt, vous devez remplir les trois conditions suivantes :

- justifier au moment de l'offre de prêt d'un an de résidence à titre principal à Paris ;
- ne pas être propriétaire de votre résidence principale au cours de l'année de l'opération et ne pas l'avoir été au cours des deux années précédentes ;
- respecter les plafonds de ressources indiqués ci-dessous.

Ces montants sont réévalués chaque année. Le revenu à prendre en compte est le revenu fiscal de référence figurant sur votre avis d'imposition de l'année N-2 (soit celui de 2009 pour une demande de prêt en 2011), ou, à votre choix, celui de l'année N-1 (soit celui de 2010 pour une demande en 2011), si vous en disposez et s'il est plus favorable.

© Groupe Eyrolles / PAP

Plafonds du revenu fiscal pour une demande faite en 2011

Nombre de personnes constituant le ménage	Revenu fiscal de référence
1	34 049 €
2	48 038 €
3	69 972 €
4	75 182 €
5 et plus	89 450 €

Le prêt Paris logement et le prêt à taux zéro plus de l'État peuvent se cumuler dès lors que vous remplissez les conditions d'attribution de ces prêts.

● **Des prêts à taux zéro renforcés proposés par d'autres municipalités**

D'autres collectivités locales ont mis en place un prêt à taux zéro renforcé (ex : les villes de Toulouse, Marseille, Nantes, ainsi que le département des Hauts-de-Seine) ou envisagent de le faire. Vous avez donc intérêt à vous informer auprès des services municipaux de votre ville.

À savoir

Un prêt parcours résidentiel est proposé aux Parisiens locataires du parc social qui achètent leur futur logement neuf ou ancien à Paris dans le secteur privé. Ce prêt sans intérêts ne se cumule pas avec le prêt Paris logement. Le montant accordé est fonction du nombre de personnes composant le ménage et sous conditions de ressources.

Le prêt action logement

Depuis janvier 2010, le prêt « 1 % logement » a été rebaptisé prêt « action logement ».

© Groupe Eyrolles / PAP

Les bénéficiaires

Il est accordé aux salariés ainsi qu'aux retraités de moins de cinq ans des entreprises privées non agricoles employant plus de dix salariés, afin de les aider à financer leur résidence principale. Ce prêt est réservé à ceux qui n'étaient pas propriétaires de leur logement, les primo-accédants ou bien à ceux qui sont en mobilité professionnelle. Il peut servir à financer :

- un logement neuf, y compris le terrain si vous faites construire ;
- un logement ancien sans obligation de travaux, à condition d'être classé au minimum au niveau D sur l'étiquette énergie reproduite dans le DPE.

Pour obtenir un prêt action logement, adressez-vous au service du personnel de votre entreprise. L'attribution du prêt est facultative.

Le montant du prêt

Le montant maximal du prêt action logement est fonction de la zone dans laquelle se situe le logement.

Montants accordés pour un achat dans l'ancien ou dans le neuf

Zones	A	B1	B2	C
Montant minimal	15 000	15 000	7 000	7 000
Montant maximal	25 500	20 000	15 000	10 000

En outre, le prêt représente au maximum 30 % du coût de l'opération

À savoir

Pour les salariés en mobilité professionnelle, le prêt peut être majoré de 5 000 €. Pour certains travaux d'accessibilité et d'adaptation du logement aux personnes en situation de handicap ou à mobilité réduite, la majoration peut atteindre la moitié du coût des travaux, dans la limite de 16 000 €.

Le taux d'intérêt du prêt action logement est très modique. Il est fixé par l'organisme collecteur ou par l'employeur si celui-ci consent directement le prêt. Il s'élève actuellement à 1,75 %, hors assurances et garanties.

© Groupe Eyrolles / PAP

*☞ Pour plus de détails, vous pouvez consulter le site actionlogement.fr
sur lequel vous trouverez également toutes les coordonnées
des Comités interprofessionnels du logement (CIL)
qui distribuent le prêt.*

Les prêts épargne-logement

Le système de l'épargne-logement comprend une épargne préalable donnant droit ensuite à l'obtention d'un prêt destiné au financement d'un logement dont le montant est calculé en fonction des intérêts acquis.

Ainsi, au terme de votre phase d'épargne, si vous souhaitez acheter un logement, vous disposez pour le financer :
- du montant de l'épargne accumulée ;
- des intérêts capitalisés ;
- d'un prêt accordé automatiquement et calculé en fonction des intérêts acquis ;
- d'une prime d'État dont le montant maximal est fixé par décret.

Il existe deux dispositifs d'épargne-logement :

Le plan épargne-logement (PEL)

Lorsque vous ouvrez un PEL, la première étape consiste à économiser tout en rentabilisant votre placement puisque le plan est rémunéré.

L'épargne

Vous devez économiser pendant au moins quatre ans, avec un versement minimal de 225 € au départ, puis de 540 € par an, soit 45 € par mois. Mais rien ne vous interdit de verser plus puisque le montant des dépôts est plafonné à 61 200 €. Concernant la rémunération de votre plan, elle dépend de la date à laquelle il a été ouvert :
- pour les PEL ouverts entre le 26/07/1999 et le 30/06/2000, le taux est égal à 3,60 % ;
- pour les PEL ouverts entre le 01/07/2000 et le 31/07/2003, le taux est égal à 4,50 % ;
- pour les PEL ouverts à compter du 01/08/2003, le taux est égal à 3,5 % ;
- pour les PEL ouverts du 01/03/2011 au 31/12/2011, le taux est égal à 2,5 %.

© Groupe Eyrolles / PAP

À savoir

Le taux des PEL sera désormais revu chaque année.

Fixée à quatre ans, la durée d'épargne maximale peut être prorogée annuellement sans pouvoir toutefois excéder dix ans. Au terme du plan, vous percevez une prime plafonnée à 1 525 €, pour les logements neufs bénéficiant du label BBC 2005 et pour les logements anciens dont l'étiquette énergie est comprise entre A et D. Pour les autres logements, non économes en énergie, la prime est limitée à 1 000 €.

À savoir

La prime n'est versée que si le montant du prêt dépasse 5 000 €.

Le prêt

Le taux d'emprunt diffère selon la date de conclusion. C'est ainsi que :
- pour un PEL ouvert entre le 26/07/1999 et le 30/06/2000, le taux est égal à 4,31 % ;
- pour un PEL ouvert entre le 01/07/2000 et le 31/07/2003, le taux est égal à 4,97 % ;
- pour un PEL ouvert à compter du 01/08/2003, le taux est de 4,20 %.

Sa durée varie de deux à quinze ans mais le montant maximal du prêt auquel vous pouvez prétendre ne peut excéder 92 000 € (en fonction de votre épargne).

Le montant de votre prêt se calcule à partir des intérêts que vous avez acquis et de la durée de remboursement : plus vous empruntez sur une longue période, moins le prêt est important. Si vous n'avez pas reçu de votre banque un relevé indiquant le montant des intérêts acquis à ce jour, demandez-le-lui.

☞ *Pour calculer le montant de votre prêt d'épargne-logement*
et de vos mensualités de remboursement,
vous pouvez consulter le site :
http://www.logement.equipement.gouv.fr/

© Groupe Eyrolles / PAP

● Le compte épargne-logement (CEL)

Comme pour le plan, vous commencez par épargner tout en rentabilisant votre placement puisqu'il est rémunéré.

Le placement

Vous devez épargner pendant dix-huit mois minimum, avec des versements effectués selon vos disponibilités. Le montant des dépôts est plafonné à 15 300 €. Au terme de l'épargne, et en cas d'obtention d'un prêt, une prime d'État vous est octroyée, plafonnée à 1 144 € par opération de prêt.

Concernant la rémunération de votre compte, les taux sont de :

- 1,75 % pour les intérêts acquis entre le 01/08/2006 et le 31/07/2007 ;
- 2 % pour les intérêts acquis entre le 01/08/2007 et le 31/01/2008 ;
- 2,25 % pour les intérêts acquis entre le 01/02/2008 et le 31/07/2008 ;
- 2,75 % pour les intérêts acquis entre le 01/08/2008 et le 31/01/2009 ;
- 1,75 % pour les intérêts acquis entre le 01/02/2009 et le 31/07/2009 ;
- 0,75 % pour les intérêts acquis depuis le 01/08/2009.

À la différence des PEL, ces différents taux s'appliquent à tous les comptes existants, quelle que soit leur date d'ouverture.

Le prêt

Le taux d'intérêt des prêts est de :

- 3 % pour les droits à prêts liés aux intérêts acquis entre le 01/02/2006 et le 31/07/2006 ;
- 3,25 % pour les droits à prêts liés aux intérêts acquis entre le 01/08/2006 et le 31/07/2007 ;
- 3,50 % pour les droits à prêts liés aux intérêts acquis entre le 01/08/2007 et le 31/07/2008 ;
- 3,75 % pour les droits à prêts liés aux intérêts acquis entre le 01/08/2008 et le 31/01/2009 ;
- 3,25 % pour les droits à prêts liés aux intérêts acquis entre le 01/02/2009 et le 30/04/2009 ;

© Groupe Eyrolles / PAP

- 2,75 % pour les droits à prêts liés aux intérêts acquis entre le 01/05/2009 et le 31/07/2009 ;
- 2,25 % pour les droits à prêts liés aux intérêts acquis depuis le 01/08/2009.

Le montant du prêt est plafonné à 23 000 € et la durée de remboursement peut varier de deux à quinze ans. Il est donc plus adapté au financement de travaux ou de grosses réparations qu'à l'achat d'un logement.

☞ Pour calculer le montant de votre prêt épargne-logement
et de vos mensualités de remboursement,
vous pouvez consulter le site :
http://www.logement.equipement.gouv.fr/

Les garanties

- Assurance-vie et invalidité.
- Caution personnelle ou hypothèque ou promesse de cession de salaires : au choix de l'établissement prêteur et en fonction du montant du prêt.

La destination du logement

Les prêts adossés à un plan ou à un compte d'épargne-logement ouverts après le 1er mars 2011 ne peuvent servir qu'au financement d'un logement constituant la résidence principale de l'emprunteur ou de travaux de réparation et d'amélioration portant sur celle-ci.

En revanche, les bénéficiaires de plans ouverts avant le 1er mars 2011 continuent à pouvoir solliciter des prêts pour financer l'achat ou la construction d'une résidence principale bien sûr, mais aussi d'une résidence de tourisme ou d'une résidence secondaire, réservée à un usage personnel et familial.

À savoir

Le prêt peut être transféré sur un nouveau logement constituant votre résidence principale si l'établissement prêteur l'accepte.

© Groupe Eyrolles / PAP

Cession des droits à prêts

Il est conseillé d'ouvrir un compte pour chacun de vos enfants mineurs. Au sein de votre famille, les avantages acquis sur différents comptes peuvent être cumulés et donner droit à un prêt plus important. Vous pouvez en effet céder vos intérêts acquis à un membre de votre famille disposant lui-même de droits à raison de son propre effort d'épargne, afin de lui permettre d'obtenir un prêt plus important.

Il suffit pour cela que vous possédiez un PEL ouvert depuis au moins trois ans ou un CEL ouvert depuis au moins douze mois. De plus, il faut également que vos enfants soient titulaires de l'une ou de l'autre de ces formules. La transaction s'effectue de banque à banque, sur justification du lien de parenté.

À savoir

Les transmissions de droits à prêt peuvent se faire de PEL à PEL, de CEL à CEL, de CEL à PEL mais pas de PEL à CEL.

Le tableau ci-joint résume les différents cas de figure :

Produit détenu par la personne qui reçoit	Produit souscrit par la personne qui cède		
	CEL 12 mois minimum	CEL 18 mois minimum	PEL 3 ans minimum
Ni CEL, ni PEL	non	non	non
CEL 12 mois minimum	non	oui	non
CEL 18 mois minimum	oui	oui	non
PEL 3 ans minimum	oui	oui	oui

Les autres « petits prêts »

D'autres prêts sont également assimilés à votre apport personnel, tels les prêts des caisses de retraite et les prêts familiaux. Les fonctionnaires ou assimilés fonctionnaires peuvent également se tourner vers le crédit social des fonctionnaires.

© Groupe Eyrolles / PAP

*☞ Pour en savoir plus, vous pouvez consulter
le portail du crédit social des fonctionnaires : csf.fr*

Les collectivités locales (communes, départements ou régions) accordent également des prêts dans des conditions qui varient d'une collectivité à une autre. Le mieux est donc de vous adresser directement soit au Bureau d'aide sociale de votre mairie, soit à l'Association départementale pour l'information sur le logement (Adil).

*☞ Vous trouverez les coordonnées de l'Adil de votre département
sur le site anil.org/ dans la rubrique « Votre Adil ».*

Ces prêts sont accordés aux personnes disposant de faibles revenus, à un taux variant de 2 à 5 % et pour un montant peu élevé, soit entre 1 500 € et 12 200 €.

Le crédit-relais

Certaines banques assimilent également le montant du crédit-relais à des fonds propres. Il s'agit d'un prêt que vous contractez pour financer une acquisition en attendant de vendre votre logement précédent. Ce crédit court terme est accordé pour une durée n'excédant pas deux ans, à un taux généralement plus élevé que pour un prêt traditionnel.

Conseil

Certains établissements de crédit pratiquent des taux relativement abordables si vous contractez par ailleurs chez eux le prêt complémentaire. Faites jouer la concurrence pour obtenir le taux le plus intéressant et les modalités de prêt les plus satisfaisantes.

Pendant la durée du crédit-relais, vous ne payez en principe que les intérêts, le capital étant remboursé lorsque le bien mis en vente est effectivement vendu.

À savoir

Certains établissements vous permettent même de rembourser la totalité (intérêts et capital) lors du règlement du prix de vente.

© Groupe Eyrolles / PAP

Attention, le recours à un crédit-relais peut vous coûter cher dans la mesure où le délai nécessaire à la vente d'un bien immobilier est aujourd'hui plus difficile à déterminer qu'il y a quelques années.

Enfin, le crédit-relais sert généralement à financer une partie de votre futur logement, mais rarement son intégralité. Les aides de l'État constitutives d'apport personnel ne vous permettent jamais, quant à elles, de payer intégralement le logement, mais seulement une partie de celui-ci. Une fois déterminé votre apport personnel, vous allez donc vous tourner vers les établissements de crédit pour compléter votre financement.

Les prêts aidés

Les prêts aidés sont des prêts qui bénéficient d'une aide de l'État et qui offrent par conséquent des conditions avantageuses. Mais contrairement aux prêts que nous venons de voir, le PTZ+ notamment, les deux prêts aidés que nous allons examiner maintenant ne sont pas constitutifs d'apport personnel.

Le prêt conventionné (PC)

Le PC est accordé par les banques et établissements ayant signé une convention avec l'État. Son obtention n'est soumise à aucun plafond de ressources. Ce prêt n'est pas aidé directement par l'État, mais peut permettre de bénéficier de l'aide personnalisée au logement (APL).

● Que peut financer le prêt conventionné ?

Le PC peut vous permettre :
- d'acquérir un terrain destiné à la construction d'une maison individuelle ;
- de construire votre maison individuelle ;
- d'acheter un logement neuf ;
- d'acheter un logement ancien, avec ou sans travaux ;
- d'aménager à usage de logement un local non destiné à l'habitation ;

© Groupe Eyrolles / PAP

– d'agrandir un logement existant ;
– de réaliser des travaux d'amélioration dans un logement achevé depuis au moins dix ans ;
– de réaliser des travaux d'économie d'énergie.

Dans les deux derniers cas, le montant des travaux doit être au minimum de 4 000 €.

Le montant de l'opération n'est pas plafonné, et le PC peut permettre de financer l'intégralité de l'opération.

Les conditions du prêt conventionné

Rappelons que le prêt conventionné n'est pas conditionné à un montant de ressources particulières.

Vous devez simplement destiner le logement à votre habitation principale, c'est-à-dire l'habiter au moins huit mois par an. Le logement doit être occupé au plus tard un an après l'achèvement ou l'acquisition du logement si elle est postérieure. Toutefois, ce délai est porté à six ans si vous avez acquis ce logement pour l'occuper dès votre mise à la retraite ou dès votre retour de l'étranger ou de l'outre-mer. Enfin, le montant de l'opération n'est plus plafonné.

Ce prêt peut également servir à financer un logement destiné à être loué, à condition qu'il constitue la résidence principale du locataire, et sous conditions de ressources de celui-ci. Dans ce cas, l'acheteur doit signer une convention avec l'État. Il s'agit alors d'un prêt conventionné locatif (PCL).

Caractéristiques générales

Les taux des prêts conventionnés sont fixés par les banques ou établissements financiers prêteurs dans la limite de taux plafonds. Ils peuvent donc varier d'un établissement à l'autre. Les prêts peuvent être à taux fixe, taux révisable ou modulable. Même si, aujourd'hui, le taux du PC est concurrencé par ceux du secteur libre, il n'en reste pas moins qu'il donne droit à un avantage non négligeable : l'obtention de l'APL qui peut venir en déduction des charges de remboursement du prêt.

© Groupe Eyrolles / PAP

La durée des prêts est aujourd'hui de cinq ans au minimum et de trente ans au maximum. Elle peut être réduite ou allongée au cours du remboursement, sans jamais pouvoir dépasser trente-cinq ans.

En mars 2011, le taux d'intérêt maximum des PC varie en fonction de la durée du prêt de 6,15 à 6,60 %.

Aide procurée par le prêt conventionné : l'aide personnalisée au logement (APL)

Le PC donne vocation à l'APL. L'APL, versée directement à l'organisme prêteur, diminue les charges de remboursement du PC. Pendant toute la durée du prêt, l'APL suit étroitement l'évolution des ressources et de la situation de famille de l'emprunteur. Toutefois, cette aide n'est pas envisageable :

- pour le propriétaire occupant, si le PC finance des travaux d'économie d'énergie, ou des travaux d'amélioration seuls, hors programme d'intérêt général ;
- pour le locataire, si le propriétaire n'a pas signé au préalable une convention avec l'État.

Le prêt conventionné et les autres financements

Pour les besoins de votre investissement, le prêt conventionné peut être complété par :

- un prêt d'épargne logement ;
- un prêt à taux zéro plus ;
- un prêt action logement ;
- un prêt complémentaire aux fonctionnaires ;
- un prêt relais ;
- un prêt à taux fixe dont le taux est au maximum égal au taux des prêts des comptes épargne-logement en vigueur à la date de l'émission de l'offre du prêt ;
- un éco-prêt à taux zéro.

Le prêt conventionné à l'accession sociale (PAS)

Ce prêt conventionné est accordé dans les mêmes conditions que le prêt conventionné classique. Il est destiné à permettre aux bénéficiai-

© Groupe Eyrolles / PAP

res d'acquérir leur résidence principale. Il peut financer jusqu'à 100 % du coût de votre achat.

Garanti par l'État au titre du FGAS (Fonds de garantie à l'accession sociale à la propriété), il bénéficie d'un taux d'intérêt réduit (moins 0,6 point par rapport aux prêts conventionnés). Le taux proposé est fonction de l'apport personnel et du montant emprunté.

Mais, et c'est ce qui le différencie du PC classique, il est réservé à des personnes dont les revenus sont inférieurs à des plafonds de ressources spécifiques, qui varient selon le nombre de personnes destinées à occuper le logement et sa localisation, c'est-à-dire la zone dans laquelle il se situe.

C'est le revenu fiscal de l'emprunteur, auquel on ajoute celui de la ou des autres personnes qui vont habiter dans le logement, qui constitue le montant des ressources pris en compte selon les plafonds suivants :

Plafonds de ressources applicables depuis le Ier janvier 2011

Nombre de personnes destinées à occuper le logement	Zone A	Zones B et C
1	22 113 €	19 225 €
2	33 048 €	25 673 €
3	43 323 €	30 874 €
4	51 725 €	37 272 €
5	61 542 €	43 846 €
6	69 250 €	49 414 €
Par personne supplémentaire	7 715 €	5 512 €

À savoir

Si le PAS est garanti par une hypothèque, le coût de celle-ci est très avantageux car l'inscription de l'hypothèque est dans ce cas exonérée de taxe de publicité foncière.

© Groupe Eyrolles / PAP

Les prêts immobiliers traditionnels

Si les prêts que nous venons de voir ne suffisent pas ou bien si vous n'y avez pas droit, vous allez avoir recours à des prêts immobiliers classiques.

Les banques, établissements financiers, caisses d'épargne, caisses de Crédit agricole, établissements à statuts spéciaux comme le Crédit foncier de France, etc., délivrent des prêts immobiliers non aidés ou non conventionnés par l'État.

Pour ces prêts, il n'y a pas de plafonds de ressources ni de conditions particulières de surface ou de prix de revient. Ces prêts peuvent vous permettre d'acheter un terrain à bâtir, de construire votre maison, d'acquérir un logement neuf ou ancien, de réaliser des travaux dans votre habitation, etc.

Depuis quelques années, les banques multiplient les formules de prêts qui sont aujourd'hui mieux adaptées à la situation professionnelle et/ou familiale des emprunteurs. Ainsi, chacun peut de nos jours trouver la formule de crédit qui lui convient. Cela commence par les taux proposés, sachant que plus votre dossier est solide, plus le taux proposé est intéressant.

Un dossier solide

Pour bien emprunter, vous devez présenter à l'établissement de crédit un solide dossier de financement. En d'autres termes, assurez-vous de la faisabilité de votre projet. En effet, on ne négocie pas un crédit immobilier comme on négocie un prêt à la consommation. Les enjeux ne sont pas les mêmes, les risques non plus d'ailleurs.

Tout d'abord, constituez-vous un solide apport personnel. Pour bien faire, il doit représenter au moins 10, voire 20 % du coût total de l'opération. Plus vous disposez d'un apport personnel élevé, plus vous augmentez votre marge de négociation et avez de chances d'obtenir des conditions particulièrement avantageuses.

D'ailleurs, lorsque l'on consulte les barèmes des banques, on s'aperçoit que les taux proposés diffèrent selon le montant de votre apport.

© Groupe Eyrolles / PAP

Plus ce dernier est élevé, meilleur est votre taux, à condition toutefois d'être perçu comme un « bon » client et de bien savoir négocier. Pour cela, il est indispensable de rassurer votre banquier sur votre fidélité, sur votre état créditeur, sur la régularité de vos revenus, sur votre forte capacité à épargner. Bref, montrez-lui que vous êtes l'emprunteur idéal et que votre projet d'investissement n'est pas démesuré au regard de vos ressources.

Conseil

Commencez par rencontrer votre propre banquier, car c'est lui qui *a priori* vous connaît le mieux. Puis faites jouer la concurrence en allant voir d'autres établissements de crédit ou bien en passant par un courtier en crédit immobilier. Dans ce cas, c'est lui qui fait jouer la concurrence à votre place.

Les taux d'intérêt

Il existe plusieurs types de taux : fixes, modulables ou encore variables. Chacun présente des caractéristiques à bien connaître avant de faire votre choix. Quant aux taux proposés, ils varient selon les établissements et, vous l'avez compris, selon votre dossier !

Taux fixe : pour emprunteurs prudents

Si pour vous prêt va de pair avec sécurité et tranquillité, alors optez sans hésiter pour les prêts à taux fixe. Pourquoi ? Tout simplement parce que, dès la signature du contrat, vous connaissez le taux du crédit, le montant des mensualités et la date d'échéance du prêt. Avec ce type de prêt, aucune mauvaise surprise ne viendra vous troubler tout au long du remboursement. En clair, vos remboursements ne varient pas d'un centime pendant toute la durée du crédit. C'est simple et facile à gérer.

Au premier trimestre 2011, vous pouvez trouver des taux hors assurance pour un crédit sur vingt ans à partir de 3,8 %.

L'inconvénient de ce type d'emprunt, c'est sa rigidité : si dans quelque temps, les taux viennent à baisser, vous continuez, malgré tout, à

© Groupe Eyrolles / PAP

rembourser au prix fort. Seule la renégociation de votre taux avec votre banquier peut vous permettre d'obtenir une baisse de vos mensualités. Cependant, ce dernier n'est pas obligé d'accepter. À vous d'être persuasif. En revanche, si les taux se mettent à augmenter, vous serez protégé contre cette hausse.

> **À savoir**
>
> Pour pallier la rigidité des taux fixes, toutes les banques proposent aujourd'hui des échéances modulables.

● Échéances modulables : la carte de la souplesse

Dans cette formule et comme son nom l'indique, vous pouvez moduler à la hausse comme à la baisse vos mensualités et ce, en fonction de vos revenus ou de vos charges. Parce qu'il est important d'anticiper les aléas de la vie, un prêt à échéance modulable vous garantit une extrême souplesse tout au long de vos remboursements. Il est vrai que de nombreux événements peuvent justifier le recours à la modulation : une promotion professionnelle, un héritage ou inversement la naissance d'un enfant, un divorce…

Ces formules intéressent aussi bien les prêts à taux fixe que variable.

Par conséquent, le fait de pouvoir alterner une augmentation ou une réduction des mensualités vous permet d'intervenir activement sur la gestion de votre prêt. Cette possibilité est toutefois encadrée.

- Les banques imposent généralement une période de franchise (entre six mois et un an dès la signature du contrat de prêt selon les établissements) à l'intérieur de laquelle la modulation ne sera pas possible.
- Vous ne pourrez pas modifier votre mensualité plusieurs fois par an : les établissements acceptent une seule variation annuelle qui peut intervenir soit à tout moment soit à la date anniversaire de la signature du contrat de prêt. Tout dépend des exigences de votre banque.
- L'ensemble des établissements financiers plafonne le montant des modulations à la hausse comme à la baisse, le plus souvent à 10 % ou 20 % de l'échéance initiale ou de l'échéance précédente.

© Groupe Eyrolles / PAP

La modification à la hausse des mensualités entraîne un raccourcissement de la durée du prêt, ce qui minore le coût de l'emprunt. À l'inverse, si vous désirez rembourser moins, cela a pour conséquence d'allonger la durée du crédit. Toutefois, en règle générale, cet allongement ne peut dépasser les cinq années qui suivent l'expiration du prêt.

À savoir

Les taux fixes ont aujourd'hui la préférence de la grande majorité des emprunteurs, du fait de leur niveau historiquement bas et de la possibilité de moduler les échéances.

Taux variable : pour emprunteurs avertis

La particularité des taux variables est qu'ils sont indexés sur des indices financiers (en règle générale l'Euribor à trois mois ou un an) permettant ainsi à vos mensualités de varier à la hausse comme à la baisse. Ces variations entraînent donc une certaine incertitude sur vos charges de remboursement. En contrepartie, les taux pratiqués sont en principe moins élevés que les taux fixes. Le coût du crédit est donc moins cher.

Aujourd'hui toutefois, l'écart n'est plus aussi convaincant. Il est donc toujours prudent de comparer le montant des taux fixes avec ceux des taux révisables sur une même durée d'emprunt.

À savoir

Au premier trimestre 2011, les taux hors assurance les plus bas pour un crédit sur vingt ans sont de 3,15 % !

© Groupe Eyrolles / PAP

L'inconvénient majeur des prêts à taux variable, c'est que lorsque le taux augmente, la mensualité suit le même mouvement. Le risque est donc de vous retrouver avec des remboursements disproportionnés par rapport à vos revenus. C'est pourquoi on ne gère pas un emprunt à taux variable comme on gère un crédit à taux fixe. La clientèle de ce type d'emprunt est plutôt une clientèle d'initiés, pour la simple et bonne raison qu'une telle formule demande une attention de tous les instants sur l'évolution des taux d'intérêt.

> ### Une information renforcée sur l'évolution du crédit à taux variable
>
> Les banques doivent désormais fournir à l'emprunteur une notice d'information sur les conditions et modalités de variation du taux ainsi qu'un document d'information contenant une simulation de l'impact d'une variation de ce taux sur les mensualités, la durée du prêt et le coût total du crédit.

Toutefois, afin d'éviter que les mensualités augmentent trop brutalement, toutes les banques proposent aujourd'hui des « garde-fous », c'est-à-dire une protection contre les risques liés au relèvement des taux.

Prêts variables sécurisés

Il existe différentes formules pour sécuriser les prêts à taux variables, formules qui peuvent d'ailleurs se cumuler.

Le prêt à taux variable plafonné dit « capé »

Moins compétitif que le taux variable indexé, le taux variable capé est en revanche beaucoup plus sécurisant pour les emprunteurs. En effet, la variation est ici plafonnée en fonction d'un taux butoir connu dès la souscription du contrat de prêt. Ainsi, vous êtes assuré que votre taux ne dépassera jamais ce seuil. Mais cette sécurité n'est pas gratuite et les taux des prêts capés sont plus chers que ceux des prêts à taux variables classiques. La question est alors de savoir s'il vaut mieux choisir un taux fixe avec échéances modulables ou un taux variable capé. *A priori*, aujourd'hui, l'économie envisagée est faible par rapport au risque de hausse des taux d'intérêts.

Le prêt à taux variable indexé avec allongement de la durée du prêt

Certaines banques jouent sur la durée de l'emprunt qui peut être rallongée ou diminuée en fonction des variations des taux. En cas d'augmentation de l'indice de référence, la durée du crédit est allongée d'autant. Autrement dit, vous devez rembourser pendant quelques

© Groupe Eyrolles / PAP

années supplémentaires pour compenser la hausse des taux. Toutefois, ce rallongement n'est pas illimité : il ne peut en général excéder de plus de cinq ans la durée initiale du prêt.

En outre, dans le cas où l'augmentation de taux d'intérêt serait telle qu'elle ne permettrait pas d'amortir le crédit au terme de la durée maximale de cinq ans, les mensualités seraient alors augmentées dans la limite de l'indice Insee du coût de la vie.

La possibilité de repasser à taux fixe

Les banques proposent en général la possibilité de repasser à taux fixe en cours de prêt. En cas de remontée des taux, vous avez ainsi la possibilité de vous retrouver avec un prêt plus sécurisant. Cette possibilité vous est offerte en principe à chaque date anniversaire du prêt. Le taux fixe applicable est alors celui en vigueur au moment où vous exercez cette option, augmentée de 0,5 ou de 1 point.

> **À savoir**
>
> Une fois repassé à taux fixe, vous ne pourrez plus revenir à un taux variable.

Rappelons que ces différentes formules peuvent se cumuler pour un même prêt.

La durée

Aujourd'hui, la majorité des prêts est d'une durée comprise entre vingt et trente ans, contre vingt à vingt-cinq ans jusqu'à une période récente. Les prêts les plus longs visent tout particulièrement les primo-accédants en leur permettant d'emprunter plus.

En remboursant par exemple 720 € par mois, un crédit sur trente ans permet d'emprunter près de 54 000 € de plus qu'un prêt sur quinze ans. Revers de la médaille, il vous coûte au final au moins deux fois plus cher, et ce d'autant que plus la durée du prêt est longue, plus le taux proposé est élevé.

© Groupe Eyrolles / PAP

Autre inconvénient du prêt sur trente ans : son remboursement anticipé. En effet, cette opération est, sauf négociation au départ, toujours facturée par les banques (plafonnée toutefois à 3 % du capital restant dû). Ainsi, si au bout de douze ans vous remboursez votre crédit suite à la vente de votre logement, vous n'aurez payé pratiquement que des intérêts et très peu de capital. L'addition risque alors d'être lourde.

À savoir

Pour financer des travaux, vous pouvez obtenir un crédit à moyen terme de deux à sept ans.

Le montant du financement

Le financement ne peut en principe excéder 90 % du coût de l'opération envisagée, mais est susceptible de représenter davantage si vous présentez des garanties suffisantes. Si le financement est moins important, cela vous permet de bénéficier d'un taux d'intérêt plus avantageux (auprès de certains organismes prêteurs). En d'autres termes, plus votre montant d'apport personnel est important, plus vous pouvez négocier le taux et les autres conditions du prêt. Les banques affichent des taux variant d'un établissement à l'autre. En outre, les taux sont librement négociés avec les candidats emprunteurs.

Conseil

Pour connaître la meilleure offre, n'hésitez pas à faire le tour des banques et/ou de recourir aux services d'un courtier.

Pour connaître le montant de la mensualité de votre prêt, vous pouvez utiliser le tableau ci-dessous. Vous pouvez faire le calcul inverse : si vous avez déterminé votre capacité de remboursement, vous pouvez calculer le montant du prêt en fonction du taux d'intérêt.

© Groupe Eyrolles / PAP

Calcul du montant des mensualités pour 1 000 € empruntés

Durée Taux	10 ans	12 ans	15 ans	18 ans	20 ans	25 ans	30 ans
2,80	9,56	8,18	6,81	5,90	5,45	4,64	4,11
3,00	9,66	8,28	6,91	6,00	5,55	4,74	4,22
3,20	9,75	8,37	7,00	6,10	5,65	4,85	4,32
3,40	9,84	8,47	7,10	6,20	5,75	4,95	4,43
3,60	9,94	8,56	7,20	6,30	5,85	5,06	4,55
3,80	10,03	8,66	7,30	6,40	5,95	5,17	4,66
4,00	10,12	8,76	7,40	6,50	6,06	5,28	4,77
4,20	10,22	8,85	7,50	6,61	6,17	5,39	4,89
4,40	10,31	8,95	7,59	6,71	6,27	5,50	5,01
4,60	10,41	9,04	7,70	6,81	6,38	5,62	5,13
4,80	10,50	9,14	7,80	6,92	6,48	5,73	5,25
5,00	10,60	9,24	7,90	7,03	6,59	5,85	5,37
5,20	10,70	9,34	8,01	7,13	6,71	5,96	5,49
5,40	10,80	9,45	8,11	7,24	6,82	6,08	5,62

Montant des mensualités

Vous empruntez 100 000 € à 4 % sur 20 ans.
Vous remboursez : (100 000/1 000) × 6,06 = 606 € par mois hors assurance.

Vous pouvez faire le calcul inverse : si vous avez déterminé votre capacité de remboursement vous pouvez calculer le montant du prêt en fonction du taux d'intérêt.

© Groupe Eyrolles / PAP

Exemple

Vous avez une capacité de remboursement de 915 €.
Vous empruntez au taux de 4 % sur 20 ans.
Vous pouvez emprunter (915 × 1 000)/ 6,06 = 150 990 €.

Quand rembourser votre prêt ?

Le plus souvent, vous allez souscrire un prêt sans aucun différé de remboursement. Dès lors, vous commencez effectivement à rembourser dès le premier déblocage de fonds. Cela étant, cette solution est très rare pour les achats sur plan ou les constructions de maisons puisque vous devez généralement patienter quelques mois avant de pouvoir prendre possession du bien. Vous devez donc déjà supporter des charges de logement et le cumul avec le remboursement du prêt n'est pas toujours facile. C'est pour cette raison que les banques proposent des formules de prêt adaptées aux achats dans le neuf, avec un différé de remboursement.

L'emprunteur ne commence à rembourser son prêt que lorsque la totalité des fonds est débloquée, c'est-à-dire en fait lorsqu'il prend possession du logement. Mais il doit s'acquitter durant cette période des intérêts intercalaires, c'est-à-dire des intérêts dus entre la date où la banque débloque les fonds et la date à laquelle l'emprunteur commence à rembourser le capital. Ils sont calculés au même taux que le prêt.

Par ailleurs, une assurance décès-invalidité est toujours exigée par les banques. Elle couvre le remboursement du prêt en cas de décès ou d'invalidité définitive et le paiement des charges du prêt pendant la période d'invalidité, en cas d'incapacité temporaire du travail de plus de trois mois. Cette assurance n'est pas gratuite et elle entraîne le versement d'une prime que vous devez payer dès le premier déblocage des fonds.

À savoir

Certains prêts, comme le prêt action logement, n'autorisent aucun différé de remboursement. Vous devez commencer à assumer les échéances de remboursement dès le déblocage du prêt.

© Groupe Eyrolles / PAP

Un plan de financement complet

Ce plan de financement complet intègre un prêt principal de 130 400 €, un prêt à taux zéro plus de 49 600 € et un prêt action logement de 10 000 €.

Ce plan de financement est assorti du tableau d'amortissement, concernant le prêt principal pour la première année. Le financement concerne l'achat d'un logement ancien d'une valeur de 250 000 euros dont l'étiquette énergétique est D. C'est le cas d'un couple avec deux enfants qui achète dans le Val-de-Marne, présenté dans le tableau ci-après.

PLAN DE FINANCEMENT

ANCIEN					
Prix d'achat	250 000		Total financé	266 250	
Frais notaire	16 250				
Apport personnel	76 250		Total emprunt	190 000	
Total de l'opération	266 250				
À financer	190 000		Total remb.	1 088	

		Taux		Durée		Remb	Remboursements	
Revenus	4 000						Remboursements	
		Taux		Durée		Remb		
Prêt principal	130 400	4,00 %		20		790	remb 1	790
		Taux		Durée		Remb		
Prêt complémentaire	10 000	1,75 %		10		91	remb 2	91
		Taux		Durée		Remb		
Prêt 0 %	49 600	0 %		20		207	remb 3	207
							Total	1 088
Total financé	266 250	Total emprunt		190 000			Effort	27,20 %

© Groupe Eyrolles / PAP

Acheter son bien immobilier

Dates	Remb	Emprunt	Taux	Durée	Remb	Capital	Intérêts	Assurance			
04/10/08	1	130 400	0,0400	240	790	356	435	incluse			
04/11/08	2	130 400	0,0400	240	790	357	433	incluse			
04/12/08	3	130 400	0,0400	240	790	358	432	incluse	Année 1		
04/01/09	4	130 400	0,0400	240	790	359	431	incluse			
04/02/09	5	130 400	0,0400	240	790	360	430	incluse			
04/03/09	6	130 400	0,0400	240	790	361	429	incluse			
04/04/09	7	130 400	0,0400	240	790	363	427	incluse			
04/05/09	8	130 400	0,0400	240	790	364	426	incluse			Cumul
04/06/09	9	130 400	0,0400	240	790	365	425	incluse	Total du capital remboursé		4 345
04/07/09	10	130 400	0,0400	240	790	366	424	incluse	Total des intérêts remboursés		5 137
04/08/09	11	130 400	0,0400	240	790	368	423	incluse	Intérêts	Capital	Reste dû
04/09/09	12	130 400	0,0400	240	790	369	421	incluse	5 137	4 345	126 055

© Groupe Eyrolles / PAP

Questions-réponses

© Groupe Eyrolles / PAP

Si je vends mon logement avant la fin de mon crédit, que va-t-il se passer ?

Vous devez en principe rembourser le prêt par anticipation après avoir obtenu de l'organisme bancaire un arrêté des sommes restant dues (capital, intérêts et éventuellement indemnités de résiliation du contrat de prêt). Si l'emprunt était garanti par une hypothèque ou un privilège, comme cela est souvent le cas, vous devez obtenir sa mainlevée par acte signé devant notaire.

Si un jour je ne peux plus payer, mon logement sera-t-il vendu aux enchères ? Serai-je remboursé des traites déjà versées ?

Lorsque le compte d'un prêt fait ressortir des échéances impayées, le titulaire de ce prêt en est avisé par l'établissement prêteur, afin de lui permettre de rechercher une solution amiable (plan d'apurement acceptable par l'établissement de crédit ou vente amiable du logement). À défaut, l'établissement de crédit se trouve contraint de faire jouer la garantie :

- Si le prêt est garanti par une hypothèque ou un privilège, la banque peut poursuivre la vente judiciaire du logement financé. Le prix d'adjudication est affecté au remboursement de la créance au jour du paiement, après déduction de toutes les sommes encaissées par l'organisme prêteur, notamment les différentes échéances qui ont été réglées, et pour leur part d'amortissement du capital seulement.

- Si le prêt est garanti par la caution d'une société spécialisée, c'est cette dernière qui rembourse la banque et qui se retourne contre l'emprunteur. Généralement, et dans la mesure du possible, elle s'efforce de trouver une solution permettant d'éviter la vente du logement.

Si je prends un crédit avec mon conjoint et que nous divorçons, que deviendra ce crédit ?

Le contrat de crédit est un contrat autonome par rapport à la propriété du logement qu'il a servi à acquérir. Les époux seront donc toujours tenus vis-à-vis de la banque jusqu'au complet remboursement de la créance, qu'ils soient co-emprunteurs ou cautions, et ceci quelle que soit la destination du local après le prononcé du divorce. Ainsi, le conjoint attributaire du logement financé pourra prendre en charge le capital restant dû sur le prêt par acte signé devant notaire et, par conséquent, continuer à assurer le paiement des échéances telles que déterminées au contrat de prêt d'origine. Ou bien, si aucun des deux conjoints n'entend conserver le logement, celui-ci pourra faire l'objet d'une vente amiable avec le remboursement anticipé du crédit.

Si j'achète à crédit un appartement avec parking, puis-je revendre le parking avant la fin du remboursement du crédit ?

Il est toujours possible de revendre le parking que l'on a acquis, mais, ayant bénéficié d'un crédit lors de son acquisition, vous devez prendre contact avec la banque prêteuse. En effet, le prêt qu'elle a consenti étant très certainement garanti par une hypothèque qui porte d'ailleurs aussi sur l'appartement, il faudra se préoccuper d'en obtenir la radiation. Dans ce cas, deux hypothèses :

- ou bien la banque se contente de l'hypothèque sur l'appartement et accepte de donner mainlevée de celle qu'elle avait prise sur le parking (cas d'un prêt ayant déjà fait l'objet de plusieurs remboursements) ;
- ou bien le prêt est récent et la banque risque de demander un remboursement partiel anticipé des sommes empruntées. N'oublions pas que la radiation des hypothèques est une formalité obligatoire préalable à toute vente pour assurer la sécurité du droit de propriété de l'acquéreur.

© Groupe Eyrolles / PAP

Nous rencontrons des difficultés quant au remboursement
de notre prêt conventionné. Qu'est-il possible de faire ?

Il existe des réaménagements de prêts sous la forme soit d'un allongement de la durée, soit d'un refinancement par un nouveau prêt conventionné aux conditions nouvelles avec maintien de l'APL. Vous pouvez aussi dès le début de vos difficultés déposer un dossier auprès de la commission départementale de surendettement qui siège à la préfecture. Enfin, si vos soucis résultent d'une maladie ou d'une perte d'emploi, n'oubliez pas de faire jouer vos assurances de crédit.

© Groupe Eyrolles / PAP

Deuxième partie

Le compromis de vente
De l'avant-projet à la vente

Rien n'est plus simple que de procéder à une vente immobilière. En effet, le particulier n'a aucune démarche administrative à accomplir. C'est le notaire, dont l'intervention est obligatoire, qui s'occupe de toutes les formalités.

Seule la promesse de vente peut être signée directement entre le vendeur et l'acheteur, sans l'intervention du notaire. Voilà les raisons pour lesquelles nous vous fournissons les explications qui suivent afin que tout acquéreur ou vendeur soucieux de bien connaître ses droits puisse s'engager en connaissance de cause.

Principes de base

Définition de la vente immobilière

Une vente immobilière, c'est une mutation à titre onéreux (par opposition aux successions ou donations qui sont des mutations à titre gratuit) d'un bien immobilier (terrain, appartement, maison, local professionnel ou commercial) quelles que soient les particularités de la vente (viager, échange, location-accession, vente au comptant ou à crédit, etc.).

Les étapes d'une vente immobilière

Une transaction immobilière se réalise habituellement en deux temps.

Le compromis

Dès que les deux parties sont d'accord, l'une pour céder son bien, l'autre pour l'acheter, elles signent une promesse de vente parfois nommée « compromis de vente ».

La promesse de vente est donc le contrat par lequel une personne s'engage à vendre un bien à un certain prix à une autre personne, en lui laissant un délai pour se porter définitivement acquéreur. Ce délai a plusieurs raisons d'être.

© Groupe Eyrolles / PAP

> – La vente d'un bien ne concerne pas exclusivement le vendeur et
> l'acquéreur, elle intéresse aussi :
> - l'État : la commune, par exemple, qui peut, dans certains cas,
> préempter, c'est-à-dire acquérir le bien ;
> - le locataire, si le local vendu est encore occupé ;
> - les organismes de crédit : le vendeur n'ayant peut-être pas rem-
> boursé tous ses crédits au moment où il met en vente, le bien
> est donc hypothéqué et cette hypothèque ne sera radiée que
> contre le remboursement des crédits restants.
> – L'acquéreur a besoin de connaître certains renseignements con-
> cernant l'urbanisme et, généralement, il sollicite un crédit.

La vente d'un bien immobilier suppose l'accomplissement d'un certain nombre de formalités. Par conséquent, entre le moment où les
parties se mettent d'accord et la signature de l'acte authentique de
vente, il s'écoule un délai plus ou moins long. C'est pourquoi, pour
lier vendeur et acquéreur pendant ce laps de temps, l'accord est toujours matérialisé par une promesse à titre d'« avant-contrat ».

Celui-ci ratifie par écrit les principaux termes de l'accord entre vendeur et acheteur, en attendant de signer le contrat de vente définitif
par lequel la vente sera réellement conclue.

La vente définitive

L'ensemble des renseignements obtenus et des formalités effectuées, il
est possible de procéder à la signature de l'acte authentique de vente.
Cet acte reprend les termes de la promesse (voilà pourquoi celle-ci est,
de loin, la plus importante !) ; il ne peut être établi que devant notaire
et, à compter de sa signature, le transfert de propriété devient définitif.

Promesse unilatérale de vente ou compromis de vente ?

Une fois que vendeur et acquéreur sont tombés d'accord, ils doivent
choisir quel type de promesse ils vont signer. Ils ont le choix entre la
promesse unilatérale de vente et le compromis de vente autrement
appelé « promesse synallagmatique de vente ».

© Groupe Eyrolles / PAP

La promesse unilatérale de vente

Dans une promesse unilatérale de vente, le vendeur s'engage, pendant un certain délai, à vendre à un candidat acquéreur le bien convoité pour un prix déterminé. De son côté, l'acheteur ne s'engage pas immédiatement. Il dispose simplement d'une option qui est d'acheter ou de ne pas acheter. En clair, il ne prend pas l'engagement d'acheter. Pendant le délai précisé dans la promesse, il peut manifester sa volonté d'acquérir, en « levant l'option », de sorte que la vente devienne parfaite ou, inversement, de ne pas « lever l'option » pour qu'elle devienne caduque. Il possède en la matière une totale liberté de décision.

Il est bien évident que s'il ne lève pas l'option, il accepte d'abandonner l'indemnité d'immobilisation (en principe 10 % du prix d'achat) au vendeur. Mais en aucune manière ce dernier ne pourrait réclamer l'exécution forcée du contrat en contraignant l'acquéreur à acheter. En revanche, une fois que l'acquéreur a levé l'option, il ne peut plus ensuite changer d'avis en refusant de signer l'acte de vente définitif. En effet, cet acte marque la volonté irrévocable, unilatérale et définitive de l'acquéreur à acheter. La vente devient parfaite et définitive.

À savoir

Pour être valable, la promesse unilatérale de vente doit être enregistrée au Centre des impôts dans les dix jours de sa signature.

Le compromis de vente

Vendeur et acheteur peuvent préférer la promesse synallagmatique de vente plus couramment appelée le « compromis de vente ». Dans cet acte, vendeur et acheteur s'engagent définitivement, l'un à vendre, l'autre à acheter. Dès sa signature, ce type de promesse vaut vente dès lors que les parties se sont entendues sur la chose et sur le prix. En théorie, cela implique que le transfert de propriété s'opère immédiatement, bien que le prix ne soit pas payé, ni le logement livré. Mais en pratique, il est souvent prévu par les parties, par une clause particulière, de le différer jusqu'à la signature de l'acte définitif, au moment où le prix de vente est totalement versé.

© Groupe Eyrolles / PAP

À savoir

Contrairement à la promesse unilatérale, la promesse synallagmatique n'a pas à être enregistrée pour être valable. Sa seule signature par les parties suffit à sa validité.

Compte tenu, depuis le 1er juin 2001, du délai de rétractation de sept jours dont bénéficie l'acquéreur, nous préconisons aujourd'hui la signature du compromis. En effet, si vendeur et acquéreur signent une promesse unilatérale, ils doivent tout d'abord « patienter » pendant sept jours pour purger le droit de rétractation puis procéder dans les trois jours suivants à l'enregistrement. Ce délai nous paraît court pour effectuer cette formalité. Par ailleurs, cela complique la signature sous seing privé qui doit rester aussi simple que possible.

Les développements qui suivent concernent uniquement les promesses synallagmatiques de vente pour lesquelles nous utiliserons, par souci de simplicité, aussi bien le terme de promesse que de compromis.

Compromis de vente avec ou sans notaire ?

Si l'acte authentique doit obligatoirement être établi par le notaire, en revanche, vous avez le choix pour le compromis.

Si vous prévoyez un délai de plus de dix-huit mois entre le compromis de vente et l'acte de vente définitif, la signature doit se faire devant notaire. À défaut, le compromis ne serait pas valable.

Compromis de vente devant notaire

Vendeur(s) et acquéreur(s) conviennent d'un rendez-vous chez un notaire, celui du vendeur ou celui de l'acquéreur. Si les deux parties tiennent à ce que leur notaire les assiste, cela ne pose aucun problème et n'a pas d'incidence sur les frais que l'acquéreur a à payer (voir ci-dessous). Il suffit de le signaler lors de la prise de rendez-vous.

Il faut cependant savoir que la réglementation professionnelle veut en principe que ce soit à l'étude du notaire de l'acquéreur (quand celui-ci a un notaire) que le rendez-vous se déroule.

© Groupe Eyrolles / PAP

- Les avantages de la formule
  - La facilité : vous n'avez pas un seul papier à remplir, c'est le notaire qui s'en charge.
  - La compétence : les notaires ont le monopole des transactions immobilières et sont donc parfaitement au fait de la législation en vigueur. En tant que spécialiste, le notaire rédige clairement les éventuelles clauses particulières et peut vous conseiller utilement en cas de vente peu classique (viager, crédit consenti par le vendeur à l'acquéreur, problèmes entre indivisaires...).
  - La garantie : le notaire est un officier public assuré en cas d'erreur.
  - Le coût : la signature d'un compromis de vente chez le notaire ne coûte rien. Les sommes qui peuvent être réclamées à l'acheteur le jour de la signature du compromis (environ 500 €) ne sont qu'une provision sur ce que ce dernier aura à payer le jour de la signature de l'acte authentique (la vente définitive) qui surviendra deux à trois mois plus tard.

- L'inconvénient de la formule
  - Le délai : vous n'êtes pas sûr d'obtenir rapidement un rendez-vous chez le notaire. Or, tant que le compromis n'est pas signé, les parties peuvent changer d'avis. Rassurez-vous, la plupart des études pourront vous recevoir sous huitaine. Malgré tout, si ce n'est pas le cas, mieux vaut envisager une signature sans notaire.

Compromis de vente sans notaire

Vendeur(s) et acquéreur(s) peuvent aussi signer entre eux le compromis de vente (on dit alors « sous signature privée »), notamment s'ils sont pressés et n'arrivent pas à obtenir rapidement un rendez-vous chez le notaire.

Pour ne rien omettre, il est nécessaire de se procurer des modèles types de promesse de vente, conçus spécialement pour les particuliers. Et il suffit de les remplir scrupuleusement.

© Groupe Eyrolles / PAP

☞ Vous pourrez vous procurer les formulaires de compromis de vente et les modèles types préremplis (spécimens) auprès du groupe De Particulier à Particulier :
— dans les antennes régionales du groupe
(liste des différentes antennes sur www.pap.fr) ;
— en les téléchargeant à partir du site www.pap.fr ;
— en les commandant en ligne,
ou au service documentation du journal
au 01 40 56 35 35 (imprimé modèle L).
Vous les recevrez alors par la poste.

Le principal avantage de cette formule est la rapidité puisque l'on n'attend pas un rendez-vous chez le notaire. Le vendeur est tranquillisé (l'acquéreur ne changera pas d'avis sans raison) ; il en est de même pour l'acquéreur (le bien immobilier lui est réservé).

Attention, cette pratique, si elle est courante, n'est pas forcément accessible à tous. Elle nécessite une certaine familiarité avec le droit des transactions immobilières, et une aisance pour le remplissage de documents administratifs. Et surtout, il est indispensable de prévoir au minimum une heure, voire deux, pour lire, remplir et signer tranquillement le compromis.

Que les parties choisissent un compromis ou une promesse unilatérale de vente, l'acheteur va bénéficier, quant à lui, d'un droit de rétractation.

Droit de rétractation

Si l'acheteur a cédé à un coup de cœur et regrette d'avoir signé le compromis, il peut encore changer d'avis une fois le compromis signé. Il n'a pas besoin de se justifier pour cela. On dit qu'il dispose d'un droit de rétractation. Tout acquéreur non professionnel qui achète son logement en bénéficie, que la transaction soit conclue entre particuliers ou devant notaire.

Le droit de rétractation s'applique obligatoirement à l'acquisition ou à la construction d'un logement. L'achat d'un parking ou d'un local commercial par exemple n'est donc pas visé par les textes. Par ailleurs, seules les acquisitions de terrains en lotissements sont concernées par le droit de rétractation.

© Groupe Eyrolles / PAP

Le compromis signé entre particuliers, autrement dit « sous seing privé »

Dans ce cas, vendeur et acquéreur se rencontrent afin de remplir et signer ensemble un compromis de vente. À l'issue de cette signature, le vendeur doit obligatoirement adresser, par lettre recommandée avec accusé de réception, un exemplaire de ce compromis à l'acquéreur. Cela permet de fixer avec certitude la date à laquelle commence le délai de rétractation.

À savoir

Le vendeur doit adresser ce courrier à chacun des acquéreurs, et ce même s'ils sont mariés.

À compter du lendemain de la première présentation de la lettre recommandée avec accusé de réception, l'acquéreur bénéficie d'un délai de sept jours pour se rétracter, c'est-à-dire pour décider de ne plus acheter. C'est la date de première présentation qui compte, peu importe donc la date à laquelle il va chercher le recommandé.

Conseil

La remise en main propre est à proscrire puisqu'elle ne fera juridiquement pas courir le délai de rétractation.

Si l'acquéreur ne se manifeste pas pendant ce délai de sept jours par lettre recommandée, il est alors définitivement engagé. Il ne lui reste plus ensuite qu'à prendre contact avec le notaire qui va s'occuper de toutes les formalités.

Attention, pendant ce délai, le vendeur ne peut pas percevoir les 10 % au titre de l'acompte sur le prix définitif. Ce montant doit être versé à l'expiration du délai de rétractation de sept jours. L'acquéreur remet alors au vendeur un chèque établi à l'ordre du notaire.

© Groupe Eyrolles / PAP

Le compromis signé devant notaire

Dans ce cas, le vendeur et l'acheteur se retrouvent chez le notaire chargé de la vente. Celui-ci a préparé par avance le compromis de vente grâce aux informations que lui ont fait parvenir le vendeur et l'acheteur : titre de propriété, identité et situation matrimoniale des intéressés… Il ne reste plus aux parties qu'à signer le compromis de vente, dès que le notaire leur en aura fait la lecture pour en rappeler les conditions.

Le notaire remet ensuite l'acte à l'acheteur en main propre. Ce dernier doit y reproduire une mention manuscrite qui indique qu'il a pris connaissance de son droit de rétractation. Il précise également à quelle date, par qui et où lui a été remis l'acte.

Le délai de rétractation court à compter du lendemain de cette remise en main propre.

À savoir

Lorsque la signature du compromis a lieu devant notaire, ce dernier peut, en revanche, réclamer à cette occasion à l'acheteur une indemnité d'immobilisation représentant jusqu'à 10 % du prix de vente le jour même de la signature.

Comment calculer le délai de rétractation ?

Exemple n° 1 : **le plus fréquent**
Lundi 25 juin : envoi du compromis
Mardi 26 juin : première présentation de la lettre recommandée
Mercredi 27 juin : début du délai de sept jours
Mardi 3 juillet minuit : fin du délai de sept jours.

Exemple n° 2 : **le délai expire un jour férié : on reporte au jour ouvrable suivant**
Mardi 7 août : envoi du compromis
Mercredi 8 août : première présentation de la lettre recommandée
Jeudi 9 août : début du délai de sept jours
Mercredi 15 août : fin du délai de sept jours (mais étant donné que le 15 août est un jour férié, l'expiration du délai est reportée au premier jour ouvrable suivant, soit au mercredi 16 août)
Jeudi 16 août minuit : fin du délai de sept jours.

© Groupe Eyrolles / PAP

> Exemple n° 3 : **le délai expire un samedi : on reporte au jour ouvrable suivant**
> Vendredi 15 juin : envoi du compromis
> Samedi 16 juin : première présentation de la lettre recommandée
> Dimanche 17 juin : début du délai de sept jours
> Lundi 25 juin minuit : fin du délai de sept jours.
>
> Exemple n° 4 : **le délai de sept jours inclut un jour férié : le jour férié compte dans le délai de sept jours**
> Samedi 11 août : envoi du compromis
> Lundi 13 août : première présentation de la lettre recommandée
> Mardi 14 août : début du délai de sept jours
> Mercredi 15 août : férié
> Lundi 20 août minuit : fin du délai de sept jours.

L'acheteur qui souhaite se rétracter doit faire partir sa lettre de désistement pendant ce délai de sept jours en l'adressant au vendeur en courrier recommandé avec accusé de réception, la date d'expédition faisant foi. À défaut, il est alors définitivement engagé à acheter. Toutefois, pensez à rajouter aux sept jours le délai d'acheminement du courrier, car l'acheteur peut envoyer sa lettre le septième jour du délai de rétractation ! Il ne reste ensuite qu'à prendre contact avec le notaire qui va s'occuper de toutes les formalités. Vous n'avez plus à vous occuper de rien.

Le délai de réflexion

Cette situation ne se rencontre que dans les très rares cas où l'acte définitif de vente n'est pas précédé d'un compromis (vente entre membres d'une même famille par exemple). Dans cette hypothèse, l'acquéreur bénéficie d'un délai de réflexion de sept jours. Avant de signer, le notaire doit adresser le projet d'acte à l'acquéreur, par lettre recommandée avec accusé de réception, et celui-ci ne peut signer l'acte de vente qu'après un délai obligatoire de réflexion de sept jours. Dans ce cas-là, il s'agit bien d'un délai de réflexion et non d'un délai de rétractation.

À l'issue du délai de rétractation (ou de réflexion), le vendeur est sûr que la décision de son acquéreur est mûrement réfléchie.

© Groupe Eyrolles / PAP

Signataires, nombre d'exemplaires et procuration

Vous allez remplir et signer un exemplaire pour chacune des parties. Si vous signez sous signature privée, nous préconisons également d'en prévoir un supplémentaire. Ainsi, l'acheteur repart avec son propre exemplaire une fois le compromis signé, et le vendeur conserve un exemplaire à adresser à chacun des acheteurs en recommandé avec accusé de réception.

Conseil

Conservez précieusement votre exemplaire de promesse de vente et ne délivrez que des photocopies aux personnes ou aux organismes qui en font la demande (notaire, banque…).

Qui signe le compromis de vente ?

Chaque compromis de vente devra être signé par le vendeur et par l'acquéreur.

Dans certains cas, le vendeur ou l'acquéreur n'est pas une seule personne. Il peut s'agir de deux époux ou de plusieurs frères et sœurs qui vendent en indivision à la suite d'un héritage, ou encore de deux concubins qui souhaitent acquérir ensemble un logement. Chaque personne intéressée à la transaction doit signer chaque exemplaire du compromis de vente. Toutefois, si l'une d'elles ne peut se déplacer, elle peut donner une procuration à l'un des signataires.

Avant d'examiner la façon dont se rédige une procuration, voyons qui doit signer le compromis de vente.

Le vendeur

Le vendeur n'est pas toujours une seule et même personne. Voici les cas les plus fréquents. Qui signe alors ?

Le couple marié

Quel que soit le régime matrimonial des époux, si le bien appartient aux deux, chacun devra signer le compromis. En revanche, s'il s'agit

© Groupe Eyrolles / PAP

d'un bien appartenant à l'un des époux, seul celui qui est concerné doit signer.

Attention, l'article 215 du Code civil prévoit que, lorsque le bien vendu constitue le « logement de la famille » et qu'il n'appartient qu'à l'un des conjoints, celui-ci peut le vendre au prix qu'il souhaite, signer seul le compromis, mais il doit obtenir auparavant le consentement écrit de son conjoint ; faute de quoi, ce dernier pourrait demander l'annulation de la vente.

Modèle de lettre de consentement
(à établir sur papier libre, ne pas timbrer ni enregistrer)

> Je soussigné(e) M............., époux(se) de M............ donne mon accord pour que le bien immobilier sis à : ...., constituant actuellement le logement de la famille, soit vendu par mon conjoint, son propriétaire.
>
> Fait à......, le......
>
> Signature (précédée de la mention « Bon pour accord »)

Les partenaires pacsés

Les partenaires sont soit soumis au régime de l'indivision, soit à celui de la séparation de biens. Lors de la vente d'un bien acheté depuis la conclusion du Pacs, les partenaires doivent donc s'assurer du régime sous lequel ils l'ont acquis. S'il s'agit d'un bien détenu en indivision, chacun doit signer le compromis de vente. En revanche, si les partenaires sont en régime de séparation des biens, chacun est seul propriétaire des biens qu'il achète et est donc libre de le revendre seul, sans la signature de son partenaire.

À savoir

Le régime légal des partenaires pacsés a basculé du régime de l'indivision à celui de la séparation de biens pour les Pacs conclus depuis le 1er janvier 2007. Toutefois, les partenaires ont pu opter pour un régime différent. Si vous avez le moindre doute, assurez-vous auprès du notaire de qui doit signer la vente !

© Groupe Eyrolles / PAP

L'indivision

Si le bien est en indivision, chaque indivisaire signe la promesse de vente. C'est le cas des concubins. En outre, si un des indivisaires est marié sous le régime de la communauté, son époux(se) signe également.

Les incapables mineurs

- En cas d'administration légale pure et simple : signature des père et mère et autorisation du juge des tutelles.
- En cas d'administration légale sous contrôle judiciaire : signature de l'administrateur légal et autorisation du juge des tutelles.
- En cas de tutelle : signature du tuteur et autorisation du conseil de famille.

Les incapables majeurs

- Majeur en tutelle : signature du tuteur et autorisation du conseil de famille.
- Majeur en curatelle : signature du majeur en curatelle et de son curateur.

Usufruit et nue-propriété

En cas de démembrement de propriété, il est nécessaire d'obtenir le consentement du ou des usufruitiers et du ou des nus-propriétaires et de leur conjoint s'ils possèdent des droits (nue-propriété en communauté, par exemple).

Bien vendu par une société

- Société civile immobilière : signature du gérant autorisé par une décision collective des associés.
- Sociétés commerciales : signature du représentant légal de la société si la vente contribue à la réalisation de l'objet social. Dans le cas contraire, il est nécessaire d'obtenir une décision collective (SARL) ou une délibération du conseil d'administration (SA).

● L'acquéreur

Le signataire est :

- l'un des futurs acquéreurs ou, bien entendu, les deux pour les époux, les concubins, les indivisaires ;

© Groupe Eyrolles / PAP

– le représentant légal d'une société (civile ou commerciale) ou même une personne physique agissant pour le compte d'une société en voie de formation (non encore immatriculée au registre des sociétés ou au registre du commerce).

Conseil

Toute personne concernée par l'achat a toujours intérêt à y prendre part activement et à être présente lors des signatures.

La procuration

Lorsqu'une personne doit participer à une promesse de vente et ne peut se déplacer, elle peut se faire représenter par une personne de son choix. Dans ce cas, il est nécessaire qu'elle lui donne une procuration.

Une procuration, en vue de la signature d'une promesse de vente, peut s'établir devant le notaire, moyennant quelques frais, mais avec l'assurance d'une parfaite régularité.

Exemple

Vous habitez à Paris et votre sœur à Nice. Vous avez hérité d'un appartement à Paris et décidé de le vendre. Votre notaire parisien enverra un modèle de procuration à votre sœur qui ne peut quitter Nice pour la signature de la promesse. Celle-ci se rendra chez un notaire local qui vérifiera son identité, authentifiera la procuration et la renverra à son confrère parisien.

La procuration peut également être établie sous seing privé. Il suffit de rédiger cet acte sur papier libre et, pour vous aider, nous vous donnons ci-après un modèle de procuration. Faites photocopier votre carte d'identité sur les deux faces et, au bas de l'une de ces photocopies, recopiez ce texte en le complétant.

© Groupe Eyrolles / PAP

Modèle de procuration

Je soussigné(e) X...... (nom, prénom, époux de, adresse) donne tous pouvoirs à Y..... (identité complète du mandataire et adresse) à l'effet de signer la promesse synallagmatique de vente concernant le bien sis à (adresse complète du bien) dont je suis propriétaire, et constituant (un terrain, une maison, un appartement, etc. avec ses annexes suivantes.....) au prix de ....: Aux effets ci-dessus, accepter tout dépôt de garantie, toutes conditions suspensives, tout délai de réalisation ainsi que toutes clauses relatives à la prise en charge des travaux et d'une manière générale consentir à toutes conditions qu'il lui plaira et signer l'acte.

Fait à......, le......

Signature (précédée de la mention « Bon pour accord »)

Cette procuration ne doit être ni timbrée, ni enregistrée, mais bien entendu elle engage autant celui qui l'établit que celui qui la reçoit.

Conseil

Dès que vous vous êtes mis d'accord pour vendre un logement, réglez le problème des procurations afin de ne pas perdre de temps le jour où vous trouverez un acquéreur.

© Groupe Eyrolles / PAP

<h1 style="text-align:center">Le contenu
de la promesse de vente</h1>

En signant un compromis de vente, le vendeur et l'acheteur s'engagent définitivement. Le compromis doit donc être suffisamment détaillé et précis. Voici les principaux points du contrat.

L'identification du bien immobilier

Le bien vendu doit être décrit de façon précise dans la promesse. Il n'y a pas de difficulté particulière à cela. Pour certains renseignements, vous devez vous référer à votre titre de propriété.

L'indication de la superficie

Dans un souci d'information et de protection de l'acheteur, la superficie de la partie privative d'un bien en copropriété doit être mentionnée dans le compromis de vente. Les maisons individuelles ne sont donc pas concernées, sauf si elles sont sous le régime d'une « copropriété horizontale ».

L'information

L'information prend la forme d'un mesurage appelé métrage « loi Carrez ». Il s'agit d'une manière de mesurer la surface privative habi-

© Groupe Eyrolles / PAP

table. Celle-ci comprend la surface de plancher située sous une hauteur de plafond supérieure ou égale à 1,80 mètre (hors balcons et terrasses) après déduction des surfaces occupées par les murs, cloisons, marches et cages d'escalier, gaines, embrasures de portes et de fenêtres.

En copropriété, sont donc concernés par la loi Carrez :
- les appartements d'habitation ;
- les locaux d'activités (bureaux, locaux commerciaux, professionnels ou à usage de dépôt).

À savoir

Dans de rares cas, les maisons individuelles sont soumises aux règles de la copropriété (maisons en nouveau village par exemple) : le métrage loi Carrez doit alors être annexé au compromis de vente.

Sont en revanche exclus :
- en copropriété : les caves, garages, emplacement de stationnement ainsi que tous les lots inférieurs à 8 m^2 ;
- les terrains et tous les biens qui ne sont pas soumis au statut de la copropriété (les maisons individuelles pour l'essentiel).

Conseil

La loi n'impose pas le recours à un professionnel mais se montre sévère en cas d'erreur.
Vous avez donc tout intérêt à recourir aux services d'un spécialiste, notamment si votre bien comprend des pièces aux formes complexes.

L'erreur de surface

Si la superficie n'est pas indiquée dans l'acte définitif de vente, l'acquéreur peut engager une action en nullité dans un délai d'un mois à compter de la signature de l'acte de vente.

À savoir

L'acquéreur perd tout recours si la superficie qui faisait défaut dans le compromis de vente est indiquée dans l'acte de vente définitif.

© Groupe Eyrolles / PAP

Si la superficie réelle est inférieure de plus de 5 % à celle exprimée dans l'acte, l'acquéreur peut engager une action en diminution du prix à l'encontre du vendeur. Cette action doit être intentée au plus tard dans un délai d'un an à compter de la signature de l'acte définitif.

Cas particulier

Si la superficie indiquée dans le compromis est supérieure de plus de 5 % à la superficie réelle, plusieurs situations peuvent se présenter en pratique :

- personne ne s'aperçoit de l'erreur, et l'inexactitude est reportée dans l'acte de vente. L'acquéreur peut alors, dans un délai d'un an à compter de l'acte de vente, demander une diminution du prix proportionnelle au nombre de mètres carrés manquants ;
- le vendeur ou l'acquéreur se rend compte de l'erreur avant la signature de l'acte définitif. La surface doit être corrigée dans l'acte de vente. Si l'acquéreur accepte purement et simplement cette surface modifiée, il ne pourra plus ensuite réclamer une diminution du prix puisque la surface indiquée sera exacte. Il peut également légitimement renégocier une réduction du prix avant l'acte définitif. Si le vendeur refuse, l'acquéreur peut, selon le droit commun des contrats de vente, demander l'annulation du compromis dans la mesure où le vendeur ne peut lui vendre ce qu'il a promis.

> **À savoir**
>
> Si la superficie réelle est supérieure à celle indiquée dans l'acte, le vendeur ne peut réclamer aucun supplément de prix.

Le bornage des terrains

Réalisé le plus souvent par un géomètre, le bornage permet de déterminer la limite séparative entre deux terrains contigus. La limite est matérialisée par des repères nommés « bornes ». Le bornage assure la sécurité juridique des propriétaires puisqu'il permet à chacun de connaître les limites de sa parcelle.

© Groupe Eyrolles / PAP

Lors de la vente d'un terrain à bâtir, le bornage est obligatoire si le terrain :

- est en lotissement ;
- provient d'une division effectuée à l'intérieur d'une zone d'aménagement concerté (ZAC) ou est issu d'un remembrement réalisé par une association foncière urbaine (AFU).

En conséquence, pour être valable, le compromis de vente portant sur un terrain à bâtir doit :

- mentionner si le descriptif du terrain résulte ou non d'un bornage lorsque la vente porte sur un terrain « en diffus », c'est-à-dire isolé (il s'agit tout simplement d'un terrain mis en vente, souvent par un particulier qui décide de s'en séparer) ;
- comporter la mention du descriptif du terrain résultant du bornage dans les autres cas.

À savoir

Bien que souhaitable, le bornage n'est jamais obligatoire lors de la vente d'un terrain « en diffus ».

Les déclarations du vendeur

Le bien ayant été décrit, chaque partie prend un ensemble d'engagements qu'elle devra respecter si la vente se réalise. Il s'agit de clauses importantes, qu'il faut lire attentivement et remplir précisément.

L'origine de propriété

Dans le compromis de vente, il suffit d'indiquer les noms et adresse du propriétaire antérieur ainsi que le nom du notaire qui a été chargé de la transaction précédente.

C'est le rôle du notaire de s'assurer, dans l'acte définitif de vente, de l'origine de propriété, c'est-à-dire de vérifier, sur une période de trente ans, la validité des titres de propriété successifs.

© Groupe Eyrolles / PAP

La situation du bien au regard des privilèges et hypothèques

Le vendeur s'engage à vendre un bien libre de toute hypothèque ou privilège. Bien évidemment, cela ne veut pas dire que s'il a acquis ce bien avec l'aide d'un crédit (cas le plus classique), il ne peut pas le vendre. Cela signifie simplement que le notaire vérifie la situation hypothécaire du bien avant la vente et rembourse les créanciers du vendeur garantis par une hypothèque ou un privilège. Lorsque ces créanciers ont été « désintéressés », le vendeur peut obtenir « mainlevée » des hypothèques et privilèges.

À savoir

Cette mainlevée entraîne des frais (voir le chapitre « Les frais de notaire »). Ce sont toutefois les seuls frais à la charge du vendeur lorsque la transaction se fait de particulier à particulier.

Date et modalités de l'entrée en jouissance

L'entrée en jouissance est la prise de possession du bien : en pratique, c'est la remise des clés et l'entrée dans les lieux de l'acheteur.

La clause dans laquelle la date et les modalités de l'entrée en jouissance sont précisées est donc très importante.

Plusieurs situations peuvent se présenter :

L'entrée en jouissance le jour de la vente

La date d'entrée en jouissance correspond le plus souvent à la date à laquelle est signé l'acte définitif de vente : conseillée par les notaires, c'est de loin la solution la plus prudente.

Pour une remise des clés au jour de la vente, il suffit d'indiquer dans le compromis de vente que l'entrée en jouissance aura lieu « le jour de la signature de l'acte authentique ».

L'entrée en jouissance anticipée

L'acheteur peut souhaiter entrer dans les lieux avant l'acte définitif pour y effectuer des travaux ou tout simplement parce qu'il doit lui-même quitter son logement.

© Groupe Eyrolles / PAP

L'entrée en jouissance anticipée est juridiquement possible mais elle est déconseillée.

- Du côté du vendeur, c'est en effet le risque, en cas de non-réalisation de la vente, d'avoir un occupant sans droit ni titre dans les lieux. Pour limiter ce risque, la date d'entrée dans les lieux doit toujours être postérieure à l'obtention par l'acheteur de son prêt. Par ailleurs, en cas de sinistre, des problèmes d'assurance peuvent survenir.
- Du côté de l'acheteur, c'est le risque, en cas de non-réalisation de la vente, de ne pas se faire rembourser les travaux réalisés et de devoir au contraire indemniser le vendeur pour le temps passé dans les lieux. En outre, le fisc peut exiger le paiement des droits de mutation (5,09 % du prix de vente) un mois après l'entrée en jouissance et ce, même si l'acte définitif n'est pas encore signé !

L'entrée en jouissance différée

Le vendeur ne peut libérer le local avant plusieurs mois : vous pouvez en tant qu'acheteur accepter ou non ce délai. Si vous n'y voyez pas d'inconvénient ou si vous consentez d'attendre moyennant une négociation sur le prix, il est nécessaire d'indiquer alors une date précise à laquelle le vendeur est sûr de pouvoir vous remettre les clefs. Si la signature de l'acte authentique a lieu avant cette date, le notaire séquestrera une partie du prix de vente (c'est un moyen de protéger l'acquéreur d'un vendeur qui ne voudrait plus partir !). Le reste du prix ne sera débloqué qu'à la libération du local. Enfin, s'il y a un retard dans la remise des clefs, le vendeur sera sanctionné par une astreinte journalière prélevée directement sur le montant des sommes séquestrées.

Conseil

La clause prévoyant l'entrée en jouissance anticipée ou différée de l'acheteur doit être rédigée dès le compromis de vente et de préférence par le notaire. Celui-ci vous exposera les conséquences juridiques et fiscales d'un tel choix et en fixera les modalités précises (existence d'une compensation financière pour le vendeur ou l'acquéreur par exemple).

© Groupe Eyrolles / PAP

La vente d'un logement loué ou occupé

Lorsque le logement mis en vente n'est pas mis en location, la situation est simple : vendeur et acquéreur fixent librement la date et les modalités de « l'entrée en jouissance » (voir ci-dessus). En revanche, si le logement mis en vente est occupé par un locataire, deux situations peuvent se présenter :

Le logement est vendu en cours de bail

Dans cette hypothèse, il faut savoir que la vente ne met pas fin au contrat de location ; le bail se poursuit avec l'acheteur aux mêmes conditions et pour le temps restant à courir (la vente n'a donc aucune incidence pour le locataire).

L'acheteur, puisqu'il va se trouver engagé, doit avoir une parfaite connaissance de la location avant la vente définitive. Pour cela, il suffit au vendeur de déclarer dans le compromis de vente que le logement est vendu occupé, en précisant le statut de l'occupant (locataire, occupant de bonne foi), la nature précise du contrat (location vide ou meublée) et ses caractéristiques (date d'entrée dans les lieux, date d'échéance, montant des loyers et charges, etc.).

> **Conseil**
>
> Pour que l'information de l'acheteur soit la plus complète, le vendeur doit remettre à l'acheteur tous les documents qu'il a en sa possession en les annexant au compromis de vente : contrat de location, état des lieux d'entrée, inventaire, etc.

Le logement est vendu en fin de bail suite à un congé pour vente

Dans cette hypothèse, le logement sera vendu « vide », c'est-à-dire sans locataire. Il suffit pour cela d'indiquer dans le compromis de vente que le logement sera libre de « toute location, occupation ou réquisition au plus tard le jour de la signature de l'acte authentique de vente ». Pour protéger l'acheteur, on prévoit généralement dès le compromis la sanction qui frappe le vendeur si le logement se trouve encore occupé à la remise des clefs.

© Groupe Eyrolles / PAP

Dans le formulaire de compromis du groupe De Particulier à Particulier, la clause est ainsi rédigée :

Modèle de clause

« Faute par le VENDEUR d'avoir libéré et permis à l'acquéreur l'entrée en jouissance à la date ci-dessus convenue, le VENDEUR s'engage à payer à l'ACQUÉREUR une astreinte dont le montant est forfaitairement fixé à un millième du prix de vente ci-après indiqué par jour calendaire de retard. »

Attention, dans le cadre de la location vide (loi du 6 juillet 1989), le locataire bénéficie d'un droit de préemption, c'est-à-dire d'un droit de priorité pour acheter. Si le locataire exerce ce droit, la vente se fait obligatoirement à son profit.

☞ *Voir le paragraphe « Le droit de préemption du locataire ».*

Servitudes et urbanisme

Le vendeur ne peut connaître toutes les servitudes d'urbanisme grevant le bien (passage de canalisations EDF-GDF par exemple). Celles-ci seront relevées par le certificat d'urbanisme que le notaire demandera avant la signature de l'acte authentique.

En revanche, le vendeur connaît toutes les servitudes qu'il aurait pu consentir à des tiers (servitude de passage, de puisage…) ou qui ont été créées antérieurement. Bien entendu, il doit les indiquer à l'acquéreur et les mentionner dans le compromis de vente.

À savoir

Dans le cas de vente de lots de copropriété, l'acquéreur doit se préoccuper du règlement de copropriété, notamment pour connaître ses droits et obligations futurs ; de ce fait, le vendeur doit lui en permettre la consultation.

© Groupe Eyrolles / PAP

Les charges de copropriété

Si le logement vendu est un lot de copropriété, la question qui se pose est de savoir qui, du vendeur ou de l'acquéreur, est redevable des charges de copropriété et des travaux en cours. Il faut donc prévoir comment répartir les charges communes et les travaux de l'immeuble entre l'acheteur et le vendeur.

La répartition des charges courantes entre le vendeur et l'acquéreur

Les copropriétaires reçoivent au début de chaque trimestre des appels de charges à régler au syndic de la copropriété. Il s'agit de provisions versées au syndic pour l'entretien des parties communes de l'immeuble. Le montant de ces provisions de charges est fixé d'avance pour l'année. Les copropriétaires les règlent ensuite par quart.

C'est celui qui est copropriétaire au moment où le syndic envoie son appel de fonds qui doit régler ces appels de charges. Autrement dit, tant que la vente définitive devant notaire n'est pas signée, c'est au vendeur de régler l'intégralité de la provision trimestrielle de charges dont il reçoit l'appel. En revanche, lorsque la vente a eu lieu et que le notaire en a averti le syndic, c'est à l'acheteur de la régler.

> **Exemple**
>
> Le compromis est signé le 20 juillet et la vente définitive chez le notaire est prévue le 20 octobre.
> Les charges de l'année en cours ont été fixées par la copropriété à 2 400 €, et doivent être réglées en quatre fois, le 1er jour de chaque trimestre.
> Le syndic adresse au vendeur l'appel de fonds pour les charges du 4e trimestre pour un montant de 600 € à régler le 1er octobre. C'est au vendeur de régler l'intégralité de la somme pour le 1er octobre, soit 600 €.

C'est le notaire qui avertit le syndic de la vente, dans les jours qui suivent la signature définitive. Par conséquent, si le syndic envoie les appels de charges trimestriels juste après la vente, il est possible que ce

© Groupe Eyrolles / PAP

soit encore le vendeur qui les reçoive si le syndic n'a pas encore été prévenu du changement de propriétaire.

Mais il est cependant possible de répartir les charges autrement.

Prévoir une autre répartition

Rien n'interdit aux parties de prévoir une clause dans le contrat de vente prévoyant une répartition différente, au *prorata temporis* par exemple, c'est-à-dire proportionnellement au temps écoulé.

> **Exemple**
>
> Dans l'exemple précédent, vous pouvez prévoir une répartition en proportion du temps écoulé. Ainsi, le vendeur avance l'intégralité des charges du 4e trimestre au syndic, soit 600 €. Mais, dès la vente, le 20 octobre, l'acheteur lui rembourse sa quote-part de charges correspondant à la période allant du 21 octobre au 31 décembre, soit 470 €. Le vendeur n'a donc, au final, que sa quote-part de charges à régler, soit 130 € pour la période du 1er au 20 octobre.

Les charges sont des provisions qui sont régularisées une fois par an. À cette occasion, les comptes peuvent révéler un solde négatif ou positif. Quelle que soit la répartition des provisions prévue lors de la vente, ce trop ou ce moins-perçu sera ensuite porté au crédit ou au débit du compte de celui qui est copropriétaire au moment de l'approbation des comptes.

Pour éviter toute mauvaise surprise à l'acheteur si le solde se révèle être débiteur, le notaire peut prévoir une clause de répartition à ce sujet.

> **Exemple**
>
> Les provisions versées par le vendeur pour le lot pour l'année s'élèvent à 2 400 €. La régularisation annuelle de charges a lieu le 15 février de l'année suivante. Elle fait apparaître un solde créditeur de 120 € pour ce lot. Cette somme va au crédit du compte de l'acheteur. Le vendeur ne récupère aucune somme sauf s'il a anticipé et demandé au notaire d'inscrire une clause dans les actes mettant ce solde créditeur à sa charge.

© Groupe Eyrolles / PAP

Attention, si la régularisation annuelle fait apparaître un solde débiteur, de 150 € par exemple, cette somme va au débit du compte de l'acheteur qui ne peut rien réclamer non plus au vendeur, sauf s'il a anticipé et demandé au notaire d'inscrire une clause dans les actes mettant ce solde débiteur à la charge du vendeur.

Les avances

Dans la plupart des copropriétés, une réserve de trésorerie, souvent appelée « fonds de roulement », est conservée par le syndic. Généralement prévue par le règlement de copropriété, elle représente au maximum 1/6 du montant du budget prévisionnel.

À savoir

Si le vendeur a versé de telles avances, celles-ci doivent lui être remboursées par le syndic à l'occasion de la vente. Le syndic réclame ensuite à l'acheteur sa part d'avances.

Les travaux

Lorsque des travaux sont prévus, la question se pose souvent de savoir qui du vendeur ou de l'acquéreur en est redevable.

La répartition entre vendeur et acquéreur

La répartition légale est très simple : les appels de fonds doivent être acquittés par celui qui est copropriétaire au moment où ils sont exigibles. Ainsi, lorsque des travaux ont été décidés par la copropriété, les appels de fonds sont à régler par celui, entre vendeur ou acquéreur, qui est copropriétaire au moment où le syndic adresse les appels de fonds aux copropriétaires. Donc, jusqu'à la vente, c'est le vendeur qui doit régler les appels de fonds pour travaux. Ensuite, c'est l'acheteur, même si les sommes à verser concernent des travaux décidés avant la vente par le vendeur.

© Groupe Eyrolles / PAP

● Prévoir une autre répartition

Le vendeur et l'acquéreur peuvent toutefois choisir de répartir différemment le coût des travaux. Ainsi, par exemple, une clause du compromis peut prévoir :

- d'une part que tous les travaux votés avant la date de signature du compromis sont entièrement à la charge du vendeur ;
- d'autre part que les travaux votés entre le compromis de vente et la vente définitive sont à la charge de l'acquéreur. Le vendeur doit alors informer l'acquéreur de toute convocation à une assemblée de copropriétaires, par lettre recommandée avec accusé de réception.

Attention, si une clause de ce type est insérée dans le compromis de vente, elle n'a d'impact qu'entre le vendeur et l'acheteur. Le syndic n'a pas à en tenir compte. En pratique, quelle que soit la répartition choisie, il adresse les appels de fonds à celui qui est propriétaire à ce moment-là.

Les diagnostics immobiliers

Lors d'une vente, le vendeur doit fournir à l'acheteur un certain nombre de diagnostics concernant l'état du bien vendu. Cette obligation permet à l'acquéreur d'être parfaitement informé et de s'engager ainsi en pleine connaissance de cause.

Le dossier de diagnostic technique (DDT)

L'information prend la forme d'un dossier de diagnostic technique qui doit être annexé au compromis de vente.

Le vendeur doit faire établir le DDT avant la signature du compromis, et même dès la mise en vente.

- D'une part, les diagnostics sont à fournir à l'acheteur au plus tard lors du compromis de vente auquel ils sont annexés.
- D'autre part, l'étiquette énergétique du logement (voir ci-dessous le DPE) doit, depuis le 1er janvier 2011, figurer dans l'annonce de vente et être remise à l'acquéreur dès la visite.

© Groupe Eyrolles / PAP

Le dossier de diagnostic technique comprend :
- le constat de risque d'exposition au plomb (Crep) ;
- l'état mentionnant la présence ou l'absence de matériaux ou produits contenant de l'amiante ;
- l'état relatif à la présence de termites dans le bâtiment ;
- l'état des risques naturels et technologiques (ERNT) ;
- le diagnostic de performance énergétique (DPE) ;
- l'état de l'installation intérieure de gaz ;
- l'état de l'installation intérieure d'électricité ;
- le diagnostic des installations d'assainissement non collectif.

Le nombre de diagnostics inclus dans un DDT dépend :
- de la nature du bien ;
- de sa date de construction ;
- de sa localisation.

Il s'agit là uniquement d'une obligation d'information : quel que soit le résultat du diagnostic, il n'oblige pas le vendeur à effectuer les travaux, ni à les supporter financièrement ni même à baisser son prix de vente (le prix reste le fruit d'une libre négociation).

À savoir

Seul le diagnostic assainissement oblige l'acheteur à faire procéder aux travaux de mise en conformité éventuellement nécessaires dans un délai d'un an après l'acte de vente.

Les différents diagnostics

Voici les différents diagnostics auxquels la vente peut être soumise.

Le plomb

Afin de lutter contre le saturnisme (intoxication grave liée au plomb se trouvant dans des peintures anciennes), le vendeur doit remettre à l'acheteur un constat de risque d'exposition au plomb (Crep). Il s'agit de mesurer la concentration en plomb des revêtements du logement (par exemple : la peinture) et son état de conservation.

© Groupe Eyrolles / PAP

> **À savoir**
>
> Les canalisations en plomb ne sont pas concernées.

Quels biens ?

Le diagnostic plomb porte sur les logements construits avant le 1er janvier 1949. Les logements construits après cette date ainsi que les locaux professionnels ou commerciaux ne sont donc pas concernés.

En copropriété, le Crep porte exclusivement sur les parties privatives du logement, y compris les revêtements extérieurs (les volets par exemple).

Un Crep doit avoir été établi au plus tard le 12 août 2008 pour les parties communes des immeubles d'habitation construits avant le 1er janvier 1949. Le vendeur peut en demander une copie au syndic afin de la fournir également à l'acheteur à titre d'information, même s'il n'en a pas l'obligation.

Quelle durée ?

En principe, la durée de validité du Crep est d'un an. Toutefois, si celui-ci établit l'absence ou la très faible présence de revêtement contenant du plomb, il n'est pas nécessaire d'établir un nouveau diagnostic en cas de revente du bien. Le Crep initial est alors joint lors de chaque vente.

En revanche, si le constat révèle la présence de plomb accessible (peinture dégradée) :

- le nouveau propriétaire doit effectuer des travaux de suppression du risque ;
- il doit informer les occupants, en particulier les locataires, si le logement est habité.

Rappelons que le vendeur n'est pas tenu pour autant de vendre un bien sans plomb. S'il ne fait pas les travaux, il informe l'acquéreur qui achète en connaissance de cause.

● L'amiante

Utilisé pendant longtemps comme isolant au feu, l'amiante s'est révélé cancérigène. Son utilisation a donc été interdite. Dans un souci de santé

© Groupe Eyrolles / PAP

publique, le vendeur doit remettre à l'acheteur un état mentionnant la présence ou l'absence de matériaux ou produits contenant de l'amiante.

Quels biens ?

Le diagnostic amiante concerne tous les biens dont le permis de construire a été délivré avant le 1er juillet 1997.

Sont visés tous les bâtiments, quel que soit leur usage (habitation, commerce), aussi bien les logements individuels que les immeubles collectifs, et aussi bien les parties privatives que les parties communes.

Quelle durée ?

Le diagnostic amiante a une durée de validité illimitée.

Les termites

Les termites et autres insectes xylophages causent d'importants ravages dans la structure même de certains immeubles. C'est pourquoi le législateur met à la charge du vendeur une obligation d'information relative à la présence de termites dans le bâtiment.

Quels biens ?

Le diagnostic termites s'applique à tous les immeubles bâtis (maison, appartement, local) quel que soit leur usage (habitation, commerce), dès lors qu'ils sont situés dans des zones contaminées. En copropriété, seules les parties privatives sont concernées.

> **Conseil**
>
> Pour savoir si le bien est ou non dans une zone contaminée, consultez un diagnostiqueur ou les services de la mairie ou de la préfecture.

Quelle durée ?

Le diagnostic termites doit dater de moins de six mois au moment du compromis de vente et de l'acte définitif.

L'état des risques naturels et technologiques (ERNT)

L'information préventive rend le citoyen conscient des risques majeurs auxquels il peut être exposé : informé, il est ainsi moins « vulnérable ».

© Groupe Eyrolles / PAP

Quels biens ?

Sont concernés tous les biens immobiliers situés dans une zone à risque, c'est-à-dire une zone où existe au moins un risque technologique (usine dangereuse) ou naturel prévisible (feu de forêt, inondation, avalanche, mouvement de terrains, etc.) ou sismique. Il peut s'agir d'un appartement, d'une maison, d'un local commercial, d'un garage ou même d'un terrain.

> **À savoir**
>
> En pratique, le notaire demande toujours un ERNT au vendeur afin de s'assurer que le bien est ou non concerné.

Par ailleurs, le vendeur doit informer l'acquéreur par écrit et dès le compromis de tout sinistre dû à une catastrophe naturelle ou technologique ayant touché le bien vendu et donné lieu au versement d'une indemnité d'assurance. L'information porte sur la période pendant laquelle le vendeur a été propriétaire ainsi que sur la période antérieure le cas échéant, lorsque le vendeur a eu lui-même connaissance d'indemnisations passées.

> **À savoir**
>
> L'information sur les sinistres se fait sur simple papier libre.

Quelle durée ?

L'ERNT doit dater de moins de six mois au jour du compromis de vente et de l'acte définitif.

● Le diagnostic de performance énergétique (DPE)

Dans le souci écologique de maîtrise des émissions de gaz à effet de serre, le DPE indique la quantité d'énergie effectivement consommée ou estimée pour une utilisation standardisée du logement ou du bâtiment. Ce diagnostic permet de connaître par avance les charges de chauffage.

Le classement du bien quant à sa performance énergétique indiquée dans le diagnostic doit figurer dans les annonces depuis le 1er janvier

© Groupe Eyrolles / PAP

2011. Par ailleurs, ce diagnostic est à communiquer à l'acheteur dès les visites, et il est donc nécessaire de le faire établir dès que vous êtes prêt à passer votre annonce !

Quels biens ?

Le DPE s'applique à tous les immeubles bâtis (maison, appartement, local) quel que soit leur usage (habitation, commerce), dès lors qu'ils disposent d'une installation de chauffage.

Quelle durée ?

Le DPE est valable dix ans.

Le gaz

Ce diagnostic vise à assurer la sécurité des occupants. Il consiste, notamment, en l'examen de la tuyauterie fixe, du raccordement en gaz des appareils, de la ventilation des locaux, et de la combustion.

Quels biens ?

Le diagnostic gaz ne concerne que les logements (maisons ou appartements) comportant une installation intérieure de gaz (naturel ou non) de plus de quinze ans.

> **À savoir**
>
> En copropriété, le diagnostic ne porte que sur les parties privatives.

Quelle durée ?

Le diagnostic doit avoir été établi depuis moins de trois ans à la date du compromis.

L'état de l'installation intérieure d'électricité

Ce diagnostic fait le bilan de l'état des installations électriques datant de plus de quinze ans.

Quels biens ?

Il porte sur les logements et leurs dépendances éventuelles, mais pas sur les parties communes des immeubles en copropriété.

© Groupe Eyrolles / PAP

Quelle durée ?

L'état de l'installation intérieure d'électricité doit avoir été établi depuis moins de trois ans à la date du compromis. Il est à faire établir par un diagnostiqueur certifié.

● Le contrôle de l'installation d'assainissement

Le diagnostic concernant l'assainissement est obligatoire depuis le 1er janvier 2011.

Quels biens ?

Il concerne les immeubles à usage d'habitation non raccordés au réseau public de collecte des eaux usées (tout-à-l'égout), donc essentiellement les maisons individuelles disposant d'une installation d'assainissement individuelle (type fosse septique).

Quelle durée ?

Le document établi à l'issue du contrôle de l'installation individuelle d'assainissement doit être daté de moins de trois ans au moment de la signature de l'acte de vente.

Quelles conséquences ?

Contrairement aux précédents diagnostics, celui-ci induit une obligation de travaux. En effet, en cas de non-conformité de l'installation d'assainissement non collectif au moment de l'acte de vente, l'acheteur est tenu de réaliser les travaux de mise aux normes dans un délai d'un an après la signature de l'acte de vente. Il peut donc négocier le prix de vente ou la prise en charge du coût des travaux avec le vendeur.

Responsabilité engagée

Si vous ne joignez pas les diagnostics obligatoires, vous ne pouvez pas vous exonérer de la garantie des vices cachés vis-à-vis de votre acquéreur. Autrement dit, si après la vente, votre acquéreur découvre la présence de plomb, d'amiante, de termites ou si l'installation de gaz ou d'électricité est dangereuse, il peut engager votre responsabilité afin de vous demander un dédommagement.

© Groupe Eyrolles / PAP

> **Conseil**
>
> Si vous ne fournissez pas l'état des risques naturels et technologiques, l'acheteur peut demander l'annulation de la vente ou une diminution du prix. Vous avez donc tout intérêt à remettre l'ERNT !

Rappelons toutefois que, hormis le diagnostic assainissement, les diagnostics ne servent qu'à informer l'acheteur. Ainsi, quel que soit le résultat d'un diagnostic, il n'oblige jamais le vendeur à effectuer des travaux, ni à les supporter financièrement.

Faire établir un diagnostic

Pour faire établir ces diagnostics, vous devez vous adresser à un diagnostiqueur présentant les compétences et assurances requises et qui doit, en outre, depuis le 1er novembre 2007, être certifié, c'est-à-dire avoir réussi des examens nationaux théoriques et pratiques.

Le diagnostiqueur doit être en mesure de vous remettre un document par lequel il atteste sur l'honneur vous donner garantie de ses compétences et qu'il dispose des moyens en matériel et en personnel nécessaires à sa prestation. Par ailleurs, le dossier de diagnostics techniques précise le nom et l'adresse postale de l'organisme certificateur du diagnostiqueur.

> **À savoir**
>
> Le diagnostic assainissement est à faire établir par le service chargé de ce type de contrôle mis en place par les communes. Adressez-vous à la mairie de la commune où est situé le bien pour le connaître.

Quant au métrage loi Carrez et à l'état des risques naturels et technologiques, ils peuvent être réalisés par un particulier, mais sont en pratique le plus souvent réalisés en même temps que l'ensemble des diagnostics par le diagnostiqueur.

☞ Pour l'ensemble de ces diagnostics,
en dehors de celui portant sur l'assainissement,
vous pouvez vous adresser au Service Diagnostics
du groupe De Particulier à Particulier.
Tél. : 01 40 02 95 00 et www.pap.fr

© Groupe Eyrolles / PAP

Ce que l'acquéreur doit savoir, ce qu'il doit déclarer

L'acquéreur va demander au vendeur de le renseigner sur différents points avant de déclarer en avoir pris connaissance.

Carnet d'entretien de l'immeuble

Tout candidat à l'acquisition d'un lot en copropriété peut à sa demande consulter le carnet d'entretien de l'immeuble consignant l'historique des travaux effectués.

Le carnet précise en particulier l'année de réalisation des travaux importants (ravalement des façades, réfection des toitures, remplacement de l'ascenseur, de la chaudière, des canalisations, résultats des diagnostics obligatoires dans les parties communes : amiante, plomb, et travaux qui en résultent le cas échéant, etc.), l'échéancier du programme pluriannuel de travaux lorsque l'assemblée en a décidé ainsi, l'identité du syndic, la référence et la date d'échéance des contrats d'assurances de l'immeuble, et la référence des contrats d'assurance dommages-ouvrage de l'immeuble lorsque la garantie est encore en cours. Il comporte également les références des contrats d'entretien et de maintenance des équipements communs, et leur date d'échéance.

Grâce à cette démarche, l'acquéreur peut apprécier l'entretien général de l'immeuble ainsi que les travaux nécessaires à entreprendre dans un futur proche. Il va sans dire que cette faculté est utile à l'acquéreur, qui devrait ainsi éviter de s'engager à la légère. Après l'avoir lu, l'acheteur déclare dans le compromis en avoir pris connaissance.

Diagnostic technique de l'immeuble

Certains immeubles font l'objet d'un diagnostic technique : ce sont les immeubles de plus de quinze ans qui appartenaient à un seul propriétaire (le plus souvent un institutionnel tel qu'une banque, une société d'assurance, mais ce peut aussi bien être un particulier), et qui sont vendus par appartement. À l'occasion de cette « division » l'immeuble doit faire l'objet d'un diagnostic technique. Il porte sur :

© Groupe Eyrolles / PAP

96

l'état apparent de l'immeuble, la solidité du toit et des murs extérieurs, les conduites et canalisations, les équipements communs, et la sécurité. Il doit être communiqué à chaque acquéreur par le notaire.

Attention, si l'acquéreur revend dans un délai de trois ans à compter de la date de ce diagnostic, il doit à son tour fournir ce diagnostic au nouvel acquéreur. Au-delà, il n'y a plus d'obligation.

Toutefois, si un tel diagnostic vous a été remis lorsque vous avez acheté, il y a plus de trois ans, vous pouvez en remettre spontanément une copie à votre acheteur, même si rien ne vous y oblige.

À savoir

Dans le compromis de vente, l'acquéreur déclare avoir pris connaissance de ces deux documents. Selon une réponse ministérielle, l'obligation de communication du carnet incombe au copropriétaire vendeur, tenu, selon le droit commun de la vente, à une obligation d'information du candidat acquéreur. C'est donc le vendeur (et non l'acheteur) qui doit demander ces documents au syndic de l'immeuble et ce dès la mise en vente.

Les vices cachés, les vices apparents

Le cadre législatif

Trois articles du Code civil définissent les responsabilités d'un vendeur non constructeur en matière de vente immobilière ou autre (cela peut donc aussi servir le jour où vous achetez une marchandise défectueuse).

- Article 1641 : « Le vendeur est tenu de la garantie à raison des défauts cachés de la chose vendue qui la rendent impropre à l'usage auquel on la destine, ou qui diminuent tellement cet usage, que l'acheteur ne l'aurait pas acquise, ou n'en aurait donné qu'un moindre prix, s'il les avait connus. » Ainsi, le vendeur ne peut passer sous silence les vices, même non visibles, dont il aurait eu connaissance (exemple : un vice dont on peut retrouver trace dans une assemblée de copropriétaires) ; en revanche, toutes les promesses de vente dégagent les particuliers vendeurs (par opposition aux promoteurs) de la responsabilité des vices qu'ils ignorent.

© Groupe Eyrolles / PAP

– Article 1642 : « Le vendeur n'est pas tenu des vices apparents et dont l'acheteur a pu se convaincre lui-même. » L'acquéreur ne peut espérer gagner, dans une action qu'il intenterait contre un vendeur, si le vice est apparent. Soulignons que cette notion de « vice apparent » est assez étendue et qu'elle ne recouvre pas exclusivement ce qui peut se découvrir lors d'un examen superficiel mais tout ce qu'une personne, sans qualification particulière, aurait pu découvrir lors de vérifications élémentaires.
– Article 1643 : « Le vendeur est tenu des vices cachés, quand même il ne les aurait pas connus, à moins que, dans ce cas, il n'ait stipulé qu'il ne sera obligé à aucune garantie. »

En d'autres termes, cela signifie que le vendeur peut être tenu responsable des vices cachés, mais non des vices apparents que l'acquéreur pouvait déceler lors des visites.

Pour que l'acquéreur puisse faire jouer la garantie des vices cachés, un certain nombre de conditions doivent toutefois être remplies. Ainsi, la garantie du vendeur suppose l'existence d'un vice, rendant l'immeuble impropre à son usage et inconnu par l'acheteur au moment de la vente. C'est ainsi que, en matière de vente d'immeuble, le vice est caractérisé lorsqu'il atteint :

– la structure du bâtiment (vétusté de la toiture d'un immeuble, présence de termites affectant la solidité de la construction, risque d'inondation rendant le sous-sol impropre à sa destination...) ;
– la nature de l'immeuble (cas du terrain non constructible par exemple).

En outre, le vice doit être occulte, c'est-à-dire que l'acquéreur doit en ignorer l'existence au moment de la vente. En effet, le vendeur en matière de vente d'immeuble ancien n'est pas tenu des vices apparents dont l'acheteur a pu se convaincre lui-même et qu'il a acceptés en signant le contrat de vente.

Toutefois, il est courant en pratique de dégager la responsabilité du vendeur par l'insertion dans le contrat de vente de clauses exonératoires relatives à la garantie des vices cachés. En effet, la pratique notariale considère qu'il est excessif de faire supporter à de simples

© Groupe Eyrolles / PAP

particuliers des risques qu'ils ignorent. C'est ainsi qu'en présence de telles clauses l'acquéreur ne peut, s'il découvre un vice, se retourner contre le vendeur pour lui demander soit l'octroi de dommages et intérêts, soit la restitution du prix. Sauf s'il vient à démontrer que le vendeur est de mauvaise foi, à savoir qu'il connaissait l'existence du vice au moment de la vente. Tel est le cas par exemple d'une personne vendant une maison qu'elle avait fait construire et qu'elle savait ne pas être conforme à des normes techniques.

Sur le plan pratique, cela signifie qu'aucun acquéreur ne doit témoigner une confiance absolue à son vendeur.

La prudence est de mise

Un ensemble de précautions s'avère donc indispensable, dans certains cas.

Cas d'une copropriété

Demandez au vendeur de vous remettre copies des derniers procès-verbaux d'assemblée générale et téléphonez au syndic pour connaître les travaux prévisibles sur le bâtiment. Profitez-en pour demander le montant des charges de copropriété.

Cas d'un local encore meublé lors des visites

Vous ne pouvez pas déménager tous les meubles pour vérifier l'état des sols et des murs ! Si vous avez des doutes, proposez à votre vendeur d'établir contractuellement un état des lieux. Profitez-en pour dresser la liste des éléments restants lors de la vente (exemple : tringles à rideaux, tablettes de radiateurs, cheminées, glaces murales...).

Cas d'un local vendu meublé totalement ou en partie

Comme dans le cas précédent, rédigez un état des lieux et faites en plus un inventaire dont vous conserverez chacun un exemplaire dûment signé. Dans le cas d'une vente avec des meubles, il est bon de chiffrer le prix de ces meubles et de distinguer cette somme du montant de la vente. Ceci est intéressant pour le vendeur, s'il a un problème de plus-value, et pour l'acquéreur : la vente des meubles est dispensée de frais de mutation (donc, moins de frais de notaire). En revanche, il n'obtiendra un prêt que sur la partie « immeuble » et la banque demandera la ventilation.

© Groupe Eyrolles / PAP

Cas d'une construction récente

Les garanties qui couvrent cette construction vous sont automatiquement acquises. Nous vous les rappelons brièvement (loi n° 78-12 du 4 janvier 1978) :

- garantie de parfait achèvement : pendant un an à compter de la réception des travaux, le constructeur doit réparer tous les désordres signalés lors de la réception ou pendant ce délai d'un an ;
- garantie de bon fonctionnement : pendant deux ans à compter de la réception des travaux, le constructeur est responsable du fonctionnement des éléments d'équipement dissociables de la construction (exemple : canalisations non encastrées) ;
- garantie décennale : pendant dix ans à compter de la réception des travaux, le constructeur est responsable de tous les dommages compromettant la solidité de la construction et de tous les ouvrages non dissociables de celle-ci (canalisations encastrées). Exigez du vendeur qu'il vous fournisse l'attestation de l'assurance dommages-ouvrage qui a été souscrite lors du démarrage des travaux. En effet, cette assurance vous permet d'être rapidement indemnisé si jamais dans les dix ans qui suivent la réception vous subissez un dommage de nature décennal. C'est pourquoi il est fortement utile de se faire mentionner dans le compromis la date de réception du logement, car elle détermine le point de départ de ladite garantie.

À savoir

Ce n'est pas parce que le vendeur n'a pas souscrit d'assurance dommages-ouvrage que la vente ne peut pas se faire. Simplement, compte tenu du risque que vous prenez si jamais un désordre venait à se produire, vous avez intérêt à prendre en compte cet état de fait dans la négociation du prix de vente.

Les impôts locaux et fonciers

L'acquéreur déclare aussi qu'il prendra la suite dans les obligations qu'avait contractées le vendeur en sa qualité de propriétaire. Cela concerne les charges, les servitudes s'il en existait, mais aussi les impôts.

© Groupe Eyrolles / PAP

Or, il faut savoir que les impôts locaux et fonciers se payent pour l'année complète par la personne qui occupait les lieux le 1er janvier de l'année.

Toutefois, en ce qui concerne la taxe foncière, il est toujours prévu d'établir dans le compromis de vente un *prorata temporis*. Cette répartition a lieu dès la vente sur la base de la taxe payée par le vendeur l'année précédente.

Il en va différemment pour la taxe d'habitation dont le montant dépend de la situation personnelle de chacun (nombre d'enfants, etc.). Il est donc plus naturel qu'elle soit payée en intégralité par son débiteur légal (le vendeur) pour l'année de la vente.

Les conditions suspensives de la vente

Une promesse synallagmatique de vente est assortie de conditions suspensives. Ce sont des conditions qui, si elles ne se réalisent pas, annulent le compromis. Chaque partie redevient libre : le vendeur est délié de son engagement, l'acquéreur ne perd pas son indemnité d'immobilisation (dépôt de garantie). Autant dire que chacune de ces conditions est importante et qu'il est nécessaire d'y consacrer toute son attention.

La condition suspensive d'urbanisme

Aucune vente ne se signe tant que le notaire n'a pas obtenu un dossier concernant l'urbanisme. Celui-ci révèle toutes les servitudes administratives qui peuvent exister sur votre terrain ou immeuble, par exemple s'il est situé sur des carrières, près de monuments classés, etc.

Le certificat d'urbanisme indiquera également si l'immeuble est ou n'est pas aligné. Si c'est le cas, cela ne représente pas un danger pour l'acquéreur, sauf s'il souhaite démolir le bâtiment pour ensuite reconstruire. En revanche, en matière de terrain, la révélation d'un alignement doit être prise en considération, car celui-ci peut être rapidement mis en œuvre (se renseigner auprès de la mairie).

© Groupe Eyrolles / PAP

101

Les droits de préemption

Le droit de préemption, c'est la possibilité, pour un tiers au contrat (exemple : la commune, le locataire, etc.), de se substituer dans le bénéfice de la promesse de vente. C'est, en résumé, un droit d'achat prioritaire prévu par un texte de loi et essentiellement réservé aux collectivités publiques ou au locataire occupant les lieux.

Le droit de préemption d'une collectivité publique

Pour savoir si une collectivité publique risque de préempter, toute personne peut se renseigner à la mairie ou à la Direction départementale des Territoires (DDT).

Trois situations peuvent alors se présenter :
- l'immeuble ou le terrain est situé dans une ZAD (zone d'aménagement différé) ou une pré-ZAD (un périmètre provisoire de ZAD) ;
- l'immeuble, achevé depuis plus de dix ans, ou le terrain, est soumis au DPU (droit de préemption urbain). Cela concerne les communes dotées d'un POS ou d'un PLU ;
- l'immeuble ou le terrain se trouve dans un « espace naturel sensible ».

Dans ces trois cas, l'exercice d'un droit de préemption est possible mais non certain. Votre notaire doit adresser une DIA (déclaration d'intention d'aliéner) à la collectivité titulaire du droit. Les délais de réponse en matière de ZAD et de DPU étant de deux mois, et de trois mois en matière de périmètre sensible, vous devez prévoir un délai de réalisation de la vente en conséquence (accordez aussi une quinzaine de jours au notaire, à compter du dépôt de votre promesse, pour qu'il puisse procéder à ces déclarations).

Le droit de préemption du locataire

Le droit ne peut évidemment exister que si un locataire occupe le local vendu.

Trois cas peuvent alors se présenter :
- il s'agit de la première vente d'un appartement depuis la division d'un immeuble par lots (mise en copropriété). Selon l'article 10

© Groupe Eyrolles / PAP

de la loi n° 75-1351 du 31 décembre 1975, le locataire dispose d'un délai de deux mois pour préempter à compter de la date de réception de la lettre du bailleur, l'informant de son intention de vendre ;

- il s'agit de la vente en une seule fois de la totalité d'un immeuble comportant plus de dix logements à un acquéreur refusant de proroger les baux en cours pour une durée de six années. Le vendeur doit alors notifier la vente à chaque locataire qui dispose dans ce cas d'un délai de quatre mois pour préempter. Notez que dans ce cas la mairie doit également être informée des conditions de la vente pour lui permettre, le cas échéant, de préempter afin d'assurer le maintien dans les lieux des locataires. Cette disposition, qui vise à encadrer le phénomène des « ventes à la découpe », figure à l'article 10-1 de la loi du 31 décembre 1975, réformé par la loi du 13 juin 2006 ;

- il s'agit de la vente de logements loués conformément à la loi du 6 juillet 1989. Le propriétaire ne peut donner congé pour vente qu'à la date d'échéance du bail avec un préavis de six mois, et en respectant certaines formes, lettre recommandée avec accusé de réception ou acte d'huissier (voir article 15.II de la loi du 6 juillet 1989). Dans ce cas soit le locataire préempte (et reste donc dans les lieux), soit il refuse l'achat (ou ne répond pas) et est tenu de partir. Le locataire dispose d'un délai de réflexion de deux mois puisqu'il doit faire connaître sa réponse au propriétaire avant l'expiration des deux premiers mois du préavis légal de six mois.

Dans ces cas de préemption, le locataire bénéficie en outre d'un deuxième droit de préemption. En effet, le propriétaire qui décide de vendre à un prix ou à des conditions plus avantageux pour l'acquéreur que ceux figurant dans l'offre de vente initiale (par hypothèse, refusés par le locataire) doit lui notifier une deuxième offre de vente. Le locataire a alors la possibilité d'exercer de nouveau son droit de préemption, et ce pendant un mois suivant la notification. Notez en revanche que le locataire ne bénéficie d'aucun droit de préemption dans le cadre d'une location meublée.

© Groupe Eyrolles / PAP

● La condition suspensive d'obtention du crédit

Il est rare d'acheter son logement sans l'aide d'un prêt immobilier. Le compromis est dans ce cas automatiquement conclu sous la condition suspensive que l'acheteur obtienne ses prêts (art. L. 312-16 du Code de la consommation).

> **À savoir**
>
> L'acheteur doit dans tous les cas préciser dans le compromis s'il l'achète ou non à l'aide d'un prêt. C'est ce qui est prévu dans nos modèles types de compromis.

Rédaction de la clause d'obtention des crédits

Lorsqu'il s'apprête à signer le compromis, l'acquéreur a déjà élaboré son plan de financement. Il va donc rédiger la clause selon les éléments qu'il a préparés.

Les conditions du prêt

L'acquéreur va indiquer dans la clause relative aux crédits le montant qu'il va emprunter, mais également comment celui-ci se décompose (caractéristiques des prêts, taux, durée…). De plus, s'il ne peut acheter qu'avec des prêts aidés (prêt à l'accession sociale, prêt conventionné), il doit l'indiquer. Le vendeur est donc tout de suite prévenu, et est libre d'accepter ou non cet acquéreur. Si celui-ci s'est bien renseigné, a correctement fait ses comptes et n'est pas trop juste (a-t-il aussi pensé aux frais de notaire ?), les risques sont infimes.

Le délai pour obtenir les crédits

En tant qu'acquéreur, vous allez indiquer dans le compromis le délai dans lequel vous devez obtenir vos prêts. Ce délai ne peut être inférieur à un mois à compter de la signature du compromis. Mais il s'agit d'un minimum, et c'est un peu court pour vous permettre d'obtenir vos prêts. Nous vous conseillons de fixer un délai plus long. Le plus souvent, on prévoit que l'acheteur dispose de quarante-cinq jours pour obtenir ses prêts. Si l'acheteur reçoit de sa banque une proposition conforme à celle prévue pendant ce délai, on considère que la condition est bien réalisée. Il lui suffit alors de prévenir le vendeur qu'il va pouvoir acheter le logement.

© Groupe Eyrolles / PAP

Intérêt de cette clause

Une fois signé le compromis, l'acheteur va entreprendre ses démarches auprès des établissements de crédit pour obtenir ses prêts. S'il n'arrive pas à obtenir une offre correspondant aux caractéristiques mentionnées dans le compromis, il se voit opposer un refus de prêt de la part de la banque. Dans ce cas, il peut se désister. Cependant, il ne perd pas son dépôt de garantie s'il fait part de ce refus de prêt au vendeur dans le délai prévu pour l'obtention des crédits.

> **À savoir**
>
> L'acheteur doit entreprendre toutes les démarches dans les meilleurs délais afin d'obtenir ses crédits tels qu'ils sont prévus. S'il ne le fait pas, il ne bénéficie plus de la protection et le vendeur est en droit de ne pas lui restituer le dépôt de garantie.

Il est très tentant de commencer ses recherches par la lecture de petites annonces et de rêver sur toutes les propositions de logement ! Mais il est plus sage d'aller d'abord voir sa banque et le maximum d'organismes financiers pour connaître ses capacités d'emprunt. À partir de ce moment, vous pourrez valablement vous engager dans un achat, et celui-ci aboutira, sans que vous ou votre vendeur ne perdiez de temps. D'ailleurs, les vendeurs n'ont pas intérêt à signer un compromis de vente avec une personne qui se montrerait trop évasive sur ses possibilités financières. Ils peuvent se renseigner auprès de votre banque pour connaître les possibilités de crédit et les taux en vigueur. Ainsi, ils contrôlent mieux vos dires et savent très vite si vous êtes réellement informés sur votre capacité d'emprunt.

La vente comptant avec l'achat comptant

L'acquéreur peut aussi disposer des fonds et acheter sans prêt. Dans ce cas, il déclare dans le compromis qu'il renonce au bénéfice de cette condition suspensive par une mention obligatoirement manuscrite. Cette mention est prévue dans nos modèles de compromis de vente.

> **À savoir**
>
> Si l'acheteur déclare acheter sans prêt, il ne pourra plus ensuite se désengager sans perdre l'indemnité versée à titre de dépôt.

© Groupe Eyrolles / PAP

Les autres conditions suspensives

Certaines situations particulières peuvent justifier d'autres conditions suspensives qu'il est possible de mentionner dans le compromis, à condition bien entendu que le vendeur les accepte !

Le changement d'usage

Vous souhaitez habiter dans une ancienne boutique, ou exercer une profession libérale dans un logement dont l'usage actuel se limite à l'habitation ? Si le changement d'usage est possible, encore faut-il qu'il soit autorisé par le règlement de copropriété et les services de l'urbanisme. Il est donc souhaitable d'introduire une condition suspensive que vous pouvez libeller ainsi : « L'acquéreur déclare qu'il ne réitérera les présentes qu'à la condition que les biens acquis puissent être destinés à l'usage d'habitation, ou à l'usage d'une activité professionnelle, commerciale. »

La possibilité de construire

Cas fréquent lors de l'achat d'un terrain : vous ne voulez acheter le terrain que si vous êtes autorisé à y réaliser un projet conforme à vos désirs. Si ce vœu est compréhensible, encore faut-il qu'il soit réaliste !

Modèle de clause suspensive

> « L'acquéreur déclare qu'il ne réitérera les présentes qu'à la condition d'obtenir un permis de construire l'autorisant à édifier une construction d'une superficie développée de x mètres carrés. Il s'engage à déposer son permis de construire auprès des services compétents dans les deux mois à compter de ce jour et à en rapporter la preuve à la première demande du vendeur. »

Cette condition suspensive n'est pas nécessairement du goût des vendeurs particuliers car il faut attendre en général au minimum quatre mois pour savoir si l'acquéreur a ou non son permis. Cela induit donc des délais de réalisation de la vente très longs. Les vendeurs particuliers acceptent donc rarement cette condition, surtout si au moment

© Groupe Eyrolles / PAP

de la signature du compromis l'acquéreur n'a pas de projet suffisamment précis. En revanche, cette condition suspensive est plus facilement admise par un vendeur de terrains professionnel, notamment un aménageur-lotisseur.

La possibilité de modifier des parties communes

Dans un immeuble en copropriété, vous pouvez souhaiter réunir deux lots contigus (percement de murs ou de planchers porteurs), adjoindre à votre appartement des w.-c. ou débarras situés sur un palier, etc. Dans ce cas, l'autorisation de la copropriété est nécessaire, car on touche à une partie commune. Le compromis peut donc être signé sous la condition suspensive d'obtention de l'autorisation de l'assemblée.

Modèle de clause suspensive

« L'acquéreur déclare qu'il ne réitérera les présentes qu'à la condition d'obtenir l'autorisation de l'assemblée des copropriétaires pour.............. (citer ici, de façon précise, les transformations désirées). Il s'engage à présenter sa demande écrite accompagnée de tous les plans relatifs à ces modifications, au plus tard le ... au vendeur qui accomplira toutes les démarches auprès du syndic. »

Tant que l'acte de vente définitif n'est pas signé, seul le vendeur peut solliciter qu'une question soit inscrite à l'ordre du jour d'une assemblée générale de copropriété. C'est donc à lui de s'en charger, s'il accepte de vendre à cette condition.

L'achat sous condition de la vente de son propre bien

« J'achète votre bien si je vends le mien » : il est très tentant pour un acquéreur d'introduire ce genre de condition suspensive dans sa promesse de vente. Pourtant une telle condition appelée « condition potestative » n'est pas valable car elle ne résulte que de la volonté de l'une des parties. Elle est nulle et aucun acquéreur ne peut s'en prévaloir. Toutefois, la jurisprudence est venue atténuer la portée de ce principe. Dès lors que la condition précise que la vente préalable à l'achat ne dépend pas d'une pure et simple manifestation de volonté

© Groupe Eyrolles / PAP

de la part de l'acheteur, mais aussi et surtout de la découverte d'un tiers acceptant d'acheter (prix déterminé, délai précis pour réaliser la vente…), la Haute Juridiction l'a reconnue valable.

> **Conseil**
>
> Pour la rédaction de ce genre de condition, faites-vous assister du notaire afin d'éviter que la clause soit déclarée nulle et qu'elle entraîne la caducité de la vente.

© Groupe Eyrolles / PAP

Les conditions financières de la vente

À quel prix est vendu le bien ? Quel dépôt de garantie versera l'acquéreur ? Autant de précisions qui doivent figurer dans une promesse de vente, mais qui ne présentent pas de difficultés particulières.

Le prix

Le prix est librement fixé entre les parties, vendeur et acquéreur.

Le prix de vente du bien

L'acheteur peut accepter d'acheter au prix fixé par le vendeur mais il peut aussi le négocier avec le vendeur. Au moment de signer le compromis, ce prix doit en tout état de cause être déterminé ou déterminable. Par exemple, la cession a lieu moyennant le prix principal (on entend par prix principal le prix sans frais annexes) de « cent mille euros ». Ou bien, la cession a lieu moyennant le prix principal de « deux mille euros le mètre carré ». Dans ce cas, on fait venir un géomètre et on s'en tient à son rapport pour calculer le prix définitif.

Le prix concerne le bien immobilier, mais peut également englober certains meubles vendus en même temps.

© Groupe Eyrolles / PAP

Le prix des meubles vendus avec le bien

Si vous achetez des meubles avec le logement : cuisine équipée, bibliothèque, rideaux, vasques fleuries…, vous pouvez, en accord avec le vendeur, en évaluer le prix, afin de le faire ressortir du prix global de la vente.

> **À savoir**
>
> Le prix des meubles ne doit bien évidemment représenter qu'une faible part du prix global de la transaction. Il doit correspondre à la réalité du mobilier et être justifié, au besoin par des factures.

Il est donc indispensable de rédiger un inventaire des meubles, qui est annexé au compromis. Vous pouvez ainsi chiffrer le prix des meubles et distinguer cette somme du montant de la vente. Cela est intéressant pour le vendeur s'il a une plus-value à payer, et pour l'acquéreur puisque la vente des meubles est dispensée de frais de mutation (donc moins de frais de notaire).

Le versement d'une somme d'argent

En contrepartie de son engagement de vendre le bien à l'acquéreur, le vendeur va lui demander de verser une certaine somme à l'expiration du délai de rétractation de sept jours. Celle-ci est généralement équivalente à 10 % du montant du prix de vente. Mais rien n'interdit aux parties de prévoir une somme moins importante, comme 5 % par exemple.

> **À savoir**
>
> S'il est prévu un délai de plus de dix-huit mois entre le compromis et l'acte de vente définitif, l'acheteur est tenu de verser une indemnité d'immobilisation d'un montant minimal de 5 % du prix de vente sous forme de dépôt ou de caution auprès du notaire.

En matière de compromis de vente, cette somme d'argent peut avoir différentes qualifications juridiques selon le souhait du vendeur et de

© Groupe Eyrolles / PAP

l'acquéreur. En tout état de cause, quel que soit le choix des parties, il est extrêmement important de fixer précisément le sort des sommes versées lors de la signature du contrat, comme les indemnisations prévues en cas de non-réalisation de la vente. Et ce, afin d'éviter bien des problèmes en cas de litige.

Acompte ou dépôt de garantie

En principe et d'une manière générale, la somme versée par l'acquéreur prend la forme d'un acompte sur le prix, à valoir sur celui-ci par le versement du complément lors de la signature de l'acte de vente définitif.

Mais il est souvent prévu dans les compromis de vente que cet acompte restera acquis au vendeur si la vente n'est pas réalisée du fait de l'acquéreur.

Une telle clause peut s'analyser comme une clause de dédit. Cela veut dire qu'elle donne la faculté à l'acquéreur, si jamais ce dernier ne souhaite pas signer l'acte définitif, d'abandonner les 10 % versés au profit du vendeur. C'est cette solution que le journal *De Particulier à Particulier* a choisie dans ses compromis et ce, pour les deux raisons suivantes :

- le vendeur est indemnisé dès la constatation de la non-volonté de l'acquéreur de signer l'acte de vente définitif ;
- le vendeur retrouve immédiatement sa pleine et entière liberté lui permettant de remettre de suite son bien en vente.

À savoir

L'immobilisation d'une somme d'argent n'est néanmoins pas indispensable à la réalisation d'une vente, même si elle toujours fortement conseillée. L'absence de versement peut se justifier dans l'hypothèse d'un acquéreur finançant totalement son acquisition par l'emprunt.

Arrhes

Lorsque vendeur et acquéreur se réservent la faculté de se départir du compromis de vente, la somme versée s'analyse comme des arrhes. À

© Groupe Eyrolles / PAP

savoir que si l'acheteur se dédit, il perd la somme qu'il avait remise. En revanche, si c'est le vendeur qui ne veut plus vendre, il devra alors restituer à l'acquéreur le double des arrhes reçues.

> **À savoir**
>
> En pratique, on choisit rarement de qualifier d'arrhes la somme perçue par le vendeur car cela apporte trop d'insécurité à la transaction.

La clause pénale

C'est une clause selon laquelle lorsqu'une des parties refuse de conclure la vente, l'autre partie peut, à son choix, l'y contraindre judiciairement ou recevoir un montant fixé forfaitairement au départ lors de la signature du compromis. La clause pénale joue à la fois le rôle d'une menace et d'une pénalité financière.

L'inconvénient de la clause pénale, c'est qu'elle peut être révisée par le juge s'il l'estime trop élevée au regard du préjudice subi. Inversement, si le magistrat la juge trop faible, il a la faculté de l'augmenter.

La clause pénale, en principe, ne constitue pas pour les parties une faculté de dédit. L'acquéreur n'a pas le droit de refuser de signer l'acte de vente définitif en abandonnant le dépôt de garantie à titre de clause pénale. La situation est la même pour le vendeur qui ne peut se soustraire à son obligation en payant le montant de l'indemnité fixée au titre de la clause pénale. La partie adverse peut toujours exiger par l'intermédiaire d'une procédure judiciaire que la vente soit conclue.

Le séquestre

L'acquéreur doit toujours verser le dépôt de garantie par chèque. Ce chèque est toujours libellé à l'ordre du notaire chargé de la vente. Dès que le notaire reçoit le chèque, il le dépose sur un compte séquestre (donc, le chèque est très vite débité, ce qu'oublient souvent les acquéreurs...).

© Groupe Eyrolles / PAP

Pourquoi cette précaution ?

- pour être sûr que le chèque est provisionné ;
- pour pouvoir remettre cette somme soit au vendeur lorsque l'acquéreur ne demande pas la réalisation de la vente dans les délais et conditions convenues, soit à l'acquéreur si une ou plusieurs conditions suspensives stipulées dans la promesse ne sont pas réalisées.

© Groupe Eyrolles / PAP

La réalisation de la vente

Le délai de réalisation

Le vendeur doit prévoir dès la signature du compromis le délai maximal dans lequel l'acte de vente définitif devra être signé. C'est ce que l'on appelle le délai de réalisation de la vente. Il faut, en principe, compter trois à quatre mois entre le compromis et la vente définitive. Il s'agit en fait d'une date butoir. Si les parties sont d'accord et que le notaire a accompli toutes les formalités, la vente peut être réalisée avant cette date. Trois mois restent un minimum sauf si le notaire, à la suite d'une vente précédente qui aurait échoué, a déjà réuni l'ensemble des papiers administratifs nécessaires lors de l'acte authentique.

À l'inverse, le délai de réalisation peut être plus long. Six mois par exemple, suivant ce qui arrange le vendeur et l'acquéreur. Mais le compromis signé entre particuliers ne peut prévoir un délai de réalisation de la vente de plus de dix-huit mois à compter du compromis, sous peine de nullité.

Rien ne vous interdit cependant d'envisager un délai dépassant les dix-huit mois, ou de proroger le compromis initial pour une durée qui le porte à plus de dix-huit mois. Dans ce cas, pour que l'acte soit valable, vous devez obligatoirement faire appel au notaire pour le rédiger et vous le faire signer. De plus, pour sécuriser votre transaction, la loi impose dans ce cas à l'acheteur de verser une indemnité d'immobilisation d'un montant minimal de 5 % sous forme de caution ou de dépôt entre les mains du notaire.

© Groupe Eyrolles / PAP

La possibilité de substitution

Il arrive qu'un acheteur achète en son nom, tout en sachant dès le départ qu'il va, par la suite, créer une société qui achètera. Un acheteur peut aussi saisir une opportunité, « l'affaire à ne pas manquer », pour le compte d'un parent ou ami qui est momentanément absent en signant lui-même le compromis. Enfin, il peut aussi arriver qu'un acheteur ne souhaite plus acheter mais souhaite se faire remplacer par un autre afin de ne pas perdre son dépôt de garantie.

Dans ce cas, il est possible de prévoir dans la rubrique intitulée « clause particulière » une clause de substitution : ce type de clause doit être rédigé de préférence par le notaire.

Pour éviter que le vendeur ne se trouve dans une situation embarrassante, avec un nouvel acquéreur lui imposant de nouvelles conditions suspensives, tout compromis prévoit que le substitué ne bénéficiera pas de nouvelles clauses suspensives, qu'il renoncera même à celle concernant le crédit, et qu'en outre l'acquéreur initial restera garant du substitué. Enfin, le vendeur doit être tenu informé de cette substitution, conformément aux dispositions de l'article 1690 du Code civil.

L'élection de domicile

Le compromis de vente occasionne un certain nombre de formalités qui vont donner lieu à des correspondances entre le vendeur et l'acquéreur. Pour que celles-ci parviennent toujours à leur destinataire, il est nécessaire de mentionner une adresse permanente qui vous assure de leur réception entre le compromis de vente et la vente. Le plus souvent, il s'agit de l'adresse de votre domicile.

Mais il peut s'agir d'une adresse différente de celle qui était la vôtre au moment de la signature de l'avant-contrat. Ce sera le cas si vous déménagez, partez en vacances, etc. Vous pourrez alors choisir l'adresse de votre lieu de villégiature, d'un parent ou encore celle de l'étude de votre notaire (à condition d'avoir obtenu son accord).

© Groupe Eyrolles / PAP

Les mots ou lignes « rayés nuls »

On doit inscrire dans la marge le nombre de mots ou bien le nombre de lignes « rayés nuls ». Chaque page doit aussi comporter le paraphe de tous les intervenants. À la fin du compromis, on appose sa signature en entier, en faisant précéder celle-ci de la mention « Lu et approuvé, Bon pour accord ».

La vente

Une fois le délai de rétractation de sept jours expiré et si le compromis a été signé sous signature privée, chaque partie remet le compromis de vente dans les plus brefs délais à son notaire. À partir de ce moment, le notaire rédacteur de l'acte réunit l'ensemble des papiers nécessaires à la signature de l'acte définitif.

Composante importante du prix d'acquisition d'un bien immobilier, les frais de notaire représentent en moyenne un coût supplémentaire compris entre 6 % et 7 % du prix d'achat dans l'ancien. Il s'agit essentiellement des droits d'enregistrement au taux de 5,09 % et des émoluments du notaire, collectés par ce dernier à l'occasion des mutations immobilières. Les frais de notaire sont généralement à la charge de l'acquéreur.

☞ Pour connaître le montant de ces frais,
vous pouvez vous reporter à la prochaine partie « Les frais de notaire »
ou bien consulter le site Internet du journal De Particulier à Particulier
www.pap.fr rubrique Frais de notaire.

Ne pouvant avancer d'argent pour son client, le notaire demande généralement une provision à l'acquéreur pour couvrir les frais financiers occasionnés par les différentes démarches qu'il doit entreprendre (certificat d'urbanisme, situation hypothécaire, etc.).

Le jour de la signature de l'acte authentique, le notaire réclame le montant des frais de vente. Enfin, il peut aussi demander à l'acquéreur le montant du « fonds de roulement », c'est-à-dire la somme qui représente une avance sur les charges de copropriété. Tout acquéreur qui achète un bien en copropriété doit évidemment penser à ce verse-

© Groupe Eyrolles / PAP

ment (se renseigner auprès du syndic pour son montant). Quant au vendeur, le fonds de roulement qu'il avait versé lors de son achat lui sera remboursé.

Le paiement du prix au vendeur

C'est, en principe, après la publication aux hypothèques que le notaire peut verser le montant de la vente au vendeur. Cette formalité peut hélas prendre trois semaines à un mois ! Cependant, dans certaines régions et notamment à Paris, les notaires ont aujourd'hui la possibilité de remettre plus rapidement le montant de la vente au vendeur, en règle générale sous huitaine.

Le titre de propriété

Tout acquéreur pense sortir du rendez-vous de signature de l'acte authentique avec son titre de propriété. C'est ignorer que le notaire doit encore procéder à un ensemble de formalités et attendre que le Bureau des hypothèques lui remette ce titre. Entre six mois et un an voire plus… En revanche, le notaire vous délivre, en attendant, une ou plusieurs attestations qui prouveront votre achat.

© Groupe Eyrolles / PAP

Questions-réponses

© Groupe Eyrolles / PAP

Une agence immobilière m'a fait inscrire le nom d'un notaire sur la promesse de vente, or je souhaite en choisir un autre. Est-ce possible ?

Oui, car le choix d'un notaire n'a pas un caractère contractuel. Rappelons que chaque partie peut se faire assister d'un notaire, et cela n'occasionne aucuns frais supplémentaires. En tout état de cause, il n'appartient pas aux intermédiaires (agents immobiliers…) de désigner le leur.

Puis-je proroger le délai de signature de l'acte authentique prévu dans la promesse de vente ?

Oui, avec l'accord exprès (écrit) des parties signataires (acquéreur et vendeur), et si la date de cet accord est antérieure à la date prévue dans la promesse de vente pour signer la vente définitive.

Résidence principale ou secondaire ? Dois-je le déclarer lors de l'achat ?

Non, l'affectation personnelle d'un bien immobilier n'a pas à être déclarée lors de son achat.

Je libelle le chèque du dépôt de garantie au nom du notaire du vendeur. Dois-je le remettre au vendeur ou l'adresser à son notaire ?

Le chèque du montant du dépôt de garantie étant établi à l'ordre du notaire, lui seul pourra l'encaisser. En revanche, si vous craignez qu'il ne lui soit pas déposé, vous pouvez le lui adresser par la poste en présence du vendeur, dès l'expiration du délai de rétractation de sept jours.

Le notaire peut-il encaisser le chèque du dépôt de garantie avant la signature de l'acte authentique ?

Le déblocage du dépôt de garantie s'effectue très rapidement après remise du chèque au notaire, donc à l'issue du délai de rétractation de sept jours si vous signez sous seing privé. Sachez qu'en revanche, si vous signez devant notaire, celui-ci peut encaisser ce chèque immédiatement.

Un enfant mineur peut-il acquérir un bien ?

Oui, mais il faudra selon le cas obtenir l'accord du juge des tutelles ou du Conseil de famille dans le cadre d'une tutelle. Dans cette hypothèse, le compromis de vente devra être fait sous la condition suspensive de ces autorisations légales.

Quand l'acheteur bénéficie-t-il de frais de notaire réduits ?

L'acheteur bénéficie de frais d'achat réduits s'il achète soit un bien vendu en état futur d'achèvement, soit un bien vendu après achèvement, mais à la triple condition :
- que le vendeur ait lui-même acheté ce bien en VEFA (Vente en l'état futur d'achèvement) ;
- que la vente intervienne dans les cinq années de l'achèvement ;
- que la vente n'ait pas été précédée d'une autre vente postérieure à l'achèvement et consentie au profit d'une personne n'ayant pas la qualité de marchand de biens.

Dans chacune de ces situations, l'acquéreur paie donc des frais réduits (environ 3 % du prix de vente) ; mais le vendeur doit payer la taxe sur la valeur ajoutée qui correspond à l'impôt sur la plus-value (voir la partie ci-après « Les Frais de notaire »).

L'acquéreur ne vient pas signer l'acte authentique. Que se passe-t-il ?

Si l'acquéreur ne vient pas signer l'acte authentique, il doit savoir qu'il risque d'être considéré comme défaillant, et donc de perdre son dépôt de garantie. En outre, il peut se voir contraint de réaliser la vente.

© Groupe Eyrolles / PAP

© Groupe Eyrolles / PAP

La cheminée Louis XVI a disparu ou la cuisine n'est plus équipée ?

Pour éviter ce genre de déconvenue, faites un état des lieux que vous annexerez au compromis de vente et visitez les lieux juste avant la signature de l'acte notarié de vente. Vous saurez par la même occasion si les lieux sont bien libérés (voir question suivante).

Le vendeur a oublié de déménager son grenier ou sa cave. Comment procéder ?

Si le vendeur s'est engagé, lors du compromis de vente, à libérer les lieux le jour de la signature de la vente, il faut considérer qu'il n'exécute pas les engagements qu'il avait pris alors. Signalez ce fait au notaire rédacteur de l'acte, il séquestrera une partie du montant de la vente sur un compte bloqué, jusqu'au jour de la libération définitive de la totalité des biens vendus. Prévoyez aussi, si vous craignez un déménagement trop tardif, une astreinte par jour de retard.

Puis-je vendre la nue-propriété ou l'usufruit d'un bien ?

L'usufruit et la nue-propriété d'un bien constituant des droits distincts, ils peuvent être vendus séparément par leur titulaire.

Est-il possible de payer un bien par un autre bien (ce qui revient à faire un échange) avec éventuellement une soulte ? Dans ce cas-là, remplit-on un compromis de vente pour chaque bien ?

Il s'agit dans ce cas d'une promesse synallagmatique d'échange qui est soumise aux mêmes formalités et aux mêmes obligations qu'un compromis de vente. Rappelons que, dans cette situation, le prix est remplacé par un autre bien et, éventuellement, une soulte, c'est-à-dire une somme d'argent, si les deux biens échangés n'ont pas la même valeur.

Puis-je signer l'acte de vente authentique par procuration ?

Tous les actes notariés peuvent se signer par procuration, aussi bien le compromis de vente que la vente elle-même, du vendeur ou de l'acheteur. Dans ce cas, il faut préparer une procuration en bonne et due forme. Le mieux est de la faire établir par le notaire.

À quel nom l'acheteur doit-il acquérir le bien au moment de la vente ?

L'identité de l'acquéreur doit correspondre à l'identité de l'investisseur.

- Si celui-ci est célibataire, l'acquisition se fera à son nom.
- Si celui-ci est marié sous un régime de communauté, le bien tombera dans la communauté sauf si les fonds sont personnels à l'un ou à l'autre des époux (par héritage ou donation), auquel cas le notaire introduira dans l'acte de vente une déclaration de remploi (à condition de le lui demander).
- Si les époux sont séparés de biens, l'acquisition se fera aux deux noms, au prorata des sommes versées par chacun d'eux, ou par celui qui paiera la totalité du prix.
- Si les acheteurs sont pacsés, l'acquisition se fait soit au seul nom de celui qui achète et paie la totalité du prix, soit aux deux noms s'ils souhaitent acheter ensemble, au prorata des sommes versées par chacun d'eux, à moins que les partenaires n'aient opté pour le régime de l'indivision. Dans ce cas, l'achat se fait automatiquement aux deux noms. Attention, les partenaires pacsés avant le 1er janvier 2007 sont sous le régime de l'indivision. L'achat se fait donc à leurs deux noms.
- S'il s'agit de coacquéreurs étrangers, ils auront soit la possibilité d'acquérir en indivision au prorata de leurs investissements, soit sous la forme de société civile immobilière.

© Groupe Eyrolles / PAP

Troisième partie

Les frais de notaire

Les mutations d'habitations ou de terrains se signent toujours devant notaire.

À chaque fois qu'intervient une vente, un décès ou une donation, le bien change de propriétaire ; cela occasionne des dépenses, souvent très différentes, que l'on désigne par l'expression « frais de notaire ».

Si vous envisagez d'acheter ou de faire construire, sans doute vous posez-vous la question du coût que cela va engendrer. Vous connaissez le prix du bien, mais vous ignorez le montant des frais que le notaire peut vous réclamer lors de la transaction.

Ce chapitre vous permet précisément de répondre à cette question en vous donnant des renseignements utiles sur les détails de ces frais.

Définition des « frais de notaire »

On appelle « frais de notaire » les sommes que les parties versent au notaire lors de la signature de l'acte. Ces sommes comprennent :

- **sa rémunération** qui se décompose en émoluments tarifés proportionnels pour la rédaction d'actes, ou fixes pour la rémunération de certaines formalités. Dans ce dernier cas, un nombre d'unités de valeurs dont le montant est fixé par décret correspond à chaque formalité. Le montant de l'unité de valeur est de 3,90 € hors taxe depuis le 20 février 2011 (3,65 € auparavant). Ces émoluments tarifés s'appliquent à tous les notaires.

  La rémunération du notaire peut aussi faire l'objet d'honoraires non tarifés, appelés honoraires de l'article 4, fixés par accord entre lui et son client.

> **À savoir**
>
> Le notaire ne sollicite pas toujours l'accord écrit de son client pour l'application de ses honoraires non tarifés. Il peut les réclamer dès lors qu'ils sont affichés dans l'étude.

- **les frais et débours** qu'il engage pour votre compte pour mener à bien votre dossier (coût d'un extrait cadastral, frais de géomètre, honoraires d'un huissier si cela est nécessaire). Le notaire devra justifier de leur paiement ;

© Groupe Eyrolles / PAP

> – **les divers droits ou taxes** occasionnés par l'acte que vous passez (droits d'enregistrement, taxe de publicité foncière ou taxe à la valeur ajoutée).

Le notaire doit, lors de la clôture de votre dossier, une fois que toutes les formalités de l'acte sont accomplies, vous remettre une note détaillée des droits, taxes, frais, débours, émoluments ou honoraires.

Le gouvernement a entamé une réforme de la profession de conservateur des Hypothèques qui doit disparaître au 1er janvier 2013. À chaque transaction, le conservateur perçoit 0,10 % du prix du bien pour la publication. Le service de publicité foncière demeurera à l'issue de cette réforme et le salaire du conservateur sera remplacé par une taxe perçue au profit de l'État avec des conditions tarifaires identiques. Cette réforme devrait donc être sans incidence sur le coût des formalités d'enregistrement.

Qui paie les frais ?

Les frais peuvent être à la charge de l'une ou l'autre des parties selon le type d'acte.

Pour une **vente** et sauf convention contraire, l'ensemble des frais d'acte est à la charge de l'acquéreur. Il peut cependant en être différemment si la loi a prévu une solution contraire. Ainsi, si la vente est soumise à TVA, le débiteur légal de la taxe est en principe le vendeur.

Nous verrons de toute façon dans chaque cas la répartition des frais.

Un barème unique pour tous les notaires

La rémunération des notaires s'effectue par référence à un tarif unique. Vous paierez donc les mêmes frais pour le même acte indépendamment de l'identité du notaire rédacteur.

Le calcul de la rémunération des notaires s'effectue en référence au décret n° 78-262 du 8 mars 1978, modifié plusieurs fois depuis.

© Groupe Eyrolles / PAP

La compétence territoriale

La compétence territoriale des notaires est étendue. Ceux-ci peuvent exercer leurs fonctions sur tout le territoire national à l'exception de Mayotte, Saint-Pierre-et-Miquelon et des collectivités d'outre-mer. Toutefois, s'il s'agit de la première vente d'un bien immobilier, de la première cession de parts de sociétés d'attribution après l'état descriptif de division, l'acte doit être reçu exclusivement dans le ressort de la cour d'appel du notaire choisi.

Dans tous les cas, les frais de notaire seront perçus par le notaire rédacteur de l'acte, c'est-à-dire celui qui le reçoit et devant lequel vous comparaissez.

Plusieurs notaires

Chaque personne a le droit de choisir son notaire. En cas de vente, acquéreur et vendeur peuvent chacun recourir à leur notaire. Dans ce cas, l'un des notaires a la « plume », il reçoit l'acte, c'est le notaire rédacteur du contrat (en principe le notaire de l'acquéreur). L'autre assiste son client, c'est le notaire « en second ».

Ainsi, si plusieurs personnes sont concernées par le même acte, elles peuvent avoir chacune leur notaire, et l'émolument dû pour l'acte en cause est partagé entre les différents notaires, selon des règles qui leur sont propres ou en vertu d'accords qu'ils peuvent prendre entre eux.

La provision sur frais

Dès la signature des actes, le notaire est redevable des frais qu'ils occasionnent, c'est-à-dire les honoraires, émoluments, débours divers et taxes.

Comme il est impossible de préciser à l'avance leur montant exact, vous devez verser au notaire une provision sur frais. Celle-ci doit être suffisante pour couvrir l'ensemble des frais et par conséquent elle est le plus souvent arrondie à la dizaine d'euros supérieure. Les frais sont ensuite détaillés (et la provision est réajustée) lors de la clôture du dossier.

© Groupe Eyrolles / PAP

À savoir

Lors de la remise de la provision, les notaires doivent remettre au déposant un reçu conforme à un modèle affiché obligatoirement dans leur étude.

Les frais sur quoi ?

En dehors des frais fixes, les taxes fiscales ou émoluments notariés sont généralement calculés sur les prix ou les valeurs des biens, objets du contrat. Ainsi, pour les ventes, la taxe de publicité foncière (taxe fiscale) et les émoluments notariés sont calculés sur le prix.

Attention aux dissimulations de prix. L'administration fiscale a, en vertu de l'article 666 du Code général des impôts, la possibilité de vous taxer sur la valeur vénale, c'est-à-dire sur le prix que pourrait en retirer son propriétaire lors d'une vente intervenue sous réserve du libre exercice de l'offre et de la demande et de l'absence de toute valeur de convenance. Généralement, la valeur vénale retenue est supérieure au prix exprimé dans l'acte.

Si le vendeur a mandaté une agence immobilière en vue de la vente de son logement, sachez que les frais sont calculés sur le prix commission comprise, sauf si la commission est stipulée dans l'acte à la charge de l'acquéreur.

Si le vendeur s'est adressé à un notaire, l'honoraire de négociation étant à la charge de l'acheteur, à défaut de convention contraire, il n'est pas pris en compte pour le calcul des frais.

Plusieurs conventions : quels frais ?

Lorsqu'un acte contient plusieurs conventions, il faut distinguer deux cas de figure.

- **si elles dépendent les unes des autres** : il n'est perçu d'émolument que sur la convention principale.

Exemples

Prêt notarié avec constitution d'hypothèque au profit du créancier ; vente avec prix payable à terme ou vente en viager. Dans ces deux der-

© Groupe Eyrolles / PAP

niers cas, il n'est pas tenu compte des modalités de paiement du prix dans la mesure où il s'agit d'obligations découlant de la vente et qui interviennent entre vendeur et acquéreur.

- **si elles sont indépendantes :** il est perçu des émoluments spécifiques pour chacune des conventions.

Exemple

La vente accompagnée d'un crédit bancaire : le prêt consenti par la banque constitue une nouvelle convention dont les protagonistes, banque et emprunteur (acquéreur), diffèrent de ceux de la vente. Il sera perçu, dans ce cas, deux émoluments : celui de vente et celui d'obligation (prêt).

Les distinctions que nous faisons pour la rémunération des notaires existent aussi pour les droits fiscaux ou taxes perçues par l'administration.

Remises partielles ou gratuité totale ?

Les notaires ne peuvent pas consentir de remises sur les droits qu'ils perçoivent pour le compte de l'État. Mais ils ne peuvent pas non plus réduire leurs émoluments sans l'accord de leur chambre départementale. Ils peuvent seulement minorer ou faire la remise totale de leurs émoluments de négociation ou de transaction ainsi que leurs honoraires pour certains services annexes (consultation juridique, rapport d'expertise, etc.).

Taux des droits de mutation

Qu'il s'agisse de locaux à usage d'habitation ou affectés à un autre usage, et quel que soit le département, le taux à appliquer au prix d'acquisition est de 5,09 %. Depuis le 1er janvier 2011, ce taux se décompose de la façon suivante :

- un droit départemental de 3,80 % qui s'applique, sauf dispositions particulières. Dans certaines communes situées en zone de revitalisation rurale, les conseils généraux instituent ponctuelle-

© Groupe Eyrolles / PAP

ment des abattements sur l'assiette des droits départementaux, et à certaines conditions, ce qui permet de réduire partiellement le montant des droits de mutation.

– une taxe communale à 1,20 % ;
– des frais d'assiette et de recouvrement de 2,37 % calculés sur le montant des droits départementaux, soit 0,09 % qui s'ajoute au droit départemental.

À savoir

Le droit de timbre de 3 € par page a été supprimé en 2006 afin de simplifier les formalités d'enregistrement. Quant aux terrains à bâtir, leur achat n'est plus soumis à TVA depuis 1998. Ils sont en principe soumis également aux droits de mutation classiques dont le taux est de 5,09 %.

Les frais globaux dits de notaire pour l'achat d'un logement ou d'un terrain s'établissent donc à environ 7 % du prix de vente.

Seules les ventes de logements neufs, c'est-à-dire principalement les achats sur plan, restent soumises à la TVA au taux de 19,6 %. La TVA est à la charge du vendeur. Dans ce cas, l'acquéreur ne supporte que des frais dits « réduits », de l'ordre de 2 % à 3 %, qui comprennent en fait les frais divers, la rémunération du notaire et la taxe de publicité foncière au taux de 0,715 %.

© Groupe Eyrolles / PAP

Chacun des actes établis par un notaire donnant lieu à des frais spécifiques, leur énumération au cas par cas va vous permettre de retrouver précisément votre situation.

La procuration

Si vous ne pouvez pas venir au rendez-vous de signature d'un acte, il vous est possible de donner un pouvoir à une personne qui signe pour votre compte.

Définition succincte

C'est l'acte par lequel une personne, appelée mandant, donne pouvoir à une autre personne, appelée mandataire, en vue de la représenter lors de la signature d'un contrat auquel elle ne peut assister.

Les frais

Le coût d'une procuration devant notaire est de 125 € de droit d'enregistrement auxquels il faut ajouter les émoluments du notaire. Ceux-ci représentent sept unités de valeur de 3,90 € hors taxe, soit 32,65 € TTC.

Qui paie les frais ?

Généralement, les frais sont payés par le mandant. Ils peuvent toutefois, dans certains cas, être payés par l'autre partie au contrat si son

© Groupe Eyrolles / PAP

établissement résulte d'une dérogation aux règles de compétence en matière de lieu de signature.

L'achat de terrain à bâtir

Définition succincte

Est considéré comme terrain à bâtir le terrain sur lequel des constructions peuvent être autorisées, en application d'un plan local d'urbanisme (PLU), d'un plan d'occupation des sols (POS) ou d'une carte communale.

Cette définition résulte de la réforme de la TVA immobilière de mars 2010, entrée en vigueur le 11 mars 2010.

Avant cette date, le terrain à bâtir était celui sur lequel on s'engageait à construire un local d'habitation, le plus souvent une maison.

Les frais

Ils se décomposent de la façon suivante :

● Les émoluments notariés

Ils se calculent sur le montant du prix d'achat du terrain selon le barème ci-après :

Tranches de prix	Pourcentage	Calcul rapide À ajouter :
Jusqu'à 6 500 €	4,00 %	
De 6 501 € à 17 000 €	1,65 %	152,75 €
De 17 001 € à 60 000 €	1,10 %	246,25 €
Au-dessus de 60 000 €	0,825 %	411,25 €
TVA sur émoluments : ajouter 19,6 % du résultat obtenu ci-dessus		

© Groupe Eyrolles / PAP

© Groupe Eyrolles / PAP

Exemple

Prix d'achat :	65 000 €
Émoluments du notaire :	65 000 × 0,825 % = 536,25 €
Somme à rajouter :	411,25 €
Soit un total de :	536,25 + 411,25 = 947,50 €
Ajouter la TVA à 19,60 % :	947,50 × 19,60 % = 185,71 €
Soit un total de :	947,50 + 185,71 = 1 133,21 €

Les droits de mutation

Comme pour les immeubles à usage d'habitation, les acquéreurs de terrains à bâtir sont redevables d'un droit d'enregistrement de **5,09 %**.

Exemple

Prix d'achat :	65 000 €
Droit d'enregistrement :	65 000 € × 5,09 % = 3 308,50 €

Depuis la réforme de la TVA de mars **2010**, vous pouvez bénéficier de frais de notaire réduits si vous achetez un terrain en lotissement à un professionnel (aménageur-lotisseur) qui l'a lui-même acheté à un professionnel assujetti. Dans ce cas en effet, la vente du terrain est soumise à TVA (à la charge du vendeur). Corrélativement, les droits d'enregistrement que vous devez acquitter s'élèvent à seulement **0,715 %** du prix, et non à **5,09 %**.

Les frais divers

Il s'agit de sommes dues à des tiers et que le notaire paye pour le compte de son client, notamment des frais de géomètre, des frais de délivrance des pièces d'urbanisme, des frais d'état hypothécaire, d'expédition des actes, etc.

Les frais divers comportent également le salaire du conservateur des hypothèques, calculé au taux proportionnel de **0,10 %** du prix du terrain, avec un minimum de **15 €**.

Les frais divers varient en fonction des pièces demandées et de l'importance du prix d'achat (salaire du conservateur) et peuvent être de l'ordre de **500 €** ou plus pour des prix élevés.

● Les émoluments de formalités

Ils varient suivant les différentes démarches ou formalités accomplies par le notaire et se situent aux alentours de 800 €.

Il s'agit en fait de la rémunération du notaire pour l'accomplissement d'un certain nombre de formalités nécessaires à la vente : demandes d'actes de l'état civil, d'extraits cadastraux, éventuel établissement d'une déclaration de plus-value, demande de l'état de situation hypothécaire, etc.

Qui paie les frais ?

Dans le cas d'achat de terrain à bâtir, c'est l'acquéreur qui paie l'ensemble des frais de notaire.

La construction de la maison

Le plus souvent, pour faire construire votre maison, vous allez signer un contrat de construction de maison individuelle.

☞ *Voir le chapitre « Faire construire sa maison ».*

Mais quelle que soit la formule retenue (contrat de construction de maison individuelle – CCMI –, recours à un architecte ou contrat d'entreprise), la signature des contrats de construction ne donne lieu à aucun frais de notaire, tout simplement parce qu'ils ne sont pas signés devant notaire mais sous signature privée.

Ainsi, vous signez directement le CCMI avec le constructeur.

À savoir

La construction de votre maison est soumise à TVA au taux de 19,6 %. Le prix que vous payez inclut cette TVA qui est reversée par le constructeur aux impôts.

L'acquisition d'une habitation de moins de cinq ans

En général, la vente d'un logement de moins de cinq ans est soumise à TVA et les frais de notaire à la charge de l'acquéreur s'en trouvent minorés.

© Groupe Eyrolles / PAP

Définition succincte

Sont visées ici les ventes de biens immobiliers achetés sur plan, c'est-à-dire en vente en l'état futur d'achèvement **(VEFA),** et qui interviennent dans un délai de **cinq ans** suivant leur achèvement.

L'achèvement de l'immeuble

Un immeuble ou une fraction d'immeuble est considéré comme achevé « lorsque les conditions d'habitabilité ou d'utilisation sont réunies ou, en cas d'occupation, même partielle, des locaux, quel que soit le titre juridique de cette occupation. »

Plus concrètement, un logement est considéré comme achevé lorsque sont exécutés les ouvrages, et sont installés les éléments d'équipement le rendant habitable. Il en est de même en cas d'occupation des locaux (même partielle).

C'est ainsi que dans un même immeuble il est possible de retenir des dates d'achèvement distinctes pour les différents locaux ou logements qui le composent :

- date de livraison des locaux (habitabilité) ;
- date de la première occupation par l'acheteur ou le locataire ;
- date du récépissé de la déclaration d'achèvement délivrée par la Direction départementale des Territoires.

Les différentes dates d'achèvement dans un même immeuble

Un immeuble est construit entre les années 2009 et 2011. Le 1ᵉʳ mars 2011, l'appartement correspondant au lot n° 3 est occupé par son acquéreur avant qu'il ne soit totalement terminé. Le 1ᵉʳ mai 2011, le promoteur livre le lot n° 42 à son propriétaire. Enfin, le 10 mai 2011, le promoteur effectue la déclaration d'achèvement des travaux et livre les autres lots de copropriété.

Dans cette hypothèse, la revente ne sera pas soumise à la TVA :
- si elle intervient après le 1ᵉʳ mars 2016 (5 ans après le 1ᵉʳ mars 2011) pour le lot 3 ;
- si elle intervient après le 1ᵉʳ mai 2016 (5 ans après le 1ᵉʳ mai 2011) pour le lot 42 ;
- si elle intervient après le 10 mai 2016 pour les autres lots (5 ans après le 10 mai 2011).

© Groupe Eyrolles / PAP

Ces mutations sont en principe soumises à la TVA. Cette TVA est à la charge du vendeur. Elle viendra donc en déduction de son prix, tandis que l'acquéreur bénéficiera de « frais réduits ».

Quelles sont les mutations soumises à la TVA ?

- **Les ventes de logements en cours de construction.** Il s'agit en fait des ventes en l'état futur d'achèvement (vente sur plan) ;
- La première mutation dans les cinq ans de l'achèvement des biens achetés sur plan.

À savoir

Les mutations suivantes (toujours dans les cinq ans) sont également soumises à TVA si les mutations antérieures ont été faites au profit d'un marchand de biens.

La date d'achèvement de l'immeuble et la nature de l'événement qui l'a caractérisé doivent être obligatoirement mentionnées dans les actes constatant les mutations.

Exemple

Vous avez acheté un appartement sur plan le 1er février 2010. La date de son achèvement est le 1er mars 2011.
Si vous le revendez avant le 1er mars 2011, la vente sera soumise à TVA. C'est vous qui l'acquitterez tandis que votre acquéreur aura des frais de notaire réduits.

☞ *Dans les autres cas, reportez-vous au paragraphe*
« L'acquisition d'une habitation ancienne ».

Notez que depuis la réforme de mars 2010, si un particulier vend dans les cinq ans de l'achèvement une maison qu'il a fait construire, la vente n'est plus soumise à la TVA mais aux mêmes droits de mutation qu'un bien « ancien ».

De la même façon, si vous vendez un logement que vous avez rénové, la vente échappe désormais à la TVA, quelle que soit l'ampleur de la rénovation.

© Groupe Eyrolles / PAP

136

La TVA à la charge du vendeur

Le vendeur est redevable de la taxe sur la valeur ajoutée, d'où l'intérêt pour lui de connaître très exactement sa situation fiscale avant tout engagement définitif. Il est conseillé au vendeur de s'informer des conséquences fiscales de la vente qu'il compte réaliser auprès de son notaire.

La TVA sur le prix de vente

Le prix de vente qu'il annonce et sur lequel il s'est mis d'accord avec l'acquéreur est un prix TTC. Il inclut donc la TVA qu'il doit reverser au fisc.

Le taux de la TVA, sauf exception, est de 19,6 %.

Pour connaître le montant de la TVA à partir du prix TTC, il faut multiplier ce prix par un coefficient de conversion qui est de 0,836 (ou diviser ce prix par 1,196, ce qui revient au même). On obtient ainsi le prix hors taxe. La TVA est égale à la différence (voir exemple ci-dessous).

La déduction de la TVA sur le prix d'achat

Le montant de la TVA sur le prix de vente est diminué de la TVA payée en amont, lors de l'acquisition du logement. On parle d'ailleurs de TVA résiduelle. Peut également être déduite la TVA payée en amont sur les éventuels travaux, sur les émoluments notariés de l'acquisition ou sur les sommes versées au titre de la recherche de l'acquéreur (annonces ou commissions).

Enfin, la taxe est liquidée sur un imprimé fiscal numéro 942 que le débiteur légal (le vendeur) doit signer et qui est déposé par le notaire au moment de la publication de l'acte à la Conservation des hypothèques.

> **À savoir**
>
> Contrairement à ce qui se passe en matière de plus-values immobilières, le vendeur ne bénéficiera d'aucune exonération de TVA même s'il s'agit de la vente de sa résidence principale.

© Groupe Eyrolles / PAP

Calcul de la TVA due par le vendeur

Hypothèse : vente d'un logement acheté sur plan au prix de 150 000 euros et revendu dans les cinq ans de l'achèvement 200 000 euros.
Le prix TTC est de 200 000 euros.
Le prix hors taxe est de 200 000 × 0,836 = 167 200 €.
Le vendeur est redevable sur le prix de vente de 200 000 − 167 200 = 32 800 euros de TVA.
Le vendeur peut déduire la TVA payée en amont sur le prix d'achat :
– Prix d'achat hors taxe : 150 000 × 0,836 = 125 400 €.
– TVA sur achat : 150 000 − 125 400 = 24 600 €.
Soit une taxe à payer à la vente de : 32 800 − 24 600 = 8 200 €.
La TVA résiduelle due par le vendeur est donc égale à 8 200 €.

Les frais à la charge de l'acquéreur

En dehors de la TVA sur la mutation qui est à la charge du vendeur, vous aurez, en tant qu'acquéreur, quatre sortes de frais à payer.

Les émoluments notariés

L'émolument notarié s'applique sur la totalité du prix, TVA sur la mutation comprise et se calcule selon le barème suivant qui est le même que celui applicable à l'acquisition d'un terrain à bâtir.

Tranches de prix	Pourcentage	Calcul rapide À ajouter :
Jusqu'à 6 500 €	4,00 %	
De 6 501 € à 17 000 €	1,65 %	152,75 €
De 17 001 € à 60 000 €	1,10 %	246,25 €
Au-dessus de 60 000 €	0,825 %	411,25 €
TVA sur émoluments : ajouter 19,6 % du résultat obtenu ci-dessus		

Toutefois, les premières ventes réalisées par un constructeur de locaux d'habitation achevés ou non achevés compris dans un ensemble non-HLM bénéficient parfois d'un tarif réduit (appartement ou maison).

© Groupe Eyrolles / PAP

Pour connaître le montant de l'éventuelle réduction, il convient de se référer au permis de construire et de noter le nombre d'unités principales d'habitation que celui-ci a autorisé pour l'immeuble ou l'ensemble immobilier dont dépend le logement que vous achetez (voir ci-dessous les cas de réduction).

Cas de réduction

Si le permis de construire concerne :

- au plus, 10 unités principales d'habitation : l'émolument notarié est le même que pour l'achat d'un terrain à bâtir ;
- plus de 10 et moins de 25 unités principales d'habitation : l'émolument notarié est des 4/5 du résultat obtenu en appliquant le barème mentionné au titre de l'achat d'un terrain à bâtir ;
- 25 ou plus et moins de 100 unités principales d'habitation : l'émolument notarié est des 2/3 du résultat obtenu en appliquant le barème mentionné au titre de l'achat d'un terrain à bâtir ;
- 100 ou plus et moins de 250 unités principales d'habitation : l'émolument notarié est la moitié du résultat obtenu en appliquant le barème mentionné au titre de l'achat d'un terrain à bâtir ;
- 250 ou plus et moins de 500 unités principales d'habitation : l'émolument notarié est des 4/10 du résultat obtenu en appliquant le barème mentionné au titre de l'achat d'un terrain à bâtir ;
- 500 ou plus d'unités principales d'habitation : l'émolument notarié est de 1/3 du résultat obtenu en appliquant le barème mentionné au titre de l'achat d'un terrain à bâtir.

S'il s'agit de la revente d'un bien acquis par un particulier, il n'y a aucune réduction de l'émolument notarié. Par ailleurs, un parking ou une cave acheté(e) seul(e) ne bénéficie d'aucune réduction.

La taxe de publicité foncière

Son taux est de 0,715 % du prix d'achat hors taxe, donc la taxe à la valeur ajoutée est déduite. Ce prix hors taxe se calcule en multipliant le prix par le coefficient 0,836 (ou en divisant le prix par 1,196).

© Groupe Eyrolles / PAP

Exemple

Si le prix d'achat est de 150 000 €, le prix hors taxe est de : 150 000 × 0,836 = 125 400 € et la taxe de publicité foncière de : 125 400 × 0,715 % = 896,61 €.

Les émoluments de formalités

Ils varient suivant les différentes démarches ou formalités accomplies par le notaire et se situent aux environs de 500 €. Il s'agira des demandes d'actes de l'état civil, des demandes d'extraits cadastraux, de l'éventuel établissement d'une déclaration de plus-value ou encore de la rédaction obligatoire de l'imprimé administratif relatif à la taxe sur la valeur ajoutée pour l'acquisition d'un bien de moins de cinq ans.

Les frais divers

Il s'agit essentiellement des débours payés à des tiers pour le compte de leur client. Ce sera le cas du coût de l'extrait cadastral ou de l'état hypothécaire payé au service du cadastre ou à la Conservation des hypothèques. Ce sera également le salaire du conservateur des hypothèques qui est proportionnel au prix au taux de 0,10 % avec un minimum de 15 €.

Au final, l'acquéreur supporte dans cette hypothèse des frais de notaire « réduits » de l'ordre de 3 % du prix de vente (contre 6 à 7 %) pour une habitation ancienne.

Calcul de frais

Prix d'achat de l'appartement :	200 000 €
Période d'achat :	Avant l'achèvement
Nombre d'unités principales d'habitation autorisées par le permis de construire :	12
Qualité du vendeur :	Constructeur

Remarque préalable : l'achat intervenant avant l'achèvement des locaux vendus, la mutation entre dans le cadre de la taxe à la valeur ajoutée et l'on peut donc procéder au calcul des frais comme indiqué ci-dessus.

© Groupe Eyrolles / PAP

1. Émoluments notariés
S'agissant d'une première vente de logement dans un immeuble pour lequel le permis de construire a autorisé la construction de 12 unités principales d'habitation, elle bénéficie d'une réduction de 1/5 de l'émolument normal.

Émolument normal :	
200 000 € × 0,825 % + 411,25 €	= 2 061,25 €
Émolument réduit : 2 061,25 € × 4/5	= 1 649,00 €
TVA à 19,60 % : 1 649,00 € × 19,60 %	= 323,20 €
soit un total de :	**1 972,20 €**

2. Émoluments de formalités
(TVA comprise)

environ	**800 €**

3. Frais divers

environ	**500 €**

4. Taxe de publicité foncière

Calcul du prix hors taxe : 200 000 € × 0,836	= 167 200 €
soit une TPF de : 167 200 € × 0,715 %	= 1 195,48 €

5. Salaire du conservateur des Hypothèques

200 000 € × 0,10 %	**200 €**

Total des frais :	**4 667,68 €**
PROVISION DEMANDÉE :	**4 800 €**

Qui paie les frais ?

C'est l'acquéreur qui paie les frais d'achat d'une habitation neuve ou ancienne. Quand la mutation est soumise à la TVA, il ne paie pas de droits de mutation, mais seulement la taxe de publicité foncière. Son achat bénéficie donc de « frais réduits » (2 à 3 % du prix de vente). Le vendeur paie, quant à lui, la taxe à la valeur ajoutée (voir ci-dessus).

© Groupe Eyrolles / PAP

L'acquisition d'une habitation ancienne

Définition succincte

Cela concerne la mutation d'une habitation achevée (appartement ou maison) qui n'est pas soumise à la TVA et qui n'est donc pas concernée par le titre précédent. Il s'agit donc :

- soit de biens achevés depuis plus de cinq ans ;
- soit de vente de biens intervenant toujours dans les cinq années de leur achèvement dès lors que vous les avez acquis après leur achèvement ou que vous les avez fait construire.

Les frais

Vous devrez faire face à quatre sortes de frais différents.

Les émoluments notariés

Comme pour les rubriques précédentes, ils se calculent sur le prix d'achat :

Tranches de prix	Pourcentage	Calcul rapide À ajouter :
Jusqu'à 6 500 €	4,00 %	
De 6 501 € à 17 000 €	1,65 %	152,75 €
De 17 001 € à 60 000 €	1,10 %	246,25 €
Au-dessus de 60 000 €	0,825 %	411,25 €
TVA sur émoluments : ajouter 19,6 % du résultat obtenu ci-dessus		

Notez que si la vente est la première réalisée par le constructeur, elle bénéficie des réductions d'émoluments mentionnées dans le paragraphe précédent.

© Groupe Eyrolles / PAP

La taxe de publicité foncière ou droit départemental d'enregistrement

Les droits de mutation (ensemble des sommes prélevées au profit de la commune et du département) s'élèvent à 5,09 % du prix et se décomposent comme suit :
- le droit départemental d'enregistrement au taux de 3,80 % ;
- la taxe locale perçue par la commune de 1,20 % ;
- le prélèvement pour frais d'assiette et de recouvrement calculé au taux de 2,37 % sur le montant de la taxe départementale.

Les émoluments de formalités

Comme nous l'avons déjà indiqué sous les autres rubriques, ils varient en fonction des différentes démarches et formalités qui découlent de l'établissement de l'acte par le notaire. Ils peuvent atteindre 800 €.

Les frais divers

Il s'agit de sommes dues à des tiers et que le notaire paye pour le compte de son client, notamment des frais de géomètre dus pour la délivrance des pièces d'urbanisme, des frais d'état hypothécaire, des frais d'expédition des actes, etc. Ils comprennent également le salaire du conservateur des hypothèques qui est calculé au taux proportionnel de 0,10 % du prix du bien, avec un minimum de 15 €.

Les frais divers varient donc en fonction des pièces demandées et de l'importance du prix d'achat (salaire du conservateur) et sont de l'ordre de 500 € ou plus pour des prix élevés.

Qui paie les frais ?

Les frais d'achat seront payés par l'acquéreur le jour de la signature de la vente chez le notaire. Attention, ces frais ne comprennent pas ceux relatifs à l'emprunt (voir ci-dessous).

Le vendeur accepte parfois que l'acheteur entre de manière anticipée dans le logement qu'il lui achète, pour effectuer des travaux par exemple, avant la signature de l'acte de vente définitif chez le notaire. Dans ce cas, le fisc peut exiger le paiement des droits de mutation (5,09 %

© Groupe Eyrolles / PAP

du prix de vente) un mois après l'entrée en jouissance et ce, même si l'acte définitif n'est pas encore signé !

Calcul de frais

Prix d'achat de l'appartement :	200 000 €
Période d'achat :	Après les 5 ans de l'achèvement
Qualité du vendeur :	Particulier

Remarque préalable : l'achat intervenant plus de cinq ans après l'achèvement, la mutation n'entre pas dans le champ d'application de la TVA immobilière.

1. Émoluments notariés

Émolument normal (voir barème) :	
200 000 € × 0,825 %	= 1 650 €
Ajouter 411,25 €	= 2 061,25 €
TVA à 19,60 %	= 404,00 €
soit un total de :	**2 465,25 €**

2. Émoluments de formalités (TVA comprise)

environ	**800 €**

3. Frais divers

environ	**500 €**

4. Taxe de publicité foncière

Calcul du prix hors taxe : 200 000 € × 5,09 %	= 10 180 €

5. Salaire du conservateur des Hypothèques

200 000 € × 0,10 %	**200 €**

Total des frais :	14 145,25 €
PROVISION DEMANDÉE :	14 300 €

© Groupe Eyrolles / PAP

L'achat d'un local professionnel ou commercial

Définition succincte

Il s'agit de murs ou de locaux à l'intérieur desquels est exercée, partiellement ou totalement, une activité professionnelle ou commerciale. C'est le cas d'un appartement dans lequel l'on exerce une activité libérale (médecin, avocat, etc.) ou de locaux permettant l'exercice d'un commerce ou d'une activité professionnelle.

Les frais

Les frais sont les mêmes que ceux détaillés pour l'acquisition d'une habitation de moins de cinq ans et l'acquisition d'une habitation ancienne.

Ainsi, pour les locaux de plus de cinq ans, les honoraires de notaire sont identiques et les droits de mutation sont également de 5,09 %.

Pour l'acquisition d'un local neuf (moins de cinq ans) soumise à TVA, la seule différence est que l'émolument notarié ne bénéficie d'aucune réduction.

Qui paie les frais ?

Les frais d'achat sont payés par l'acquéreur. Si la mutation est soumise à la TVA, celle-ci est à la charge du vendeur, les autres frais devant bien entendu être réglés par l'acquéreur. Rappelons que dans ce cas la taxe de publicité foncière est calculée au taux de 0,715 % sur le prix hors taxe et que l'acquéreur bénéficie de ce fait de frais de notaire réduits (2 à 3 %).

Les frais liés au crédit

En cas de recours à un prêt immobilier, les banques se garantissent contre d'éventuels impayés. Ces garanties prennent le nom de privilège de prêteur de deniers, d'hypothèque ou de cautionnement. Il existe aujourd'hui deux sortes d'hypothèques :

– l'hypothèque classique qui ne garantit qu'un seul prêt ;

© Groupe Eyrolles / PAP

145

- l'hypothèque dite « rechargeable », c'est-à-dire réutilisable pour un deuxième crédit.

Le point commun de toutes ces garanties : permettre au banquier de récupérer les fonds prêtés en cas de non-paiement des mensualités.

À savoir

Quelle que soit la garantie exigée par la banque, sa mise en place entraîne des frais.

Les frais d'hypothèque ou de privilège

L'emprunteur doit payer :

- d'une part, les droits d'enregistrement liés à l'inscription de ces garanties ;
- d'autre part, les émoluments du notaire pour la rédaction des contrats de prêts puisque ceux-ci sont obligatoirement notariés.

Les droits d'enregistrement

Il faut savoir que pour tenir compte de certains frais supplémentaires, les banques inscrivent l'hypothèque ou le privilège pour le montant du prêt majoré d'un pourcentage qui peut varier d'une banque à l'autre (de 10 à 30 %) mais qui est le plus souvent de 20 %.

En cas d'hypothèque, l'emprunteur acquittera la taxe de publicité foncière au taux de 0,715 % à percevoir sur les sommes garanties, soit le montant du prêt majoré de 20 %. Toutefois, la taxe n'est pas due pour une hypothèque effectuée dans le cadre d'un prêt à taux zéro plus (PTZ+), d'un prêt à l'accession sociale (PAS) ou d'un prêt conventionné (PC).

La taxe de publicité foncière n'est pas due non plus en cas d'inscription de privilège de prêteur de deniers. Le privilège est donc moins cher que l'hypothèque.

À savoir

Le privilège de prêteurs de deniers n'est possible que s'il s'agit de financer l'acquisition d'un bien et non sa construction. Il est donc exclu si vous faites construire votre maison ou si vous achetez sur plan.

© Groupe Eyrolles / PAP

En sus de cette taxe, l'emprunteur doit également verser au conservateur des hypothèques un salaire égal à 0,05 % du montant emprunté plus 20 %, avec un minimum de 8 €.

Les émoluments notariés

Ils se calculent selon le barème suivant sur le montant de chaque prêt.

Tranches de prix	Pourcentage	Calcul rapide À ajouter :
Jusqu'à 6 500 €	1,33 %	
De 6 501 € à 17 000 €	0,55 %	50,70 €
De 17 001 € à 60 000 €	0,37 %	81,30 €
Au-dessus de 60 000 €	0,275 %	138,30 €
TVA sur émoluments : ajouter 19,6 % du résultat obtenu ci-dessus		

L'émolument se calcule sur l'ensemble des prêts consentis par plusieurs personnes physiques si l'emprunteur est unique et si les conditions de ceux-ci sont identiques.

Dans le cas de plusieurs prêts consentis par des organismes financiers différents, il faut en revanche calculer l'émolument sur les sommes prêtées par chacun d'eux.

> **À savoir**
>
> Si le notaire a négocié le prêt, c'est-à-dire vous a trouvé un prêteur, généralement client de son étude, il aura droit à des émoluments supplémentaires dits de négociation qui seront les mêmes que ceux pour l'achat d'une habitation ancienne, et qui s'ajouteront aux émoluments ci-dessus.

Les frais divers et émoluments de formalités

Il s'agit, par exemple, du coût de la copie exécutoire, du coût du bordereau… Il faut compter environ 500 €.

© Groupe Eyrolles / PAP

● **Qui paie les frais ?**

Les frais d'emprunt sont toujours à la charge de l'emprunteur. Dans le cadre d'une vente, c'est donc l'acquéreur qui les supporte.

Calcul de frais pour un prêt garanti par une hypothèque ordinaire

Montant du prêt :	150 000 €
Nature du prêt :	classique

1. Émoluments notariés

150 000 € × 0,275 %	= 412,50 €
412,50 € + 138,30 € :	= 550,80 €
Ajouter la TVA à 19,60 % :	
Total de :	**658,75 €**

2. Droits d'enregistrement

150 000 € + (150 000 € × 20 %) × 0,715 %	= 1 287 €

3. Frais divers et formalités

environ	**500 €**

4. Salaire du conservateur des Hypothèques	**= 90 €**

Total des frais :	**2 535,75 €**

Les frais d'une hypothèque rechargeable

L'emprunteur qui souhaite lors de la prise d'une première hypothèque pouvoir la réutiliser pour solliciter d'autres emprunts doit en faire mentionner le caractère « rechargeable » dès sa création. Il indique par ailleurs la somme rechargeable, c'est-à-dire la somme maximale pour laquelle l'hypothèque pourra garantir d'autres crédits.

● **Les frais exigibles lors de la prise d'une hypothèque rechargeable**

Les droits exigibles en cas d'hypothèque rechargeable sont les mêmes que ceux habituellement exigés pour la prise d'hypothèque (voir ci-

© Groupe Eyrolles / PAP

dessus). Toutefois, la taxe de publicité foncière de 0,715 % est calculée sur la plus élevée des deux sommes suivantes :

- soit la somme rechargeable ;
- soit le montant du prêt majoré de 20 % comme pour une hypothèque classique.

En revanche, le salaire du conservateur des Hypothèques perçu au taux de 0,05 % est toujours calculé sur le montant du prêt sans majoration.

Les frais pour une convention de rechargement

Pour réutiliser une hypothèque rechargeable, il est nécessaire de signer devant notaire une convention de rechargement qui donne lieu aux frais suivants :

- des émoluments notariés calculés selon le tableau ci-dessous ;
- le salaire du conservateur des Hypothèques perçu au taux de 0,05 % de la somme visée par la convention avec un minimum de 8 €.

En revanche, la taxe de publicité foncière n'est pas due.

Émoluments du notaire

Tranches de prix	Pourcentage	Calcul rapide À ajouter
Jusqu'à 6 500 €	0,8 %	
De 6 501 € à 17 000 €	0,44 %	23,40 €
De 17 001 € à 30 000 €	0,30 %	47,20 €
Au-dessus de 30 000 €	0,22 %	71,20 €
TVA sur émoluments : ajouter 19,6 % du résultat obtenu ci-dessus		

Qui paie les frais ?

Les frais d'emprunt seront là encore à la charge de l'emprunteur. Dans le cadre d'une vente, c'est donc l'acquéreur qui les supporte.

© Groupe Eyrolles / PAP

La mainlevée des hypothèques

C'est le notaire qui effectue la « mainlevée » de l'hypothèque une fois terminé le remboursement du crédit qu'elle garantissait. Cela occasionne des frais.

● Définition succincte

Il s'agit de l'acte aux termes desquels un créancier donne mainlevée de l'hypothèque que vous lui avez consentie pour garantir un crédit. L'hypothèse la plus fréquente concerne la sûreté accordée sur votre bien à un organisme de crédit qui a financé l'acquisition du logement que vous vendez.

● Les frais

En cas de mainlevée définitive de l'hypothèque garantissant la créance, les frais sont calculés sur le montant initial de celle-ci d'après le barème suivant :

Tranches de prix	Pourcentage	Calcul rapide À ajouter :
Jusqu'à 6 500 €	0,50 %	
De 6 501 € à 17 000 €	0,275 %	14,62 €
De 17 001 € à 30 000 €	0,1875 %	29,50 €
Au-dessus de 30 000 €	0,1375 %	44,50 €
TVA sur émoluments : ajouter 19,6 % du résultat obtenu ci-dessus		

À ces frais, il y a lieu d'ajouter le coût de l'expédition au Bureau des hypothèques et du droit fixe d'enregistrement, qui s'élève à 25 €. Enfin, il faut également tenir compte du salaire du conservateur des hypothèques qui est de 0,10 % avec un minimum de 15 €.

● Qui paie les frais ?

Les frais de cet acte sont payés par le débiteur de la créance, c'est-à-dire l'emprunteur. En cas de vente, ils sont donc à la charge du vendeur.

© Groupe Eyrolles / PAP

À savoir

Lorsque vous avez terminé de rembourser votre prêt depuis au moins deux ans au moment de la vente du bien acheté avec ce crédit, il n'est pas nécessaire de faire cette mainlevée.

Les frais de caution

Les banques proposent de plus en plus à leur client de garantir les prêts qu'elles accordent par la caution d'une société spécialisée. En cas d'incident de paiement, la société de caution paie aux lieu et place de l'emprunteur. Elle se retourne ensuite contre lui pour se faire rembourser.

Nous indiquons ci-dessous les tarifs pratiqués par Crédit Logement. Ceux-ci comportent deux volets :

- une commission de caution de 0,50 % du montant du prêt pour les prêts épargne-logement et de 150 € à 300 € pour les autres prêts. Cette somme représente les frais de gestion et la rémunération de la société.
  Le Crédit Logement propose une formule différente selon que l'acheteur a plus ou moins de 36 ans. La commission est versée lors de la mise en place du prêt lorsque l'acheteur a plus de 36 ans, mais seulement en fin de prêt si l'acheteur a moins de 37 ans. Contrepartie de cet avantage : pour ces derniers, le montant de la commission est un peu plus élevé (voir tableau ci-après).
- une contribution au Fonds mutuel de garantie (FMG) de 1,50 % du montant du prêt pour les prêts épargne-logement. Pour les autres prêts, y compris les prêts relais, la contribution est de 0,8 % du montant de l'emprunt, plus 200 €.

Par ailleurs, l'attrait principal d'une telle formule, c'est qu'au moment de la revente du bien ou à la fin du remboursement du prêt, une partie de la somme versée au titre du FMG est restituée à l'emprunteur. Actuellement, le taux de restitution est d'environ 75 %. Cette formule avantage tout particulièrement les acheteurs de moins de 37 ans qui ont à régler la commission en fin de prêt. En fait, ils ne déboursent jamais cette commission qui est automatiquement prélevée sur les sommes restituées au titre du fonds de garantie.

© Groupe Eyrolles / PAP

Calcul applicable à tous les prêts (hors prêts d'épargne logement)

Âge de l'acheteur	Montant du prêt (M)	Commission de caution	Participation au Fonds mutuel de garantie
Acheteur de 18 à 36 ans*	+/= 95 000 €	600 €	
	– de 95 000 €	M × 0,5 % + 125 €	
Acheteur de plus de 36 ans	+/= 60 000 €	300 €	M × 0,8 % + 200 €
	de 30 000 € à – de 60 000 €	M × 0,5 %	
	– de 30 000 €	150 €	

Calcul applicable aux prêts et comptes épargne-logement

Âge de l'acheteur	Commission de caution	Participation au Fonds mutuel de garantie
Acheteur de 18 à 36 ans*	M × 0,8 %	
Acheteur de plus de 36 ans	M × 0,5 %	M × 1,5 %

* Dans les tableaux ci-dessus, il suffit que l'un des acheteurs soit âgé de 18 à 36 ans inclus pour que le barème qui s'adresse à cette tranche d'âge s'applique.

Exemple

Une caution : combien ça coûte ?

Pour le financement de votre logement, vous avez souscrit un PEL d'un montant de 50 000 € ainsi qu'un prêt bancaire classique de 50 000 €, tous deux garantis par le Crédit Logement.

1ᵉʳ cas : l'acheteur a moins de 36 ans

– Pour le PEL, la commission est de 50 000 × 0,8 % = 400 € mais elle n'est pas versée par l'emprunteur. La contribution au FMG est de 50 000 € × 1,50 % = 750 €.

– Pour le prêt bancaire classique, la commission est de (50 000 × 0,5 %) + 125 € = 375 €. Les frais au titre du FMG sont de (50 000 × 0,8 %) + 200 € = 600 €.

Au total, les frais de garantie s'élèvent à 2 125 €. Mais l'emprunteur ne verse que 1 350 €. Le solde de 775 € représentant la commission de

© Groupe Eyrolles / PAP

caution sera déduit en fin de prêt des sommes restituées au titre du FMG.

2ᵉ cas : l'acheteur a plus de 36 ans

- Pour le PEL, la commission est de 50 000 € × 0,5 % = 250 €. La contribution au FMG est de 50 000 € × 1,50 % = 750 €, soit un total de 1 000 €.
- Pour le prêt bancaire classique, la commission est de 50 000 × 0,5 % = 250 €. Les frais au titre du FMG sont de (50 000 × 0,8 %) + 200 € = 600 €, soit un total de 850 €.

Au total, les frais de garantie s'élèvent à 1 850 €.

© Groupe Eyrolles / PAP

Questions-réponses

© Groupe Eyrolles / PAP

Mon notaire règle un litige : quels frais ?

Lorsqu'un notaire établit un acte qui met fin à une contestation existante ou qui risque de se produire, ou qui résout un conflit entre les parties à l'acte qu'il est chargé de rédiger, il a droit à des émoluments de transaction.

Ces émoluments ne peuvent se cumuler avec des émoluments de négociation. Ils sont généralement à la charge de la partie qui acquitte les frais d'acte. Ils ne sont perçus qu'à la réception du contrat si celui-ci mentionne les points sur lesquels portait le désaccord. Leur montant est du double de celui perçu pour la rédaction de l'acte auquel la transaction aboutit.

Qu'appelle-t-on émoluments de formalités et quels en sont les montants ?

Ils rémunèrent le notaire en fonction des formalités que celui-ci doit accomplir avant ou après la signature de chaque contrat.

Ils sont calculés en fonction d'une unité de valeur dont le montant est fixé par décret (1 UV = 3,90 € + TVA à 19,60 %).

Exemple

L'achat d'un bien immobilier donne lieu notamment au paiement d'un forfait de 90 UV, soit la somme de 419,80 euros TTC, pour un ensemble d'actes destinés à la Conservation des hypothèques.

Je ne suis pas d'accord sur les frais : que faire ?

Les notaires sont en tout état de cause à votre disposition pour vous apporter tous les éclaircissements que vous souhaitez sur le mode de calcul de leur rémunération. Ils doivent d'ailleurs vous remettre lors de la clôture du dossier une note détaillée des droits, taxes, frais, débours et des émoluments qu'ils ont perçus.

Si la provision que vous leur avez versée était trop importante, ils vous remboursent le trop-perçu. Dans le cas contraire, ils vous demandent un versement complémentaire.

Si vous le jugez utile, vous pouvez toujours solliciter un complément d'information ou de vérification à la chambre départementale dont ils dépendent.

J'ai acheté une habitation avec du mobilier : quels frais ?

Cette situation est relativement fréquente. Elle a l'avantage d'obliger le vendeur à vous remettre le jour de la vente les meubles qu'il s'est engagé à vous vendre et qu'il a compris dans le prix. Généralement, il en est fait une liste dès la signature de la promesse de vente.

Les immeubles par destination, c'est-à-dire les objets mobiliers scellés ou encastrés matériellement au bien vendu (glaces, cheminée, par exemple) font partie intégrante du prix convenu sur lequel est calculée la totalité des frais de notaire.

En revanche, les objets mobiliers indépendants (réfrigérateur, lave-vaisselle) peuvent être exclus de l'assiette des droits de mutation s'ils font l'objet d'un inventaire descriptif et estimatif dans l'acte (article 735 du Code général des impôts).

Dans ce cas, les frais sont donc moins importants au titre des droits fiscaux. Ils sont, en revanche, identiques au titre des émoluments notariés qui se calculent sur le prix global.

J'acquiers une cave ou un parking : pourquoi des frais aussi importants ?

Les actes relatifs aux mutations de droit de propriété occasionnent, quel que soit le montant du prix, des frais fixes qui alourdissent le coût de la transaction. De plus, les émoluments notariés étant dégressifs, ils sont proportionnellement plus importants pour des petits prix que pour des prix élevés.

© Groupe Eyrolles / PAP

C'est ainsi que les frais de notaire occasionnés par la vente de biens tels que parking ou cave sont souvent très lourds pour l'acquéreur en raison de leur faible montant.

L'acquisition d'une cave à un prix de 7 000 € peut occasionner des frais de notaire de l'ordre de 1 700 € soit un pourcentage de près de 25 %.

Pour pallier cet inconvénient, il est préférable d'acquérir ces biens, si cela est possible, en même temps que l'habitation principale, l'émolument étant alors calculé sur le prix global.

J'ai divorcé. J'acquiers de mon ex-conjoint ses droits dans le logement que j'ai financé pour partie : quels frais ?

La situation est classique en matière de divorce. Les époux ont acquis leur logement et l'un d'eux rachète après le prononcé du divorce les droits de son conjoint. Dans ce cas, cette vente que l'on appelle « licitation » entraîne les frais de notaire suivants :
- des émoluments de formalités et des frais fixes d'environ 1 000 € ;
- une taxe de publicité foncière de 1,10 % calculée sur la valeur globale du bien, objet de la licitation ;
- le salaire du conservateur au taux de 0,10 % avec un minimum de 15 € ;
- un émolument notarié qui, pour des époux communs en biens, est le même qu'en matière de vente d'habitation ancienne.

☞ *Voir paragraphe « L'acquisition d'une habitation ancienne ».*

L'émolument est calculé sur la valeur globale du bien. Notez que l'émolument est un peu moins élevé pour des époux séparés de biens.

© Groupe Eyrolles / PAP

Quatrième partie

Faire construire sa maison

Faire construire sa propre maison est un souhait que partagent de nombreuses personnes. Cette partie a pour but de vous aider dans les étapes successives de la construction. Comme pour un achat classique, vous devez bien entendu accomplir les démarches préliminaires. Trouver un bon crédit, et vous renseigner sur le régime des frais de notaire et de la TVA. Sur ces différents points, il suffit de vous reporter aux chapitres dédiés.

Nous développons donc ici les aspects spécifiques de la construction de la maison individuelle : rechercher un « bon » terrain, comment établir les plans et, enfin, la construction proprement dite.

Plusieurs solutions s'offrent à vous. Vous pouvez être en rapport avec différents interlocuteurs : un architecte qui fait les plans et éventuellement assure le suivi de la construction, un constructeur de maisons individuelles qui se charge de tout, un entrepreneur qui effectue le chantier après réalisation des plans par une autre personne.

Nous aborderons également les phases ultimes de la construction : réception de la maison, garanties et assurances.

Le financement

Comme pour toute autre acquisition, une des premières préoccupations, lorsque l'on fait construire une maison, est d'en assurer le financement. Une fois fait le tour des fonds propres, recourir à l'emprunt s'avère le plus souvent nécessaire. Il est souhaitable d'avoir un apport personnel afin d'obtenir un crédit à un taux intéressant. Néanmoins, il est désormais possible d'emprunter à 100 %, dès lors qu'on dispose d'un bon dossier. Vous trouverez dans la première partie de cet ouvrage des informations détaillées sur la recherche de crédit.

La construction d'une maison entraîne deux postes importants de dépenses : l'achat du terrain et le paiement de la construction. N'oubliez pas qu'à chacune de ces étapes, vous avez des frais annexes.

Les frais d'acquisition du terrain

Pas de construction sans terrain. À moins que vous n'en possédiez un, vous serez confronté à son achat. Celui-ci se déroule en deux temps : vous « réservez » le terrain en signant une promesse de vente. À l'expiration du délai de rétractation de sept jours (pour les terrains en lotissement) ou à la signature de la promesse (pour les terrains hors lotissement), vous devez verser 5 à 10 % du prix du terrain. Cette somme est consignée sur un compte bloqué auprès du notaire, elle est donc immédiatement débitée. Deux à trois mois plus tard, vous signez l'acte authentique de vente. À ce moment, vous déboursez le prix du terrain (moins les 5 % à 10 % versés lors de la promesse de vente) additionné des frais de notaire.

© Groupe Eyrolles / PAP

Les frais spécifiques à la construction

La construction d'une maison va vous obliger, en qualité de maître d'ouvrage, au paiement d'un certain nombre de frais annexes dont l'essentiel est représenté par des taxes et participations d'urbanisme.

Conseil

Ces paiements sont parfois échelonnés dans le temps, mais n'oubliez pas de les budgéter.

Taxe locale d'équipement

La construction d'une maison est soumise au paiement de la taxe locale d'équipement (TLE). Cette taxe existe automatiquement dans les communes de plus de 10 000 habitants et dans les communes d'Île-de-France déterminées par décret. Elle peut être instituée aussi dans les communes de moindre importance. Le montant de cette taxe est calculé à partir de la surface de plancher hors œuvre nette (SHON) définie par l'article R. 112-2 du Code de l'urbanisme. Schématiquement, la SHON correspond à la somme des surfaces de plancher de chaque niveau (surface brute), combles et sous-sol compris, après déduction des surfaces des combles et du sous-sol non aménageables, ainsi que celles des toitures-terrasses, balcons, parkings, notamment.

Pour calculer la TLE, on détermine la valeur de la maison à partir d'un prix au mètre carré variant en fonction de la catégorie de la construction et de sa situation géographique. À cette valeur ainsi déterminée, on applique une taxe comprise entre 1 et 5 %.

Calcul de la taxe locale d'équipement
(avec les valeurs pour l'année 2011)

Construction d'un pavillon de 125 m^2 (SHON) à l'aide d'un prêt bancaire classique, en Île-de-France et avec un taux de TLE de 3 %.
La valeur au mètre carré dans ce cas est de :
– 0 à 80 m^2 de SHON : 32 560 € ;
– de 81 à 125 m^2 de SHON : 26 775 € ;
La valeur de l'ensemble est de 59 335 €. La taxe est donc égale à (59 335 × 3 %) = 1 780,05 €

© Groupe Eyrolles / PAP

Le paiement de la TLE est fractionné par moitié :
- la première moitié est à payer dans les dix-huit mois suivant l'obtention du permis de construire ;
- la seconde moitié est versée dans un délai de trois ans à compter de la délivrance du permis de construire.

Toutefois, lorsque le montant de la taxe n'excède pas 305 €, l'intégralité de la taxe est payée dix-huit mois après la délivrance du permis.

Taxe additionnelle au profit de la région Île-de-France

À la taxe locale d'équipement s'ajoute, dans certaines communes d'Île-de-France, une taxe complémentaire de 1 % établie selon les mêmes modalités que la taxe locale d'équipement.

Taxe départementale pour le financement du Conseil d'architecture d'urbanisme et d'environnement (CAUE)

Cette taxe n'existe que dans certains départements. Son taux est décidé par le Conseil général mais ne peut jamais excéder 0,3 %. Ce taux s'applique à une valeur forfaitaire au mètre carré de SHON de l'immeuble concerné. Ces montants peuvent différer selon la nature du bâtiment.

Taxe départementale des espaces naturels sensibles

Cette taxe est créée à l'initiative du Conseil général pour préserver la qualité des paysages. Elle est payée par le bénéficiaire de l'autorisation de construire. Son taux est fixé dans la limite de 2 % de la valeur de l'ensemble immobilier.

La participation pour voirie et réseaux (PVR)

La participation pour voirie et réseaux est une contribution qui peut être instituée sur le territoire de la commune par une simple décision du conseil municipal. Elle permet aux communes de percevoir des propriétaires de terrains nouvellement desservis par un aménagement une contribution correspondant à tout ou partie du financement des travaux nécessaires.

© Groupe Eyrolles / PAP

Les travaux concernés sont :
- la réalisation ou l'aménagement d'une voie (cela peut inclure l'acquisition des terrains, les travaux de voirie, l'éclairage public, le dispositif d'écoulement des eaux pluviales, des réseaux de communication) ;
- la réalisation des réseaux d'eau potable, d'électricité et d'assainissement ;
- les études nécessaires à ces travaux. En revanche, les réseaux de communication aériens, de gaz, de chauffage urbain ne peuvent être financés par la PVR.

À savoir

Les sommes correspondant aux terrains déjà construits ou non constructibles demeurent à la charge du budget communal. La commune ne peut pas percevoir la PVR des propriétaires des terrains déjà construits ou des propriétaires des terrains qui choisissent de ne pas construire.

Les propriétaires qui doivent payer la PVR sont ceux des terrains situés de part et d'autre de la voie et qui vont bénéficier de son aménagement. La participation acquittée par chaque propriétaire est calculée au prorata de la surface de son terrain. Sont pris en compte pour ce calcul les terrains ou parties de terrain situés dans une bande de 80 mètres de part et d'autre de la voie (en fonction des circonstances, la bande peut cependant varier de 60 à 100 mètres). La participation exigible par mètre carré de terrain ne peut excéder le coût des équipements à réaliser divisé par la surface totale des terrains bénéficiant de la desserte.

Le paiement de la PVR est généré par la délivrance d'une autorisation de lotir ou d'un permis de construire. La participation est ainsi due par les propriétaires lorsqu'ils demandent ou autorisent un tiers à demander une autorisation de construire ou d'aménager (permis de construire, autorisation de lotir, autorisation d'aménager un terrain en vue de l'implantation d'habitations légères de loisirs) ou lorsqu'ils réalisent un remembrement urbain dans le cadre d'une association foncière urbaine.

La PVR est cumulable avec les autres taxes d'urbanisme (taxe locale d'équipement, taxe départementale pour le financement des CAUE, etc.).

© Groupe Eyrolles / PAP

Participation aux branchements

En plus de ces taxes, les collectivités locales peuvent demander des participations financières pour la réalisation des branchements aux services publics d'équipement :

- participation pour raccordement à l'égout. La participation peut aller jusqu'à 80 % des frais engagés par la commune. Le paiement n'intervient que lors du branchement effectif ;
- alimentation en eau, gaz, électricité, voirie… La commune peut demander des participations pour tous ces travaux à condition de le préciser sur le permis de construire.

Autres taxes

D'autres taxes sont théoriquement applicables mais rarement aux particuliers. Il s'agit du versement pour dépassement du plafond légal de densité (articles L. 112-2 et L. 333-1 à L. 333-16 du Code de l'urbanisme) ou participation pour la réalisation de parkings publics (article L. 421-3 du Code de l'urbanisme). Enfin, en cas de programme d'aménagement, la commune peut demander une participation pour la réalisation d'équipements publics (article L. 332-9 du Code de l'urbanisme).

La réforme des taxes d'urbanisme

Le fait de construire entraîne obligatoirement le paiement de taxes et participations d'urbanisme. Or celles-ci sont aujourd'hui nombreuses, complexes et parfois anciennes ; il est devenu nécessaire de moderniser et simplifier la fiscalité de l'urbanisme.

Dans ce but, la loi remplace, au 1er mars 2012, six des huit taxes d'urbanisme existantes (taxe locale d'équipement, taxe départementale des espaces naturels sensibles, etc.) par deux taxes :

- une taxe d'aménagement (TA) dont le montant correspondra à celui des taxes supprimées ;
- un versement pour sous-densité (VSD) facultatif et d'un faible montant qui aura pour objectif de permettre aux communes qui le souhaitent de lutter contre l'étalement urbain (dans un souci

© Groupe Eyrolles / PAP

d'économie d'énergie et de diminution des coûts en matière d'équipements collectifs).

Par ailleurs, sur les huit participations d'urbanisme existantes (participation pour non-réalisation d'aire de stationnement, participation pour voirie et réseaux, etc.), cinq seront supprimées à compter du 1ᵉʳ janvier 2015. En contrepartie, le montant de la taxe d'aménagement sera alors majoré.

Une assurance obligatoire

Toute personne qui fait construire doit, en sa qualité de maître d'ouvrage, souscrire une assurance dite « assurance-construction » (assurance dommages-ouvrage). Cette assurance, dont nous expliquons la couverture dans le chapitre « Garanties et assurances », vous coûte entre 2 et 5 % du montant total de la construction suivant le contrat et la compagnie d'assurances.

Conseil

Les constructeurs bénéficiant souvent d'un tarif préférentiel, comparez la police qui peut vous être offerte et consultez aussi votre assureur.

© Groupe Eyrolles / PAP

<h1 style="text-align:right">Le terrain</h1>

L'achat du terrain sur lequel vous allez faire construire votre maison est le premier acte tangible vers la réalisation de votre projet. Vous devez, avant même l'achat du terrain, vous renseigner sur l'environnement du terrain que vous convoitez et, ensuite, demander un permis de construire. Il importe d'abord de bien choisir le terrain en fonction de ses caractéristiques et de son implantation, puis de signer le contrat de vente.

Comment trouver le terrain ?

Différentes méthodes sont à votre disposition. Vous pouvez consulter les annonces de presse et notamment celles du magazine spécialisé *Faire construire sa maison*, édité par le groupe De Particulier à Particulier (www.construiresamaison.com), consulter les affichettes chez les commerçants, etc. Vous pouvez aussi arpenter votre secteur de prédilection et avoir l'œil attentif aux panneaux qu'un propriétaire a pu planter sur son terrain. Enfin, pensez à contacter les aménageurs-lotisseurs mais aussi les constructeurs de maisons individuelles qui, pour satisfaire leur clientèle, essayent de recenser les terrains dans les différentes régions où ils construisent.

> **À savoir**
>
> La loi interdit aux constructeurs d'intervenir dans la vente du terrain.

© Groupe Eyrolles / PAP

Quel terrain choisir ?

Vous pouvez acheter un terrain diffus ou en lotissement. Quelle est la différence ?

Un terrain diffus

Le terrain diffus, appelé souvent terrain isolé, n'est pas nécessairement celui qui est en plein milieu des champs, en retrait de toute habitation. Il s'agit tout simplement d'un terrain mis en vente souvent par des particuliers qui décident de s'en séparer. L'avantage du terrain isolé est qu'il peut accueillir n'importe quelle construction admise par les règles générales d'urbanisme ou par le plan local d'urbanisme (ancien POS). Mais ce genre de terrain n'est pas toujours viabilisé, c'est-à-dire raccordé aux réseaux collectifs d'eau potable, de gaz, d'assainissement, d'électricité et de téléphone. Vous devez donc souvent engager des frais supplémentaires pour obtenir les branchements aux équipements collectifs. Par ailleurs, et à la différence du terrain en lotissement, le bornage n'est pas obligatoire pour un terrain isolé.

> **Conseil**
>
> Si vous vous dirigez vers l'achat d'un terrain isolé, renseignez-vous auprès de la mairie et des organismes compétents (EDF, France Télécom) sur le coût. Attention, la facture peut être bien lourde (plusieurs milliers d'euros). De plus, il vous appartient de faire les démarches administratives nécessaires pour vous assurer qu'il s'agit bien d'une parcelle constructible.

Un terrain en lotissement

L'avantage essentiel du terrain en lotissement est l'assurance qui vous est donnée que votre terrain est viabilisé.

● Un terrain viabilisé

Il s'agit d'un terrain pour lequel les travaux concernant la voirie, l'alimentation en eau, gaz, électricité, les réseaux de télécommunication, le traitement et l'évacuation des matières usées ont été effectués. En effet, l'obligation de viabiliser les terrains implique des travaux d'équi-

© Groupe Eyrolles / PAP

pements du lotissement, mais aussi des travaux de raccordement à chaque parcelle. Ainsi donc, non seulement votre terrain est desservi par les différents réseaux mais, qui plus est, il est raccordé à ces réseaux. Cela étant, les travaux de raccordement à la maison proprement dite restent à votre charge.

En matière de lotissement, l'autorisation de lotir interdit la vente des parcelles tant que les travaux de viabilité et d'aménagement ne sont pas réalisés. Leur exécution est attestée par un certificat d'achèvement délivré par le maire à la requête du lotisseur. Toute promesse de vente qui interviendrait avant que ces deux conditions ne soient remplies (arrêté de lotissement et travaux de viabilité) serait nulle et qui plus est sanctionnée pénalement. Cependant, cette contrainte risque de retarder la commercialisation des lots et de constituer une charge financière excessive pour le lotisseur s'il doit supporter intégralement le coût des travaux avant toute vente. C'est pourquoi la loi prévoit deux dérogations à ce principe.

Les travaux de finition

Le lotisseur peut demander au maire de différer la réalisation des travaux de finition tels que le revêtement des voies de circulation ou l'éclairage, pendant tout le temps nécessaire aux constructions des maisons. On évite ainsi les éventuelles dégradations pouvant résulter des divers chantiers en cours, et notamment du passage des camions. En d'autres termes, le lotisseur peut obtenir de la mairie une autorisation de vendre les lots avant les travaux de finition, et ce, à la condition qu'il fournisse une garantie financière soit sous forme d'une consignation du montant des travaux de finition, soit sous forme d'une caution donnée par un organisme extérieur. La mairie et les futurs colotis sont ainsi assurés que ces finitions seront effectivement effectuées.

Un achèvement garanti

La loi va même plus loin puisqu'elle autorise le lotisseur à vendre les lots avant tout achèvement de travaux. Il doit, là encore, fournir une garantie financière, obligatoirement extrinsèque, assurant l'administration et les acquéreurs qu'en cas de défaillance du lotisseur, les travaux restant à faire seront effectués. C'est ce que l'on appelle la

© Groupe Eyrolles / PAP

garantie d'achèvement. Elle est fournie obligatoirement par un organisme extérieur (banque, établissement financier ou société de caution mutuelle). Le garant s'engage à payer les travaux si le lotisseur s'avère défaillant. Cette garantie peut être mise en œuvre par les acquéreurs de lots, par l'association syndicale ou par le maire.

La garantie cesse bien sûr dès lors que le lotisseur justifie avoir achevé les travaux par l'obtention auprès de la mairie du certificat d'achèvement des travaux.

Règlement de lotissement et cahier des charges

C'est le lotisseur qui fixe les normes de construction en établissant un règlement de lotissement. Ce document n'est pas obligatoire et le lotisseur peut s'en remettre aux règles d'urbanisme en vigueur. Le plus souvent cependant, un tel règlement est établi, joint au dossier de demande d'arrêté de lotissement et approuvé par la mairie. Les règles de construction s'imposent alors aux différents acquéreurs de lots. Il est vrai qu'elles ont un aspect contraignant puisqu'elles sont obligatoirement plus strictes que les règles d'urbanisme. Mais qui dit moins de liberté dit aussi plus de sécurité. Le règlement est en effet avant tout destiné à préciser certaines règles d'urbanisme qui seraient ambiguës ou peu précises. Le règlement de lotissement a, de ce fait, un côté sécurisant. Vous êtes assuré de ce que pourra ou ne pourra pas faire votre voisin.

Le cahier des charges, quant à lui, est un document de nature contractuelle, établi par l'aménageur-lotisseur qui s'impose aux acquéreurs et qui fixe leurs droits et obligations vis-à-vis du lotisseur et entre colotis. Ainsi en est-il des activités autorisées, de la répartition des charges communes, etc. Ce document est joint pour information à la demande d'autorisation de lotir, mais n'est pas soumis à approbation de la mairie. Il doit, en revanche, être joint à toute promesse ou acte de vente d'un lot.

Le statut de l'association syndicale

L'association syndicale regroupe les propriétaires des lots. Ces statuts règlent, par exemple, la répartition des charges du lotissement, la convocation d'assemblée annuelle, etc. Cette association fonctionne

© Groupe Eyrolles / PAP

170

un peu comme un syndicat de copropriétaires dans un immeuble. Chaque année, les associés se réunissent pour prévoir un budget que propose la personne qui assure la gestion courante. L'association s'occupe de l'entretien et de la réparation des équipements collectifs et fait des appels de fonds pour assurer son fonctionnement.

À savoir

La création d'une telle association n'est pas obligatoire, et ce quel que soit le nombre de lots. Le lotisseur peut choisir un autre mode de gestion des espaces communs, comme leur attribution en propriété aux acquéreurs ou bien leur transfert à la commune.

La nature du sol

La nature du sol et du sous-sol doit retenir toute votre attention car elle peut impliquer des fondations plus ou moins coûteuses. La construction peut être plus ou moins facile suivant que le terrain est humide ou pas, pentu ou non, en contrebas ou en surplomb par rapport à la voie publique. Les fondations seront différentes suivant le sol :

- les sols rocheux (calcaire, granit, schiste, craie, grès) sont les meilleurs terrains de fondation ;
- les sols sablonneux et sols de graviers constituent de bons sols de fondation ;
- les sols argileux nécessitent des fondations profondes ;
- les sols de remblaiement et les sols artificiels exigent des fondations adaptées à leur consistance.

Certains terrains devront faire l'objet de travaux particuliers : drainage, déblaiement des souches pour un terrain boisé… Assurez-vous enfin que le sous-sol présente une stabilité suffisante. La présence d'une nappe phréatique à faible profondeur, de galeries ou de carrières peut rendre la construction impossible sans un surcoût financier important.

Conseil

Pour plus d'information, n'hésitez pas à contacter la Direction départementale des Territoires (DDT) qui possède en la matière une solide expérience. Leurs techniciens vous signaleront les zones sensibles et vous conseilleront utilement sur le type de fondation le mieux adapté.

© Groupe Eyrolles / PAP

Le vendeur doit annexer au compromis de vente un état des risques naturels et technologiques (voir le paragraphe « Les diagnostics »), datant de moins de six mois au jour de la signature du compromis, si le terrain mis en vente est situé dans un périmètre d'exposition aux risques technologiques ou dans une zone exposée à des risques naturels prévisibles (feu de forêt, avalanche, mouvement de terrains, etc.) ou dans une zone de sismicité.

À savoir

Si ce document ne vous est pas fourni alors que vous êtes concerné, la loi vous permet de demander la résolution du contrat de vente ou bien une diminution du prix.

Cette obligation s'applique tant aux terrains isolés qu'aux terrains en lotissement.

Autres caractéristiques du terrain

D'autres caractéristiques peuvent également avoir une grande importance et influer sur l'usage du terrain, telles les servitudes. En voici quelques exemples :

- Servitude de passage : si un terrain n'a pas d'accès direct sur la voie publique, les terrains situés entre le terrain (dit enclavé) et la voie publique doivent permettre un passage sur leur parcelle (article 682 du Code civil).
- Servitude de vue : il faut 1,90 m entre une fenêtre et la limite avec la propriété voisine en cas de vue droite (espace que l'on voit en se plaçant devant une fenêtre sans se pencher à droite ou à gauche). Pour une vue oblique, il suffit de 0,60 m entre l'ouverture et la limite du voisin.
- Les plantations doivent aussi respecter des distances minimales par rapport au terrain voisin (article 671 du Code civil). En principe : 2 m pour les arbres dépassant 2 m de hauteur ; 0,50 m pour les arbres inférieurs à 2 m de hauteur.

Conseil

Des règles différentes peuvent être prévues par la commune, renseignez-vous à la mairie.

© Groupe Eyrolles / PAP

– La mitoyenneté : si un mur sépare deux terrains voisins, il peut leur appartenir en commun : on parle de mur mitoyen et son entretien incombe aux deux voisins.

Une fois que vous avez fait votre choix et que les négociations avec le vendeur sont sur le point d'aboutir, il faut signer un contrat de vente.

La signature du contrat de vente

Comme pour un appartement ou une maison, l'achat d'un terrain à bâtir est précédé de la signature d'un compromis de vente, suivi quelques mois plus tard de l'acte authentique de vente.

Promesse unilatérale de vente ou compromis de vente ?

Suivant la situation, vous allez signer un compromis de vente ou une promesse unilatérale de vente.

Le compromis de vente

En règle générale, l'achat d'un terrain « isolé » (voir plus haut) passe, dans un premier temps, par la signature d'une « promesse synallagmatique de vente » plus couramment appelée « compromis de vente ». Dans cet acte, vendeur et acheteur s'engagent définitivement, l'un à vendre, l'autre à acheter.

Environ trois mois plus tard, l'acte définitif de vente est signé, obligatoirement devant notaire.

> **À savoir**
>
> Vous pouvez signer le compromis de vente devant notaire, ce qui est conseillé, ou sous seing privé, c'est-à-dire directement entre particuliers (à l'aide d'un modèle type comme celui édité par De Particulier à Particulier).

La promesse unilatérale de vente

Dans une promesse unilatérale de vente, le vendeur s'engage, pendant un certain délai, à vendre à un candidat-acquéreur le bien convoité

© Groupe Eyrolles / PAP

pour un prix déterminé. De son côté, l'acheteur ne s'engage pas immédiatement. Il dispose simplement d'une option qui est d'acheter ou de ne pas acheter. Pendant le délai précisé dans la promesse, il peut manifester sa volonté d'acquérir, en « levant l'option ».

Une promesse spécifique pour les terrains en lotissement

La promesse unilatérale de vente est essentiellement utilisée pour l'achat d'un terrain en lotissement. La loi prévoit dans ce cas une promesse unilatérale de vente spécifique indiquant « la consistance du lot réservé, sa délimitation, son prix et son délai de livraison. » La promesse ne devient définitive qu'au terme d'un délai de sept jours pendant lequel l'acquéreur a la faculté de se rétracter.

Le vendeur peut, en contrepartie de l'immobilisation du lot, obtenir de l'acheteur le versement d'une indemnité d'immobilisation dont le montant ne peut pas excéder 5 % du prix de vente. Les fonds déposés sont consignés en compte bloqué. Ces fonds sont restitués à l'acquéreur :

- dans un délai de vingt et un jours à compter du lendemain de la date de son éventuelle rétractation ;
- dans un délai de trois mois si le contrat de vente n'est pas conclu du fait de la défaillance d'une des conditions de la promesse.

L'acte définitif

Vous passez chez le notaire pour signer l'acte définitif environ trois mois après la signature du compromis ou de la promesse de vente. Vous versez alors le solde du prix et les frais engendrés par cette acquisition.

L'indemnité d'immobilisation que vous avez versée lors de la signature du compromis s'impute sur le prix de vente.

Terrain et vices cachés

En cas d'apparition d'un vice qui était caché au moment de la vente (humidité excessive, instabilité du terrain nécessitant des travaux confortatifs), l'acquéreur peut faire jouer la garantie des vices cachés pré-

© Groupe Eyrolles / PAP

vue par l'article 1641 du Code civil. Il a le choix entre rendre le terrain et en récupérer le prix ou le garder et obtenir une réduction du prix payé.

Par vices cachés, il faut entendre les vices que seul un homme de l'art (architecte, géomètre…) aurait pu découvrir. Toutefois, il est fréquent que le vendeur, simple particulier, indique dans l'acte que le bien est vendu « sans garantie des vices cachés ». Une telle clause est valable si le vendeur était de bonne foi au moment de la vente. En revanche, elle ne peut jouer s'il connaissait le vice le jour de la signature du contrat. La preuve n'est pas toujours facile à apporter. Pour agir, vous devez engager votre action devant le Tribunal de grande instance dans un délai de deux ans à compter de la découverte du vice caché.

À savoir

Cette clause de non-recours en cas de vices cachés n'est pas valable si le terrain vous a été vendu par un aménageur-lotisseur.

© Groupe Eyrolles / PAP

Permis de construire et urbanisme

Votre construction s'intègre dans un ensemble. Nous avons vu que dans un lotissement, des règles précises s'imposent aux propriétaires de chaque parcelle. Or, même dans un terrain isolé, vous devez respecter des règles générales d'urbanisme. Afin que l'administration s'assure de leur respect, vous devez demander un permis de construire.

Mais avant même de faire cette démarche, il est possible de connaître les contraintes qui s'imposent au propriétaire d'une parcelle. Tel est le rôle du certificat d'urbanisme, véritable fiche d'information sur votre terrain.

Le certificat d'urbanisme

Le certificat d'urbanisme (CU) a pour unique but de connaître le droit de l'urbanisme applicable à votre terrain et les possibilités de réalisation d'une construction. C'est donc un document précieux mais qui ne vous autorise pas à construire : il ne se substitue pas au permis de construire. Il existe deux types de certificats d'urbanisme :

Le certificat d'urbanisme d'information

Il permet de connaître les règles applicables sur votre parcelle et renseigne sur le droit de l'urbanisme applicable (par exemple les règles du

© Groupe Eyrolles / PAP

PLU), sur les limitations administratives au droit de propriété (par exemple l'existence d'une zone de protection de monuments historiques) et sur la liste des taxes et participations d'urbanisme applicables. Ce CU est donc purement informatif.

La demande de CU d'information est traitée dans le délai d'un mois.

Le certificat d'urbanisme opérationnel

En plus des renseignements contenus dans le CU d'information, le CU opérationnel vous indique si le terrain peut être utilisé pour la réalisation de votre projet. Votre demande doit alors décrire succinctement la construction envisagée (des plans, croquis et photos peuvent être joints). Pendant les dix-huit mois qui suivent l'obtention du CU, vous êtes certain que les règles d'urbanisme restent les mêmes et votre permis sera très certainement accordé.

La demande de CU opérationnel est traitée dans le délai de deux mois.

Valeur du certificat d'urbanisme

Le certificat d'urbanisme, qu'il soit d'information ou opérationnel, reste valable pendant dix-huit mois à compter de sa délivrance. Pendant ce délai, les dispositions qu'il contient ne peuvent pas être remises en cause. Vous avez donc intérêt à déposer votre demande de permis de construire pendant le délai de validité du certificat d'urbanisme. Toutefois, vous pouvez demander à la mairie d'en prolonger la durée de validité, par période d'un an. Dans ce cas, adressez une lettre recommandée avec accusé de réception à la mairie deux mois au moins avant l'expiration du délai. La mairie doit alors prolonger le certificat d'urbanisme tant que les règles d'urbanisme applicables au terrain n'ont pas changé.

Comment obtenir un certificat d'urbanisme ?

Adressez votre demande en quatre exemplaires à la mairie au moyen d'une lettre recommandée avec accusé de réception ou déposez-la en

© Groupe Eyrolles / PAP

mairie contre récépissé. La demande doit être présentée sous peine d'irrecevabilité sur un imprimé type disponible auprès des mairies, des DDT et sur Internet. Vous devez y joindre un certain nombre de pièces prévues à l'article R 410-1 du Code de l'Urbanisme, et notamment :

- un plan de situation (quatre exemplaires) ou une photocopie d'une carte au 1/25 000ᵉ de l'Institut géographique national ou d'un plan de cadastre ;
- une notice descriptive succincte de l'opération indiquant, s'il y a lieu, la destination, la nature et la superficie hors œuvre des bâtiments projetés, et ce uniquement pour le certificat d'urbanisme opérationnel.

Votre dossier est alors instruit soit par la mairie elle-même si la commune est dotée d'un PLU, soit par la préfecture (Direction départementale des Territoires) dans la négative. L'administration doit vous répondre dans un délai maximal d'un mois pour le CU d'information et de deux mois pour le CU opérationnel. Si aucune réponse ne vous est donnée dans ce délai, vous êtes alors titulaire d'un certificat d'urbanisme tacite et vous pouvez envisager la réalisation de votre projet.

Le permis de construire

La réalisation d'une construction est soumise à une réglementation précise. L'édification d'une maison fait bien sûr l'objet d'un permis de construire. Mais si vous faites des travaux limités, les démarches sont plus simples.

Quand faut-il demander un permis de construire ?

Le tableau qui suit explique les trois régimes possibles : travaux ne nécessitant aucune autorisation, travaux soumis à une simple déclaration préalable, et enfin travaux nécessitant un permis de construire. Nous n'avons retenu que la liste des travaux pouvant directement concerner les particuliers.

© Groupe Eyrolles / PAP

Avec ou sans permis de construire

Travaux dispensés de permis de construire et de déclaration préalable art. R. 421-2 à R. 421-8 C.U.	Travaux soumis à déclaration préalable art. R. 421-9 à R. 421-12 C.U.	Travaux nécessitant un permis de construire art. R. 421-1 et R. 421-14 à R.°421-16 C.U.
– Les châssis et serres de moins de 1,80 m de hauteur au-dessus du sol. – Les murs de moins de 2 m de hauteur (sauf exceptions). – Les murs de soutènement. – Les travaux d'entretien ou de réparation ordinaire. – La création d'une superficie inférieure à 2 m^2 et hauteur inférieure ou égale à 12 m.	– La création d'une superficie inférieure à 2 m^2 et d'une hauteur supérieure à 12 m. – La création d'une superficie de plus de 2 m^2 mais inférieure ou égale à 20 m^2, quelle que soit la hauteur (exemple : création d'une pièce supplémentaire, d'un garage, d'une véranda). – L'installation d'une piscine dont le bassin a une superficie inférieure ou égale à 100 m^2, non couverte ou dont la couverture fait moins de 1,80 m de hauteur au-dessus du sol. – Les châssis et serres dont la hauteur est comprise entre 1,80 m et 4 m. – Les murs d'une hauteur supérieure ou égale à 2 m. – Les travaux de ravalement. – L'installation d'une clôture dans une zone protégée. – Le changement de destination d'un bâtiment en l'absence de travaux.	– La création d'une superficie de plus de 20 m^2 (la construction d'une maison individuelle par exemple). – Les piscines dont la couverture a plus de 1,80 m de haut, quelle que soit la superficie. – Les châssis et serres dont la hauteur est supérieure à 4 m. – La modification du volume d'un bâtiment ou le percement ou l'agrandissement d'une ouverture sur un mur extérieur. – La plupart des travaux de démolition.

À savoir

Une réforme du permis de construire est en cours et doit s'appliquer à l'automne 2011. Elle prévoit que le permis de construire ne sera obligatoire que si les travaux entraînent une création de surface de plus de 40 m^2 (contre 20 m^2 à l'heure actuelle). En deçà de 40 m^2, une déclaration préalable de travaux suffira.

© Groupe Eyrolles / PAP

Les démarches

Le propriétaire du terrain ou son mandataire est habilité à faire la demande de permis de construire. Vous pouvez donc confier cette tâche soit à votre architecte, soit au constructeur de maisons individuelles. Si vous n'êtes pas encore propriétaire du terrain, vous pouvez néanmoins faire votre demande en y joignant une autorisation du propriétaire ou une copie de votre compromis de vente.

Le dossier de demande du permis de construire

Il doit contenir les informations suivantes :

- identité du demandeur ;
- superficie et emplacement du terrain ;
- nature des travaux ;
- superficie des constructions ;
- destination de la construction (habitation, commerce, etc.) ;
- plan de situation du terrain (1/5 000 à 1/25 000) ;
- plan de masse des constructions (plan vu du dessus) ;
- plan de façades ;
- plan en coupe du terrain et de la construction ;
- deux photographies au moins permettant de situer le terrain respectivement dans le paysage proche et lointain et d'apprécier la place qu'il occupe ;
- un document graphique permettant d'apprécier l'insertion du projet de construction dans l'environnement ainsi que son impact visuel ;
- une notice décrivant le terrain en présentant le projet.

L'ensemble du dossier présenté en quatre exemplaires est adressé à la mairie par lettre recommandée avec accusé de réception ou y est déposé contre récépissé.

En attendant la réponse

Pour les communes qui disposent d'un PLU approuvé ou d'une carte communale, ce sont les services municipaux qui instruisent la demande de permis de construire. Mais, bien souvent, l'instruction est réalisée par la Direction départementale des Territoires (DDT) dont vous dépendez. Tel est le cas dans les communes qui ne disposent pas

© Groupe Eyrolles / PAP

de PLU ou des communes qui sont dotées d'une carte communale mais qui, par décision du conseil municipal, ont souhaité déléguer cette fonction auprès des services de l'État.

Dans les quinze jours du dépôt de la demande, l'administration adresse au demandeur une lettre de notification. Cette dernière indique le numéro d'enregistrement de la demande, l'autorité qui prendra la décision, la date de départ de l'instruction et la date avant laquelle la décision devra être communiquée au demandeur.

Pour la construction d'une maison individuelle, le délai d'instruction est de deux mois à compter de la réception en mairie d'un dossier complet.

S'il est incomplet, l'administration doit dans le mois du dépôt vous notifier la liste des pièces manquantes : vous avez alors trois mois pour les adresser à la mairie. Dans cette hypothèse, le délai d'instruction de deux mois court à compter de la réception des pièces manquantes par la mairie.

> **À savoir**
>
> Le délai d'instruction peut être allongé dans certaines circonstances (par exemple lorsque la construction envisagée se situe dans une zone protégée).

Accepté ou refusé ?

La décision du permis de construire est prise par arrêté du maire. Cet arrêté peut prendre diverses décisions :

- votre permis de construire est accepté ;
- votre permis de construire est accepté mais sous réserve de modifications ;
- votre permis de construire est refusé.

Si la décision ne vous convient pas, il est possible d'exercer des recours : recours gracieux auprès du maire, recours contentieux (judiciaire) devant le tribunal administratif ou recours devant le préfet.

Si vous n'avez pas reçu de décision expresse au terme du délai d'instruction de deux mois, vous êtes alors titulaire d'un permis tacite et pouvez réaliser votre projet. Bonne nouvelle en effet, le silence de l'administration vaut permis de construire !

© Groupe Eyrolles / PAP

Toutefois, pour satisfaire aux obligations de publicité (affichage pendant les travaux), vous devez demander en mairie un certificat attestant de l'existence du permis tacite.

Après l'obtention du permis de construire, des formalités administratives doivent être respectées.

Formalités diverses

Elles ont pour objet de porter à la connaissance du public la réalisation de votre construction (affichage) et de permettre à l'administration de contrôler l'exécution effective du dossier.

Affichage du permis de construire

Dès que vous avez obtenu votre permis, vous devez l'afficher sur le terrain. Vous devez réaliser ou faire faire un panneau qui doit être visible de la voie publique et qui devra rester jusqu'à la fin des travaux.

Ce panneau rectangulaire d'au moins 80 cm de côté comporte notamment les indications suivantes :

- le nom (ou la dénomination sociale) du bénéficiaire du permis ;
- les date et numéro du permis ;
- la nature du projet ;
- la superficie du terrain ;
- la superficie de plancher autorisée ;
- la hauteur de la construction.

Déclaration d'ouverture de chantier

Une fois le permis de construire obtenu, vous allez débuter vos travaux. Dès le commencement, il faut procéder à la déclaration d'ouverture de chantier. Adressez-la à votre mairie en trois exemplaires. Vous avez au maximum deux ans après l'obtention du permis de construire pour commencer vos travaux. À défaut, le permis de construire est périmé.

> **À savoir**
>
> Afin de relancer l'effort de construction, le délai de validité des permis de construire en cours de validité au 20 décembre 2008 ou obtenus jusqu'au 31 décembre 2010 a été porté à trois ans (contre deux ans habituellement).

© Groupe Eyrolles / PAP

Le constructeur
de maison individuelle

Une des solutions les plus courantes pour faire construire une maison consiste à s'adresser à un constructeur de maisons individuelles. Nombreux sont ceux qui ont des maisons témoins, et tous proposent une gamme étendue de modèles avec la possibilité de modifier et de personnaliser les plans de base. Toutefois, nous vous conseillons de prendre conseil auprès de votre banque pour que celle-ci se renseigne sur la situation financière du constructeur. Il est aussi très intéressant d'aller interroger des personnes ayant déjà fait construire avec tel ou tel constructeur et de consulter les magazines spécialisés comme *Faire construire sa maison* (www.construiresamaison.com). Soyez rassuré néanmoins ! En effet, le contrat de construction de maison individuelle obéit à des règles strictes qui sont définies par une loi du 19 décembre 1990. Ces règles sont obligatoires et destinées à protéger efficacement le maître d'ouvrage (la personne qui fait construire). Vous devez donc veiller à ce qu'elles soient respectées.

Qu'est-ce qu'un contrat de construction de maison individuelle (CCMI) ?

Depuis la loi du 19 décembre 1990, applicable le 1er décembre 1991, toute personne qui s'engage à faire construire une maison, sur un terrain ne lui appartenant pas, à usage d'habitation ou habitation et pro-

© Groupe Eyrolles / PAP

fessionnel et ne comportant pas plus de deux logements, doit conclure un CCMI. Soumis à des dispositions d'ordre public auxquelles il est impossible de déroger, le CCMI renforce la protection de l'acquéreur : il est en effet certain de voir sa maison achevée, chose qui n'était pas forcément évidente avant l'entrée en vigueur de cette loi.

Codifiée aux articles L. 230-1 à L. 232-2 et R. 231-1 à R. 231-13 du Code de la construction et de l'habitation, la loi du 19 décembre 1990 a prévu deux types de contrats :

- **Le CCMI avec fourniture de plan** s'applique dès lors que les deux critères suivants sont réunis : la fourniture d'un plan par le constructeur ou par un tiers agissant pour son compte et l'exécution de tout ou partie des travaux de construction. C'est d'ailleurs à ce type de contrat que nous allons principalement nous intéresser.

  Autrement dit, aussi minime que soit la réalisation des travaux, dès lors que le plan de la construction n'est pas fourni par l'acquéreur, le constructeur a l'obligation de signer un tel contrat. Sont ici visés notamment les constructeurs de maisons préfabriquées industriellement qui se chargent de leur mise en place.

- **Le contrat de construction sans fourniture de plan, appelé également CCMI allégé**, est imposé au constructeur lorsque ce dernier ne fournit pas, même indirectement, un plan mais réalise au moins les travaux de gros œuvre, de mise hors d'eau et hors d'air de la maison. Dans ce cas, le candidat acquéreur signe un contrat de construction sans fourniture de plan avec le constructeur et plusieurs autres contrats d'entreprise (contrat classique) pour les autres lots nécessaires à l'achèvement de la maison.

Rappelons que dans les deux cas, le constructeur ne peut pas vous vendre en même temps le terrain.

> **À savoir**
>
> Aujourd'hui, seules les entreprises qui réalisent séparément les différents corps d'état sans fourniture de plan échappent aux dispositions de la loi de décembre 1990.

© Groupe Eyrolles / PAP

Faut-il signer un contrat préliminaire ?

Non. Le constructeur doit vous faire signer un contrat définitif et ne peut en aucun cas vous demander le versement d'une somme d'argent avant la signature.

Avant de signer le contrat, demandez au constructeur de venir sur votre terrain pour étudier l'implantation de la maison car il ne pourra vous donner une estimation réelle qu'après une visite approfondie.

Pouvez-vous vous rétracter ?

Oui. Dans les sept jours qui suivent l'envoi du contrat par lettre recommandée avec accusé de réception, vous avez la possibilité de renoncer à l'engagement que vous avez pris en signant le contrat sous signature privée (article L. 271-1 du Code de la construction et de l'habitation). Vous devez faire parvenir votre décision par lettre recommandée avec accusé de réception.

Le contenu du contrat

Avant de vous engager, demandez au constructeur un exemplaire vierge de son contrat, étudiez-le chez vous, au besoin faites-le lire par un juriste ou un technicien.

Conseil

Le contrat peut être négocié. Si des clauses sont illégales ou abusives, n'hésitez pas à les modifier.

Les clauses obligatoires

Le contrat, rédigé par écrit, sous peine de sanctions pénales, doit comporter un certain nombre de mentions obligatoires destinées à protéger l'acquéreur par une meilleure information. Elles concernent :

- la désignation du terrain sur lequel va être édifiée la maison : situation, références cadastrales, surface, ainsi que le titre de propriété ;
- l'affirmation que le projet est conforme aux règles de construction ;

© Groupe Eyrolles / PAP

- la consistance et les caractéristiques techniques du bâtiment à construire comportant tous les travaux d'adaptation au sol, les raccordements aux réseaux divers (eau, électricité, gaz de ville…) ainsi que tous les travaux d'équipement intérieur ou extérieur indispensables à l'implantation et à l'utilisation de la maison ;
- le prix convenu, les modalités de sa révision et, le cas échéant, le coût des travaux dont l'acquéreur se réserve l'exécution ;
- les modalités de règlement en fonction de l'état d'avancement des travaux ;
- l'indication que l'acquéreur pourra se faire assister, lors de la réception, par un architecte ou par un professionnel habilité de son choix ;
- la date d'ouverture du chantier, le délai d'exécution des travaux et les pénalités en cas de retard dans la livraison ;
- la justification de la garantie de remboursement en cas de défaillance du constructeur.

Les clauses interdites

Dans le but de protéger au maximum le candidat acquéreur, le législateur a pris soin d'énumérer cinq clauses réputées non écrites. En d'autres termes, même si elles sont présentes dans le contrat de construction, elles sont illégales, inapplicables donc considérées comme non écrites. Il s'agit des clauses qui :

- obligent l'acquéreur à donner mandat au constructeur pour rechercher le ou les prêts nécessaires au financement de l'acquisition. Toutefois, un tel mandat est possible dès lors qu'il est exprès et comporte toutes les précisions utiles sur les conditions du prêt (montant, taux, durée…) ;
- subordonnent le remboursement du dépôt de garantie à l'obligation pour l'acquéreur de justifier du refus de plusieurs demandes de prêts ;
- subordonnent la remise des clefs au paiement intégral du prix. Une telle clause empêcherait en effet l'acquéreur de consigner le solde du prix en cas de réserves faites à la réception des travaux ;
- interdisent l'acquéreur de visiter le chantier avant chaque échéance de paiement et à la réception des travaux ;

© Groupe Eyrolles / PAP

188

– admettent comme valablement accordé un permis de construire assorti de prescriptions techniques ou architecturales qui modifient d'une manière substantielle le projet envisagé.

Les conditions suspensives

Ce sont des conditions qui, si elles ne se réalisent pas, annulent le contrat de construction. Selon l'article L. 231-4 du Code de la construction et de l'habitation, les cinq conditions suspensives suivantes doivent être obligatoirement présentes dans le contrat de construction. Il s'agit de :

– l'acquisition du terrain ;
– l'obtention du permis de construire ;
– l'obtention des prêts. La durée de validité de cette condition est d'un mois minimum (loi du 13 juillet 1979 dite loi Scrivener) ;
– l'obtention de l'assurance dommages-ouvrage. Cette assurance permet d'indemniser le maître d'ouvrage (l'acquéreur) en cas de désordre affectant la solidité de sa maison ou la rendant impropre à sa destination. Elle est valable pendant dix ans à compter de la réception ;
– l'obtention de la garantie de livraison par le constructeur.

Le contrat de construction doit préciser le délai maximal de réalisation de toutes ces conditions. Dans le délai prévu, constructeur et acquéreur doivent faire ce qui leur incombe pour que ces conditions puissent se réaliser.

À ce contrat doivent être annexés un plan de la construction, une notice d'information ainsi qu'une notice descriptive.

La notice descriptive

La notice doit être conforme à un modèle type agréé officiel et obligatoirement annexée au contrat de construction. Elle doit indiquer les caractéristiques techniques tant de l'immeuble lui-même que des travaux d'équipement intérieurs ou extérieurs qui sont indispensables à l'implantation et à l'utilisation de l'immeuble. Elle doit être signée tant par le constructeur que par le maître d'ouvrage (l'acquéreur). Si

© Groupe Eyrolles / PAP

la notice n'est pas conforme à la loi, le contrat peut être annulé et des sanctions pénales peuvent être appliquées.

● Que doit mentionner la notice ?

Elle doit mentionner les raccordements à l'égout et aux différents réseaux (eau, gaz, électricité...). Elle doit aussi détailler tous les éléments techniques de la maison et leur prix : matériaux de construction, isolation, menuiseries, vitrages, sanitaires, etc. En outre, elle mentionne toujours le coût de la maison, lequel doit bien évidemment être le même que celui qui figure au contrat.

Les indications mentionnées dans la notice doivent être précises. La cour d'appel de Versailles a ainsi annulé un contrat dont la notice se contentait de faire état d'un coût au mètre carré et au mètre cube sans aucune indication de quantité. Cela ne permettait pas de chiffrer précisément le coût des travaux et des équipements non compris dans le prix.

En outre, elle doit aussi comporter une mention signée de la main de l'acquéreur, par laquelle ce dernier précise et accepte le coût des travaux qui restent à sa charge et qui ne sont pas inclus dans le prix convenu. C'est pourquoi la notice doit faire une distinction parfaitement lisible, matérialisée par deux colonnes, entre ce qui est inclus ou non dans le prix. De fait, une notice imprécise peut entraîner de sérieuses conséquences. Il faut en effet savoir que si vous vous réservez des travaux, vous pouvez, dans un délai de quatre mois suivant la signature du contrat, demander au constructeur de les réaliser, au prix précisé dans la notice. Or, si cette dernière est imprécise, il aura du mal à respecter ses obligations.

● Que faire si certains points de la notice sont confus ou insuffisamment détaillés ?

Notez en premier lieu que les constructeurs qui travaillent sous le régime du contrat de construction doivent respecter la loi. Leurs notices sont donc aussi complètes que précises.

> **Conseil**
>
> Si tel n'est pas le cas, faites rectifier ce document. Et si les problèmes subsistent... changez de constructeur !

© Groupe Eyrolles / PAP

Reste que même si ces notices respectent à la lettre le formalisme imposé par la loi, elles ne sont pas toujours faciles à comprendre. Certains constructeurs se sont penchés sur la question. Ils proposent des documents illustrés de croquis et de photos. Ainsi, la porte moulurée ou les petites tuiles plates sont clairement identifiées.

Le diagnostic de performance énergétique

Pour les demandes de permis de construire déposées depuis le 1er juillet 2007, un diagnostic de performance énergétique (voir le paragraphe « Les diagnostics ») doit être obligatoirement délivré à l'acquéreur, au plus tard à la réception de l'immeuble. Ce document, réalisé par un professionnel, comporte la quantité d'énergie « effectivement consommée ou estimée pour une utilisation standardisée du bâtiment ». L'acheteur peut ainsi identifier ses consommations prévisionnelles. La lecture du DPE est facilitée par une estimation chiffrée en euros et par l'utilisation d'un étiquetage (de « A » à « G » et du vert au rouge).

À savoir

Dans le neuf, vous êtes certain de bénéficier des dernières technologies en matière d'isolation thermique et phonique : c'est l'assurance d'un cadre de vie agréable et de factures énergétiques allégées !

Les modalités de paiement

Le prix indiqué dans le contrat doit très exactement correspondre au coût total de la construction. Il est ferme et définitif. Il doit s'agir d'un prix global qui comprend à la fois la construction proprement dite et le coût des travaux que l'acquéreur se réserve d'exécuter. Ces travaux doivent être décrits et chiffrés de façon distincte et faire l'objet de la part de l'acquéreur d'une clause manuscrite spécifique par laquelle il en accepte le coût et la charge. Toutefois, dans les quatre mois qui suivent la conclusion du contrat, la loi lui donne la possibilité d'imposer au constructeur d'exécuter, au prix indiqué, les travaux qu'il pensait réaliser.

© Groupe Eyrolles / PAP

Un dépôt de garantie

Le constructeur ne peut réclamer à l'acquéreur aucun versement, aucune somme d'argent avant la signature du CCMI. Toutefois, il peut exiger, si une clause du contrat le prévoit, qu'un dépôt de garantie d'un montant de 3 % maximum du prix de la construction soit versé sur un compte spécial auprès d'un organisme habilité. Les fonds ainsi déposés sont indisponibles, incessibles et insaisissables jusqu'à la réalisation de toutes les conditions suspensives. À défaut de réalisation de ces dernières dans le délai prévu au contrat ou si l'acquéreur se rétracte dans le délai de sept jours, le dépôt de garantie lui est alors remboursé sans retenue ni pénalité.

Toutefois, si lors de la signature du CCMI le constructeur est en mesure de justifier d'une garantie de remboursement, le contrat peut prévoir, à la place du dépôt de garantie, le versement d'une somme de 5 % du coût de la construction. Dans cette hypothèse, un autre dépôt d'une somme équivalente sera également réclamé lors de l'obtention du permis de construire.

Un paiement échelonné

Les fonds versés par l'acquéreur se font en fonction de l'avancement des travaux. Par ailleurs, cet échelonnement diffère selon que le constructeur est titulaire ou non d'une garantie de remboursement.

- Échelonnement en cas de garantie de remboursement :
    - 5 % à la signature du contrat ;
    - 10 % à la délivrance du permis de construire ;
    - 15 % à l'ouverture du chantier ;
    - 25 % à l'achèvement des fondations ;
    - 40 % à l'achèvement des murs ;
    - 60 % à la mise hors d'eau ;
    - 75 % à l'achèvement des cloisons et à la mise hors d'air ;
    - 95 % à l'achèvement des travaux d'équipement, de plomberie et de chauffage.
- Échelonnement en l'absence de garantie de remboursement :
    - 15 % à l'ouverture du chantier ;
    - 25 % à l'achèvement des fondations ;
    - 40 % à l'achèvement des murs ;

© Groupe Eyrolles / PAP

- 60 % à la mise hors d'eau ;
- 75 % à l'achèvement des cloisons et à la mise hors d'air ;
- 95 % à l'achèvement des travaux d'équipement, de plomberie et de chauffage.

Dans les deux hypothèses, l'acquéreur paie le solde, à savoir 5 %, lors de la réception des travaux. Toutefois, en cas de réserves (constatation de désordres, de vices ou de défauts de conformité apparents), le solde est versé dès lors que les travaux nécessaires à la remise en état sont effectués, c'est-à-dire à la levée des réserves. Simplement, si l'acquéreur ne se fait pas assister par un professionnel, comme un architecte par exemple, le solde est payable, en l'absence de réserve, à l'issue d'un délai de huit jours suivant la remise des clefs.

◉ Des pénalités en cas de retard

En cas de retard dans la livraison de la maison, des pénalités sont mises à la charge du constructeur. Leur montant ne peut être inférieur à 1/3 000 du prix convenu par jour de retard. Mais rien n'interdit de fixer contractuellement des pénalités plus élevées. Dans un souci de réciprocité, le contrat peut également prévoir le versement d'intérêts en cas de retard de l'acquéreur dans le paiement avec un maximum de 1 % par mois calculé sur les sommes non réglées.

◉ La révision du prix

Le contrat de construction peut prévoir une révision du prix. Elle ne peut se faire qu'en fonction de l'index national du bâtiment tous corps d'état, plus couramment dénommé index BT 01 et selon l'une des modalités suivantes choisies par les parties :
- soit le prix est révisé d'après la variation de l'indice entre la date de la signature du contrat et un mois après la date d'obtention du permis de construire ou, si elle est plus tardive, de la condition suspensive d'obtention des prêts ;
- soit le prix est révisé à chaque paiement dans la limite de 70 % de la variation de l'indice BT 01 entre la date de signature du contrat et la date de livraison prévue au contrat.

L'indice servant de base pour le calcul de la révision est le dernier indice publié le jour de la signature du contrat. La révision s'effectuera

© Groupe Eyrolles / PAP

donc en comparant l'indice du contrat avec celui publié avant la date de révision.

Les modalités de cette révision doivent, avant la signature du contrat, être portées à la connaissance de l'acquéreur avant d'être reproduites dans le CCMI et paraphées par ledit acquéreur. En l'absence de telles mentions, la révision est impossible.

Les garanties financières

La loi prévoit deux types de garanties.

La garantie de remboursement

Elle est obligatoire dès lors que le constructeur réclame le versement de fonds avant l'ouverture du chantier. Une attestation de cette garantie est alors annexée au contrat de construction. Dans une telle hypothèse, il ne peut être réclamé un quelconque dépôt de garantie à l'acquéreur.

La garantie de remboursement est constituée par une caution solidaire donnée par un établissement de crédit ou d'assurance agréé. Elle permet de rembourser les sommes versées par l'acquéreur lorsque le contrat ne prend pas effet, suite :

- à la non-réalisation des conditions suspensives ;
- à la rétractation de l'acquéreur dans le délai de sept jours suivant la réception du contrat ;
- à la non-ouverture du chantier à la date convenue.

Enfin, la garantie de remboursement prend fin à la date d'ouverture du chantier.

La garantie de livraison

C'est un élément essentiel dans la protection de l'acquéreur. Ce dernier est aujourd'hui certain que sa maison sera achevée dans le délai et au prix convenu. Cette garantie est obligatoire. À défaut, le construc-

© Groupe Eyrolles / PAP

teur qui entreprend l'exécution de travaux sans avoir obtenu la garantie de livraison est passible de sanctions pénales. Elle est généralement donnée par un établissement financier ou par une compagnie d'assurances et doit être annexée au contrat de construction.

En cas de retard dans la livraison de la maison ou lorsque les travaux nécessaires à la levée des réserves ne sont pas réalisés, le garant met en demeure par lettre recommandée avec accusé de réception le constructeur, soit de livrer le logement le plus rapidement possible, soit d'exécuter les travaux. Si cette mise en demeure reste infructueuse plus de quinze jours après son envoi, le garant doit désigner sous sa responsabilité, l'entreprise chargée de la fin des travaux. Toutefois, si la maison est hors d'eau (toiture posée), le garant peut proposer à l'acquéreur de choisir lui-même les entreprises chargées de l'achèvement des travaux. S'il accepte, le garant versera alors aux entreprises concernées les sommes nécessaires à leur réalisation. Cependant, l'acquéreur peut refuser.

En outre, si le constructeur est mis en redressement judiciaire (faillite), là encore la garantie de livraison va pouvoir jouer pleinement son rôle. Le garant doit simplement mettre en demeure par lettre recommandée avec accusé de réception l'administrateur pour qu'il se prononce sur la poursuite du contrat. À défaut de réponse dans un délai d'un mois, ou s'il décide la continuation du contrat mais que rien n'est fait pendant quinze jours, le garant désignera une entreprise de son choix pour terminer les travaux.

La garantie de livraison court à partir de la date d'ouverture du chantier et cesse aux dates suivantes :
- à la réception sans réserve lorsque l'acquéreur s'est fait assister par un professionnel habilité (architecte) ;
- à l'expiration du délai de huit jours suivant la réception lorsque l'acquéreur ne s'est pas fait assister par un professionnel ;
- à la levée des réserves dénoncées à la réception ou dans le délai de huit jours qui suit cette dernière.

© Groupe Eyrolles / PAP

La réception

La réception est un acte essentiel par lequel vous déclarez accepter l'ouvrage avec ou sans réserves (article 1792-6 du Code civil). Elle fait l'objet d'un procès-verbal et constitue le point de départ des délais de garantie.

Qui doit réceptionner ?

En tant que maître d'ouvrage, vous êtes seul habilité à réceptionner la construction et donc à signer le procès-verbal de réception. C'est donc à vous de dire si l'ouvrage correspond à ce qui a été prévu au départ, tant en ce qui concerne les conformités contractuelles que la qualité des travaux. Votre signature est essentielle : elle manifeste votre volonté d'accepter la construction. En outre, recevoir les travaux est une obligation à laquelle vous ne pouvez échapper. En conséquence, si vous ne signez pas le procès-verbal, la réception n'est pas valable et vous vous exposez à verser des dommages et intérêts au constructeur si votre refus est considéré comme abusif et injustifié.

Toujours en vertu de l'article 1792-6 du Code civil, la réception doit être contradictoire, ce qui signifie que le constructeur doit être présent ou, tout au moins, avoir été dûment convoqué. À défaut, la réception peut être déclarée nulle et non avenue. Si le constructeur refuse d'assister à la réception, envoyez-lui une mise en demeure par lettre recommandée avec accusé de réception. S'il persiste, vous procéderez à une réception judiciaire.

Le recours à un professionnel

Réceptionner ne veut pas dire accepter la maison en l'état, mais l'accepter, sous réserve qu'il soit remédié à tous les désordres que vous aurez indiqués dans le procès-verbal de réception. Vous devez donc procéder à une visite minutieuse de la construction et noter tous les vices ou défauts de conformité apparents. Si vous craignez de ne pas être en mesure de tout voir, rassurez-vous : vous pouvez vous faire assister par un professionnel. Votre contrat de construction doit d'ailleurs obligatoirement mentionner cette possibilité. À qui vous

© Groupe Eyrolles / PAP

adresser ? Principalement à un architecte ou à un contrôleur technique, mais également à tout professionnel de la construction qualifié.

Il s'agit d'une simple assistance. Le professionnel que vous choisissez a un devoir de conseil : il vous donne son avis mais il n'agit pas et ne prend pas les décisions à votre place. En particulier, c'est vous, et non lui, qui devez signer le procès-verbal. Mais vous pouvez préférer vous faire représenter par ce professionnel en lui donnant mandat. Dans ce cas, il agit à vos lieu et place et signe le procès-verbal de réception.

Vous avez huit jours à compter de la réception pour émettre des réserves si vous découvrez des désordres ou défauts que vous n'aviez pas remarqués. Le recours à un professionnel vous prive de ce délai supplémentaire. Toutes les réserves doivent donc être notées le jour de la réception.

Un écrit obligatoire

En matière de construction de maison individuelle, la réception doit être établie par écrit. Une réception tacite ne peut donc être admise. En particulier, le fait d'avoir d'ores et déjà emménagé dans la maison ne vaut pas réception sans réserves.

Concrètement, la réception donne lieu à l'établissement d'un acte en trois parties : le procès-verbal de réception, le cas échéant un état des réserves et un constat de levée de ces mêmes réserves. Il est établi en deux ou trois exemplaires, selon que vous vous faites assister ou non par un professionnel. Un exemplaire de ce procès-verbal vous est donc remis.

À savoir

Les organismes professionnels ont établi des modèles de réception répondant aux exigences de la loi.

Exiger la réception : à quel moment ?

La réception intervient à l'initiative de la partie la plus diligente. En tant que maître de l'ouvrage, vous êtes en droit de la provoquer et de convoquer le constructeur par lettre recommandée avec accusé de

© Groupe Eyrolles / PAP

réception. Le plus souvent, les travaux étant achevés, vous convenez avec le constructeur d'un rendez-vous pour procéder à cette formalité.

La réception consiste à accepter la construction ; il faut donc en principe que l'ouvrage soit achevé, c'est-à-dire qu'il soit considéré comme habitable même s'il existe ici et là quelques imperfections.

Toutefois, certaines exceptions restent admises :

- La réception peut avoir lieu si quelques travaux minimes subsistent, en d'autres termes, si l'état des travaux permet une utilisation effective des locaux (les travaux subsistants feront alors l'objet de réserves). Si la maison est habitable, vous ne pouvez refuser la réception.
- En cas d'abandon de chantier par le constructeur (hypothèse au demeurant fort rare), la jurisprudence a admis la validité de la réception alors même que les travaux n'étaient pas terminés. Toutefois, en matière de construction de maison individuelle, ce problème ne devrait plus se poser pour le maître d'ouvrage. Pourquoi ? Parce que la loi du 19 décembre 1990 a rendu obligatoire dans les contrats de construction de maison individuelle la garantie de livraison donnée par un organisme habilité (banque ou assurance). Cette garantie permet au maître d'ouvrage, en cas d'abandon de chantier, de faire appel au garant pour voir achever la maison.

Réception amiable ou judiciaire

À défaut de réception amiable, celle-ci peut s'effectuer par voie judiciaire. Il s'agit d'une réception forcée prononcée en justice pour suppléer la mauvaise volonté ou la négligence des parties. En clair, cette demande en justice peut être formée :

- soit par vous ;
- soit par le constructeur en cas de refus injustifié de votre part de prononcer une réception classique.

En pratique, cette saisine s'effectue devant le tribunal de grande instance, après mise en demeure restée infructueuse.

Pourquoi refuse-t-on de réceptionner ? Le plus souvent, votre refus est dû à des désordres ou des malfaçons que vous considérez comme

© Groupe Eyrolles / PAP

inacceptables et vous estimez que l'ouvrage n'est pas achevé, autrement dit, que votre maison est inhabitable. Dans ce cas, le juge nomme un expert afin d'apprécier si, compte tenu de ces désordres et malfaçons, l'ouvrage est achevé ou non. Si la maison est effectivement terminée, le juge prononce la réception mais l'assortit de réserves. Si, en revanche, les désordres sont tels que l'ouvrage n'est pas en état d'être reçu, la réception ne peut être prononcée et le constructeur doit achever les travaux.

Avec ou sans réserves ?

Réceptionner ne signifie pas accepter la maison en l'état. Vous avez en effet la possibilité d'émettre des réserves qui sont alors précisées dans le deuxième volet de l'acte de réception, intitulé précisément « État des réserves ». Vous devez mentionner tous les vices ou défauts de conformité avec le contrat, qui sont apparents au jour de la réception. Il vous faut vérifier notamment le respect du plan, des cotes et du devis descriptif, le bon fonctionnement des ouvertures et équipements, la qualité des matériaux utilisés qui doit être conforme à ce qui était prévu. Cette liste n'est bien sûr pas exhaustive.

Le caractère apparent de ces désordres est apprécié par rapport à votre qualité de maître d'ouvrage profane, et ce même si vous vous faites assister ou si vous mandatez un professionnel.

Exemple

A été considéré comme apparent le défaut d'une rampe d'accès de garage dont l'étroitesse ne permettait pas l'entrée des voitures (Cour de cassation, 20 octobre 1993).

Inversement, sont considérés comme cachés les défauts indécelables par un examen normal de la construction et les désordres situés dans des endroits inaccessibles ou qui ne se révèlent qu'à l'usage.

Si vous avez omis de mentionner certains désordres lors de la réception, vous avez la possibilité de les signaler dans les huit jours qui suivent la remise des clefs consécutive à la réception, et ce en adressant un courrier recommandé avec accusé de réception au constructeur.

© Groupe Eyrolles / PAP

Attention, comme nous l'avons déjà précisé, cette possibilité ne vous est pas offerte si vous vous êtes fait assister par un professionnel.

Enfin, si aucun désordre apparent n'est à signaler, la réception se fait sans réserve. En tout état de cause, la réception est unique et définitive. En d'autres termes, que des réserves aient été émises ou non, elle s'effectue en une seule fois. Si des réserves ont été formulées, il convient de convenir avec le constructeur d'un calendrier pour l'exécution des travaux qui donnera lieu à la levée des réserves (voir ci-dessous) et non à une deuxième réception.

> **À savoir**
>
> Les désordres ou vices apparents signalés par le maître d'ouvrage à titre de réserves dans le procès-verbal de réception sont couverts par la garantie de parfait achèvement pendant un an.

Une fois la formalité de la réception effectuée, vous pouvez prendre possession des lieux puisque c'est à ce moment que vous sont remises les clefs de votre maison.

La fin du contrat de construction

La réception met fin au contrat de construction qui vous lie au constructeur. Plusieurs conséquences en découlent.

Enfin propriétaire !

C'est lors de la remise des clefs, consécutive à la réception, que vous entrez véritablement chez vous : vous êtes désormais propriétaire. Juridiquement, cela signifie entre autres que la garde juridique de la maison vous est transférée. Aussi, vous devenez responsable des pertes ou dégradations qui surviendraient après la réception (incendie, tempête, vol, dégât des eaux). Vous devez donc avoir souscrit une assurance multirisque-habitation pour vous couvrir contre ces risques à compter de la date de la réception.

© Groupe Eyrolles / PAP

Règlement des comptes

Dans un contrat de construction de maison individuelle, le paiement s'effectue au fur et à mesure des travaux selon un échéancier déterminé par la loi : 15 % à l'ouverture du chantier, 25 % à l'achèvement des fondations, 60 % à la mise hors d'eau, 75 % à l'achèvement des cloisons et à la mise hors d'air, et 95 % à l'achèvement des travaux. Le solde, soit 5 %, est payable à la réception. Mais à quel moment précisément ce dernier versement doit-il être effectué ? Cela dépend de la présence ou non d'un professionnel et de l'existence ou non de réserves. Envisageons les différentes hypothèses.

Réception sans réserves

Si vous vous faites assister par un professionnel, l'absence de réserves est définitive puisque vous ne bénéficiez pas dans ce cas du délai de huit jours pour dénoncer d'autres réserves. Le solde du prix est donc payable à la réception, c'est-à-dire à la date du procès-verbal. Si en revanche, vous ne faites pas appel à un professionnel, vous avez cette fois huit jours pour émettre des réserves. Si aucune réserve n'est formulée à l'issue de ce délai, vous devez alors verser le solde du prix.

Réception avec réserves

Vous avez émis des réserves soit à la réception, soit dans les huit jours qui ont suivi. Le solde du prix sera payable à la levée des réserves, c'est-à-dire lorsque les travaux nécessaires pour remédier aux désordres signalés auront été effectués et constatés. En attendant, la somme est consignée entre les mains d'un consignataire accepté par les parties ou, à défaut, désigné par le tribunal.

> **À savoir**
>
> Pour éviter tout différend sur le choix du consignataire, il est préférable de le désigner par avance dans le contrat de construction. Il s'agira généralement d'un notaire ou d'un établissement de crédit.

© Groupe Eyrolles / PAP

La levée des réserves

C'est la suite logique et nécessaire d'une réception avec réserves. Outre la mention des vices et défauts apparents, le maître d'ouvrage doit lors de la réception fixer d'un commun accord avec l'entrepreneur les délais nécessaires pour l'exécution des travaux rectificatifs.

À défaut d'accord sur ce calendrier ou d'inexécution des travaux par le constructeur, vous devrez lui adresser une mise en demeure par lettre recommandée avec accusé de réception. Si celle-ci reste infructueuse, vous pourrez faire exécuter ces travaux aux frais et risques du constructeur.

Précisons cependant qu'en matière de construction de maison individuelle, la garantie de livraison ne cesse qu'à la levée d'option. En cas de problème, vous avez donc la possibilité de vous adresser au garant (banque ou assurance) qui, après mise en demeure infructueuse de l'entrepreneur, désignera l'entreprise chargée des travaux rectificatifs.

Une fois les travaux effectués, vous devrez les constater avec le constructeur. Il ne s'agit pas là d'une deuxième réception, mais d'un simple constat de la levée des réserves. Cette dernière formalité ne doit pas être négligée puisque, nous l'avons vu, c'est la date de levée des réserves qui conditionne le paiement du solde du prix et la fin de la garantie de livraison.

Si la levée des réserves ne peut se faire à l'amiable, celle-ci devra être constatée judiciairement par le tribunal de grande instance.

Le sort des désordres non signalés à la réception

La réception libère le constructeur de toute responsabilité pour les vices et défauts de conformité apparents qui n'ont pas été signalés à la réception ou dans les huit jours qui suivent cet acte. Ainsi, si vous découvrez au bout de quinze jours que la couleur de votre baignoire ne correspond pas à celle figurant au contrat, il est trop tard. Cette exonération n'est toutefois pas illimitée :

- elle ne joue pas si le procès-verbal de réception est irrégulier (vous ne l'avez pas signé par exemple). Ce sera cependant rarement le cas ;

© Groupe Eyrolles / PAP

– une réception sans réserve ne vous empêche pas d'obtenir une indemnisation pour des préjudices autres que les malfaçons ou les défauts de conformité. Il en est ainsi par exemple des indemnités de retard dans la livraison ;
– si des désordres bénins non signalés se sont aggravés par la suite, vous pourrez faire jouer d'autres garanties (biennale ou décennale).

© Groupe Eyrolles / PAP

Faire appel à un architecte

Si vous avez une idée très précise de votre future maison ou si vous souhaitez vraiment personnaliser celle-ci, vous pouvez préférer avoir recours à un architecte plutôt qu'à un constructeur. L'intervention d'un architecte peut en effet être particulièrement utile pour personnaliser votre projet de construction, si vous avez des idées précises à réaliser ou si l'implantation de votre maison sur le terrain demande une étude spécifique. L'architecte doit tenir compte du projet que vous lui exposez et s'attacher à réaliser une insertion harmonieuse de la maison dans son environnement.

Le recours à un architecte vous permet aussi de faire des économies ; en tant que professionnel, il organise une concurrence entre entrepreneurs et contrôle la qualité technique des matériaux.

Mais réfléchissez bien, vous n'aurez pas les mêmes garanties qu'avec un CCMI. En effet, le contrat que vous signez avec l'architecte n'est pas particulièrement réglementé. Soyez vigilant sur la façon dont il est rédigé. Vous pouvez vous référer à un modèle type établi par l'Ordre des architectes.

Le contenu du contrat est variable selon la mission confiée à l'architecte. Ce peut être soit une simple élaboration de plan, soit la prise en charge complète de l'ensemble de la construction, de sa conception à l'achèvement. Dans le premier cas, vous signez un contrat d'entreprise avec le ou les entrepreneurs qui se chargeront

© Groupe Eyrolles / PAP

de la construction. Dans le second cas, vous donnez pouvoir (mandat) à l'architecte de choisir les entreprises et de faire exécuter le contrat.

Toutes les solutions intermédiaires sont également possibles.

Recours obligatoire à un architecte

Pour la construction d'une maison (ou même pour son agrandissement ou sa transformation), il est obligatoire de s'adresser à un architecte, dès lors que le projet est soumis au permis de construire (article L. 111-2 du Code de la construction et de l'habitation).

Toutefois, si vous réalisez une construction dont la surface hors œuvre nette est inférieure à 170 m^2, la participation de l'architecte est facultative.

Cas particuliers :

- vous faites des travaux qui modifient l'aspect extérieur d'une maison déjà construite : le recours à l'architecte est obligatoire si la maison dépasse 170 m^2 ;
- vous faites un agrandissement, alors que la surface agrandie et la surface existante sont inférieures à 170 m^2 : le recours à l'architecte est facultatif. Si l'agrandissement dépasse 170 m^2 ou si la surface existante dépasse 170 m^2, l'architecte est obligatoire.

Les rapports contractuels qui lient le client (maître d'ouvrage) et l'architecte doivent être fixés par écrit.

Contrat d'architecte

La première utilité du contrat est de définir le rôle qui est attribué à l'architecte. Ce rôle est bien entendu fixé en accord avec le client. Il peut porter sur les points suivants :

- conception du projet de construction ;
- établissement des plans et du devis ;
- assistance pour les démarches administratives ;

© Groupe Eyrolles / PAP

206

- préparation des projets de contrats avec les différents corps de métier (plombier, couvreur…) ;
- coordination des travaux ;
- assistance du maître d'ouvrage pour le choix des entreprises, exécution des contrats d'entreprise ;
- vérification des travaux exécutés ;
- réception des ouvrages.

Ces points demandent à être précisés.

Le projet et les plans

Le projet doit être présenté de manière précise et comprendre :
- un plan d'intégration de la maison dans le site, échelle 2 mm/m ;
- un plan de masse de la construction, échelle 5 mm/m ;
- une élévation des façades et, si la construction le nécessite, différents plans de coupe ;
- un plan pour chaque étage, échelle 1 cm/m ;
- des précisions sur les matériaux utilisés et les couleurs choisies.

Assistance administrative

Dans ce cas, l'architecte réunit les pièces nécessaires au dépôt du permis de construire et s'occupe des demandes d'autorisation éventuellement nécessaires : autorisation de défrichement, permis de démolir… L'architecte effectue les démarches auprès de la mairie, de la Direction départementale des Territoires, d'EDF…

Intervention auprès des entrepreneurs

L'architecte peut traiter avec un entrepreneur unique qui est responsable de l'ensemble du chantier (même s'il sous-traite certains travaux) ou bien l'architecte peut proposer l'intervention d'une série d'entreprises : chacune est alors responsable du travail qu'elle effectue. L'architecte doit vous guider dans le choix des entreprises, dans la consultation des devis, puis dans l'exécution de ces contrats ; il doit s'assurer que les entrepreneurs effectuent correctement leur travail, respectent les délais,

© Groupe Eyrolles / PAP

etc. Il doit notamment prévoir un programme de réalisation des travaux afin que chaque entreprise intervienne à bonne date.

Mais n'oubliez pas que vous restez maître d'ouvrage, c'est donc à vous qu'il revient de signer le contrat d'entreprise. Vous réglez directement chaque entreprise, après vérification de l'avancement des travaux par l'architecte. Et, si une modification importante doit être faite, l'architecte doit vous demander votre approbation avant de donner des instructions aux entreprises.

Vérification et réception des travaux

C'est une étape essentielle car elle fait partir les délais de garantie. L'aide de l'architecte est ici précieuse pour vous aider à déceler les éventuelles malfaçons et à les consigner sur un document spécial : le procès-verbal de réception. Les malfaçons font l'objet de réserves et permettent de ne pas régler intégralement l'entreprise dont le travail est défectueux (dans la limite de 5 % du prix).

L'architecte doit veiller à ce que ses plans soient correctement exécutés. Le contrat avec l'architecte doit également contenir une mention importante : la rémunération de celui-ci. Différentes méthodes de calcul sont possibles. C'est pourquoi nous avons préféré les traiter séparément.

La rémunération de l'architecte

Les honoraires de l'architecte sont libres : il n'y a pas de réglementation en cette matière. Les honoraires sont donc en principe négociables. Dans tous les cas, leur calcul dépend de deux critères :

- l'importance de la mission : plus le travail de l'architecte est étendu, plus sa rémunération est élevée. Tout dépend de ce que vous avez convenu avec l'architecte : simple étude de plan ou réalisation complète de la construction ;
- la complexité du travail : des éléments variés peuvent entrer en ligne de compte : terrain accidenté, réglementation compliquée (site classé), nouveautés techniques, travaux difficiles, réalisation prévue dans un délai très bref, etc.

© Groupe Eyrolles / PAP

Le total des honoraires est majoré de la TVA au taux normal.

Ces règles fixées, les honoraires peuvent être établis en fonction de plusieurs systèmes :
- honoraires au pourcentage du coût des travaux : cette solution est adaptée lorsque le projet de construction n'est pas bien défini, mais que la mission de l'architecte est clairement fixée ;
- honoraires au déboursé ou à la vacation : la rémunération comprend le temps de travail de l'architecte, ses charges sociales, ses frais généraux, son bénéfice et les frais particuliers : déplacement, maquette, assurance spéciale, etc.

Conseil

Ce système ne vous permet pas à l'avance d'avoir un chiffre précis, évitez-le.

- honoraires au forfait : les parties fixent à l'avance le montant de la rémunération de l'architecte. Ce système n'est possible que si la mission et le projet de construction sont bien connus à l'avance.

Quelques précisions

- En cas de refus du permis de construire pour violation des règles d'urbanisme, l'architecte n'a droit à aucune rémunération.
- Si une mission complémentaire lui est confiée, cela justifie une majoration des honoraires.
- Dans l'hypothèse d'une interruption de la mission, on ne retient en principe, pour calculer l'honoraire, que les travaux effectivement réalisés.

Quand faut-il payer l'architecte ?

Il est de plus en plus admis que l'architecte a droit à une rémunération au fur et à mesure de l'avancement de sa mission. Le maître d'ouvrage s'engage donc à verser les sommes dues à l'architecte pour l'exercice de sa mission, en application du présent contrat, et ce, le plus souvent

© Groupe Eyrolles / PAP

dans un délai maximum de vingt et un jours à compter de la date de réception de la facture. En contrepartie, l'architecte tient un compte détaillé des sommes reçues et doit en justifier l'emploi.

☞ Pour plus d'informations sur les relations contractuelles avec l'architecte et notamment sa rémunération, vous pouvez consulter le site de l'Ordre des architectes : www.architectes.org.

Si l'architecte n'est pas payé, il a le droit de conserver les pièces du dossier en sa possession (droit de rétention). Inversement, s'il n'exécute pas ou mal son travail, vous êtes en droit de mettre en cause sa responsabilité.

La responsabilité de l'architecte

Un contrat étant prévu entre le maître d'ouvrage et l'architecte, celui qui n'exécute pas ses obligations engage sa responsabilité contractuelle.

L'architecte est tenu à une obligation dite « de moyens », c'est-à-dire que, s'il doit tout mettre en œuvre pour que le chantier soit bien exécuté, il faut prouver une faute pour engager sa responsabilité. Il peut s'agir d'un retard, d'une insuffisance dans la surveillance des entreprises, d'un défaut de conception, etc.

L'architecte a une obligation de renseignements. Il doit donc vous prévenir du prix des contrats d'entreprise.

Il a un devoir de conseil qui s'étend, par exemple, à la demande d'un permis de construire modificatif si cela est nécessaire. Le devoir de surveillance impose de ne pas demander le paiement des entrepreneurs avant la réalisation effective des travaux.

Mais l'architecte doit obligatoirement contracter une assurance professionnelle pour couvrir les actes pouvant engager sa responsabilité, ainsi que pour les malfaçons dont pourrait souffrir la construction.

© Groupe Eyrolles / PAP

Le recours à l'entrepreneur

Recourir à un entrepreneur pour faire construire sa maison est assez peu fréquent. Toutefois, cela peut se produire lorsque l'on a seulement demandé à un architecte d'élaborer ses plans sans suivre le chantier ou bien lorsque l'on édifie une construction de faible importance et que l'on a la chance de pouvoir suivre une entreprise dont on connaît la bonne réputation.

Le contrat d'entreprise est soumis aux dispositions relatives au contrat de construction d'une maison individuelle sans fourniture de plan si l'entrepreneur assure soit le gros œuvre et la mise hors d'eau et hors d'air, soit la construction de la maison sans plan.

Si sa mission est plus réduite, le contrat que vous signez est régi exclusivement par les dispositions du Code civil (articles 1779-3 et 1787). À la différence du contrat de construction de maison individuelle, le contrat d'entreprise est très peu réglementé. Il est donc tout à fait essentiel de demander un exemplaire vierge du contrat avant de le signer et d'étudier celui-ci à tête reposée en demandant éventuellement l'aide d'un juriste.

Une seule dérogation à ce principe est prévue par la loi : la protection de la loi Scrivener s'applique aux contrats d'entreprise si le montant des travaux dépassent 21 500 euros. Ainsi, le contrat avec l'entrepreneur est obligatoirement conclu sous condition suspensive de l'obten-

© Groupe Eyrolles / PAP

tion du ou des prêts nécessaires au financement de la construction. Si le prêt ne vous est pas accordé, le contrat avec l'entrepreneur ne peut pas produire d'effet. Qui plus est, si vous avez versé une somme à l'entreprise lors de la signature du contrat et qu'ensuite le prêt vous est refusé, vous devez récupérer la totalité des sommes versées.

Conseil

Vérifiez que cette condition suspensive est bien insérée dans votre contrat.

Avec qui le contrat est-il signé ?

Vous pouvez traiter avec un seul entrepreneur si celui-ci se charge de réaliser l'ensemble du projet, quitte à ce que celui-ci fasse son affaire de sous-traiter certains travaux. Dans ce cas, l'entrepreneur est seul responsable à votre égard de l'ensemble du chantier.

Mais vous pouvez aussi traiter avec plusieurs entreprises. Chaque corps de métier intervient séparément. Un contrat d'entreprise est alors signé avec chacun d'eux, et chaque entrepreneur est responsable du travail qu'il accomplit personnellement. Ce système vous oblige à assurer vous-même la coordination entre les différents entrepreneurs, tâche très délicate.

Conseil

Attention au planning ! Utilisez de préférence la première méthode.

Dans les deux hypothèses, vous devez leur soumettre le plan que vous avez fait établir par un architecte ou que vous avez établi vous-même dans le cas d'une construction de moins de 170 m². Enfin, avant la signature du contrat, il est indispensable de faire la visite du terrain sur lequel doit être édifiée la construction.

À savoir

La signature du contrat vous engage à titre définitif et vous ne pouvez pas vous rétracter dans les sept jours, sauf si le contrat le prévoit expressément, ce qui est fort rare.

© Groupe Eyrolles / PAP

Que doit contenir le contrat ?

Afin de ne pas avoir de surprises en cours d'exécution du contrat, il faut s'attacher à ce que le contrat d'entreprise contienne des clauses précises sur les éléments suivants :

Le devis et les plans

Ils doivent être suffisamment détaillés et indiquer les matériaux utilisés, la liste des travaux réalisés par chaque corps de métier, le prix du matériel et de la main-d'œuvre. Le devis et les plans doivent être signés par les deux parties : maître d'ouvrage et entrepreneur. Il faut prévoir qu'ils ne peuvent être modifiés que par commun accord entre maître d'ouvrage et entrepreneur. La qualité d'un matériel ou d'un équipement doit donc être bien définie. Évitez les clauses imprécises : « telle qualité ou similaire » ou « tel revêtement ou un autre de qualité équivalente ». Certes, si le fabricant de carrelage fait faillite, il faudra choisir un autre modèle mais pas sans votre accord !

Le prix

Les prix sont totalement libres. Il existe deux types de marchés, à forfait ou sur devis, et le prix défini peut être révisable ou non.

- **Le marché à forfait :** le prix est global et déterminé à la signature du contrat. Il ne peut plus être modifié ultérieurement même si le prix des matériaux ou de la main-d'œuvre a augmenté.
- **Le marché sur devis :** le prix indiqué n'est qu'estimatif et est donc susceptible de variations importantes en fonction de la quantité et du prix des matériaux utilisés. Dans ce cas, vous ne connaîtrez le prix total qu'à l'achèvement de la construction.
- **La révision du prix :** elle n'est pas systématique. Un contrat d'entreprise peut être conclu à prix non révisable. Dans ce cas, il est définitif. Mais il est possible de convenir d'une clause de révision du prix, auquel cas il faut soigneusement prévoir les modalités de révision. Un indice de référence doit être choisi et être en rapport avec l'objet du contrat. Le plus souvent, on utilise l'index BT 01 (mensuel) ou l'indice Insee du coût de la cons-

© Groupe Eyrolles / PAP

truction (trimestriel). Précisez les dates de référence pour le calcul de l'augmentation et utilisez l'indice le plus récent comme indice de départ.

Le délai de réalisation des travaux

Il faut le préciser dans le contrat. Attention au point de départ du délai : celui-ci doit pouvoir être déterminé sans ambiguïté. Assurez-vous que les causes de rallongement du délai ne sont pas trop nombreuses.

Conseil

Acceptez les clauses usuelles de grève générale, intempéries, mais pas celles de vacances, fermeture des fournisseurs, etc.

Il est possible de prévoir une pénalité à la charge du constructeur si le délai est dépassé. Elle est, en fait, la contrepartie de la pénalité mise à votre charge si vous ne payez pas en temps utile les appels de fonds.

Exemple de clause de pénalités de retard

« Si, du fait de l'entrepreneur, la réception ne peut avoir lieu dans les délais prévus, l'entrepreneur versera au maître d'ouvrage une indemnité de 150 € par jour de retard.

En cas de retard de paiement par le maître d'ouvrage, celui-ci sera redevable d'intérêts moratoires au taux de 1 % par mois de retard, après mise en demeure par lettre recommandée avec accusé de réception. »

L'échéancier de paiement

Le paiement du prix se fait au fur et à mesure de l'avancement des travaux. La prudence élémentaire impose de ne jamais verser de sommes correspondant à des travaux non encore réalisés. Il est donc indispensable, avant de régler un appel de fonds, de se rendre sur le chantier pour vérifier l'état d'avancement des travaux. Tout paiement doit faire l'objet d'un reçu.

© Groupe Eyrolles / PAP

Autres clauses

– Les assurances : l'entrepreneur doit avoir une assurance professionnelle qui le couvre au cas où sa responsabilité serait engagée. L'obligation d'assurance résulte des articles L. 241-1 et suivants du Code des assurances. Vous pouvez faire indiquer sur le contrat le nom de l'entreprise d'assurance et le numéro de police. Cette assurance est distincte de l'assurance dommages-ouvrage qui couvre le chantier spécifiquement et qui doit être prise par le maître d'ouvrage.

☞ *Voir le chapitre « Garanties et assurances ».*

– La retenue de garantie : dans le cas où des malfaçons apparaîtraient lors de la réception, il est bon de prévoir qu'une retenue de 5 % du prix pourra être consignée sur un compte bloqué.

☞ *Voir le paragraphe « La réception ».*

Au cours de l'exécution du contrat

Si vous constatez, lors de l'exécution du contrat, que les travaux réalisés ne correspondent pas à ce qui était prévu ou qu'une malfaçon apparaît, il faut alerter immédiatement l'entrepreneur. Il en est de même en cas de retard ou d'interruption du chantier. S'il ne tient pas compte de vos observations, vous pouvez lui adresser une lettre recommandée avec accusé de réception pour le mettre en demeure de procéder aux reprises nécessaires. En cas de retard dans les travaux ou en cas d'abandon de chantier, commencez aussi par adresser une lettre recommandée avec accusé de réception à l'entrepreneur. Si la lettre s'avère sans effet, il faut alors faire appel à un huissier pour qu'il constate l'abandon de chantier. Vous pouvez ensuite demander au juge des référés (procédure simple et rapide) de condamner l'entrepreneur à exécuter le contrat ; il est possible de prévoir le paiement d'une somme par jour de retard (astreinte).

Si le délai de livraison est déjà dépassé, il est alors possible, si vous renoncez à la première solution, d'obtenir du tribunal la résiliation du contrat. Cette décision vous permet alors d'obtenir les dommages et intérêts du constructeur pour le préjudice que vous avez subi du fait de l'interruption des travaux. Vous pouvez alors faire appel à une autre entreprise.

© Groupe Eyrolles / PAP

Garanties et assurances

Pour remédier à certains désordres ou malfaçons, la loi dite « Spinetta » du 4 janvier 1978 (codifiée aux articles 1792 et suivants du Code Civil) a organisé un régime de garanties spécifiques dans le domaine de la construction, fondé sur le principe de la responsabilité présumée des constructeurs envers le maître de l'ouvrage (personne qui a commandé les travaux) ou l'acquéreur. Ainsi, pour mettre en jeu ces garanties, vous n'avez pas à apporter la preuve de la responsabilité du constructeur, mais à démontrer simplement la réalité du dommage que vous subissez. Qui plus est, un constructeur ne pourrait pas contractuellement supprimer ou réduire ces garanties (article 1792-5 du Code civil). Cette obligation légale de garantie concerne tout intervenant à l'opération de construction : architecte, entrepreneur, technicien, etc. (article 1792-1 du Code civil).

Cette garantie se décompose en trois catégories suivant l'importance des dommages. Chacune a un délai qui lui est propre. Mais le point de départ du délai est toujours la réception.

La garantie de parfait achèvement

Quels sont les défauts couverts ?

La garantie de parfait achèvement porte sur deux types de dommages :
- les désordres apparents que vous avez signalés à votre constructeur au moyen de réserves lors du procès-verbal de réception. Le

© Groupe Eyrolles / PAP

caractère apparent de ces désordres est apprécié par rapport à votre qualité de maître d'ouvrage profane, et ce même si vous vous faites assister ou si vous mandatez un professionnel.

Exemples

La non-conformité aux normes d'une installation électrique, l'étroitesse de la rampe d'accès au garage.

Inversement, sont considérés comme cachés les défauts indécelables par un examen normal de la construction et les désordres situés dans des endroits inaccessibles ou qui ne se révèlent qu'à l'usage.

À savoir

Soyez très vigilant lors de la réception car tous les désordres apparents non signalés au moyen de réserves sont considérés comme ayant été acceptés par l'acquéreur. Par conséquent, vous ne pourriez plus alors prétendre à leur réparation.

– les désordres révélés dans l'année de la réception dès lors que vous les avez signalés à votre constructeur par lettre recommandée avec accusé de réception.

Tous les désordres, quelle que soit leur importance, sont couverts par la garantie de parfait achèvement. Toutefois, cette garantie ne s'étend pas aux dommages imputables à l'usure ou à l'usage normal de la chose.

Comment réparer les désordres signalés ?

Il convient de convenir avec le constructeur d'un calendrier pour l'exécution des travaux rectificatifs. La loi est muette sur les délais d'intervention du constructeur. En règle générale, ils sont compris entre soixante et quatre-vingt-dix jours.

À défaut d'accord sur ce calendrier ou en cas d'inexécution des travaux par l'entrepreneur, vous devez mettre votre constructeur en

© Groupe Eyrolles / PAP

demeure de les effectuer par lettre recommandée avec accusé de réception. Lorsqu'elle reste infructueuse, vous pouvez faire exécuter ces travaux aux frais et risques du constructeur.

Une fois les travaux effectués, vous devrez les constater avec l'entrepreneur. Il ne s'agit pas là d'une deuxième réception, mais d'un simple constat de la levée des réserves. Si cette dernière ne peut se faire à l'amiable, celle-ci devra être constatée judiciairement par le tribunal de grande instance.

Un défaut d'isolation phonique

La construction de votre maison doit répondre aux exigences minimales requises en matière d'isolation phonique. Autrement dit, en tant que maître d'ouvrage, vous bénéficiez de la garantie phonique qui s'insère dans la garantie de parfait achèvement.

Vous avez donc un an à compter de la réception de votre maison pour signaler les défauts d'isolation phonique à l'entrepreneur.

Toutefois, ce bref délai ne vous permet pas, dans certains cas, d'apprécier aisément la fiabilité de l'isolation phonique. Dans un souci de protection de l'acquéreur, la jurisprudence tente donc d'allonger ce délai. La garantie de parfait achèvement peut être, par conséquent, écartée au profit de la garantie décennale (voir ci-dessous) lorsque le désordre d'isolation phonique rend l'immeuble impropre à sa destination (Cour de cassation, 31 octobre 1989). Ces défauts sont, alors, garantis pendant dix ans à compter de la réception.

La garantie de bon fonctionnement

Les dommages qui affectent les éléments d'équipement dissociables qui ne portent atteinte ni à la solidité, ni à la destination de la maison font l'objet d'une garantie de bon fonctionnement d'une durée de deux ans à compter de la réception.

Sont considérés comme dissociables de la construction les éléments d'équipement dont la dépose, le démontage ou le remplacement s'effectuent sans détériorer le bâtiment. C'est le cas par exemple des volets, portes, interphone, chaudière…

© Groupe Eyrolles / PAP

Si dans les deux ans de la réception, vous constatez un mauvais fonctionnement de l'un de ces éléments d'équipements, vous devez avertir votre constructeur par lettre recommandée avec accusé de réception. Il est alors tenu d'effectuer son remplacement ou sa réparation.

Toutefois, si votre courrier est resté sans réponse, vous devez alors engager une procédure en référé devant le tribunal, par laquelle vous demandez au juge de nommer un expert. Cette procédure permet d'obtenir rapidement une décision de condamnation de votre constructeur.

> **À savoir**
>
> Vous devez engager cette action avant l'expiration du délai de deux ans à compter de la réception.

En revanche, lorsque le dommage affecte un élément d'équipement dissociable rendant votre maison impropre à sa destination ou affectant sa solidité, vous pouvez engager une action en réparation sur le fondement de la garantie décennale. À ce titre, si le constructeur refuse de remédier aux désordres, vous saisirez votre assurance dommages-ouvrage afin d'obtenir rapidement une indemnisation.

La garantie décennale : les dommages couverts

Au titre de la garantie décennale, le constructeur est responsable pendant dix ans de trois types de désordres :

- les dommages qui compromettent la solidité de l'ouvrage. Entrent dans cette catégorie par exemple l'effondrement de votre cheminée ou encore des défauts d'étanchéité entraînant des infiltrations dans votre maison. En revanche, de simples microfissures sans gravité ou l'effondrement de faux plafonds ne peuvent être couverts par la garantie décennale ;
- les dommages qui rendent votre maison impropre à sa destination. Plus difficile à définir, la notion de destination de l'immeu-

© Groupe Eyrolles / PAP

ble a donné lieu à une jurisprudence abondante. En règle générale, elle est caractérisée lorsqu'un désordre ne permet pas d'utiliser l'immeuble, sans inconvénient grave, conformément à sa destination naturelle. On entend par destination de l'immeuble sa vocation, qu'elle soit d'habitation, commerciale ou industrielle. Ce sont les juges qui vont apprécier au cas par cas, si les défauts rendent l'immeuble impropre à sa destination. En ce qui concerne l'habitation, ils ont tendance à entendre cette notion assez largement.

Exemple

Lorsque des désordres affectent vos canalisations d'eau ou votre installation électrique engendrant ainsi des risques d'incendie, votre maison sera considérée comme impropre à sa destination.

– les défauts qui affectent la solidité des éléments d'équipement lorsque ceux-ci font indissociablement corps avec le bâtiment ainsi qu'avec les ouvrages de viabilité, de fondation, d'ossatures, de clos et de couvert. L'indissociabilité s'apprécie par rapport à la possibilité de déposer ces éléments sans détériorer l'ouvrage avec lequel ils font corps (voir garantie biennale).

Pour relever de la garantie décennale, le dommage doit être un dommage non réservé à la réception. En effet, la Cour de cassation considère que les défauts apparents doivent faire l'objet de réserves à la réception pour être réparables. Or, le désordre ainsi réservé ne relève que de la garantie de parfait achèvement et non de la garantie décennale.

Toutefois, la Cour de cassation, dans un arrêt du 12 octobre 1994, a décidé que la responsabilité du constructeur peut être engagée sur le fondement de la garantie décennale pour des défauts qui, signalés lors de la réception, ne se sont « révélés qu'ensuite dans leur ampleur et leur conséquence ». C'est le cas par exemple, lors de la réception d'une maison, de la constatation de petites fissures, qui avec le temps, ont entraîné un risque certain d'effondrement.

© Groupe Eyrolles / PAP

L'exonération des constructeurs

Face à des désordres très importants, votre constructeur et surtout son assureur vont essayer de dégager leur responsabilité en justifiant d'un cas de force majeure. Cependant, la force majeure, qui suppose la réunion de trois caractères d'irrésistibilité, d'imprévisibilité et d'extériorité est rarement admise.

En règle générale, les événements le plus souvent invoqués sont les problèmes d'intempéries. Cependant, il faut qu'ils présentent un caractère de calamité exceptionnelle pour exonérer le constructeur.

Exemple

Des chutes de neige importantes dans une région qui, en général, n'en voit jamais ; un ouragan dont la violence exceptionnelle a dépassé dans la région considérée les valeurs extrêmes définies par des documents techniques (Cour de cassation, 11 mai 1994).

Rassurez-vous, la jurisprudence est assez restrictive pour reconnaître à un événement le caractère de force majeure et on rencontre beaucoup plus de décisions repoussant cette qualification que de décisions l'admettant.

Garantie de parfait achèvement	Garantie de bon fonctionnement	Garantie décennale
Un an	Deux ans	Dix ans
Tous les désordres signalés : – dans le procès-verbal de réception ; – ou par lettre recommandée avec AR postérieurement à la réception pour les désordres apparus après la réception.	– Fermeture des portes et fenêtres. – Installations sanitaires. – Installations de chauffage (partielles). – Installations électriques. – Peinture. – Vitrerie. – Couverture partielle. – Travaux de nettoyage.	– Fissures. – Infiltration. – Vices d'une installation de chauffage. – Désordre sur l'ensemble des canalisations d'eau. – Défaut d'isolation thermique. – Défaut important d'isolation phonique. – Charpente, toiture, murs.

© Groupe Eyrolles / PAP

Les assurances obligatoires

Pour rendre efficaces ces garanties, le législateur a instauré deux types d'assurance construction obligatoires : l'assurance de responsabilité et l'assurance de dommages. Chacune possède un domaine propre et une finalité distincte.

Assurance de responsabilité professionnelle

Tout constructeur doit prendre une assurance pour se couvrir si sa responsabilité professionnelle est engagée (articles L. 241-1 et L. 241-2 du Code des assurances). Autrement dit, tout intervenant à l'acte de construire doit obligatoirement souscrire une assurance couvrant sa responsabilité décennale (constructeur, architecte, vendeur, entrepreneur…).

Mais cette assurance est difficile à mettre en œuvre par un particulier victime de dommages. Afin de lui éviter de longues et coûteuses procédures, le législateur a prévu une autre assurance.

Assurance dommages-ouvrage

Elle doit être souscrite par tout maître d'ouvrage pour garantir, en dehors de toute recherche de responsabilité, le paiement des travaux de réparation de nature décennale.

Ce système permet de mettre à la disposition de l'assuré tous les moyens financiers lui permettant de remédier aux désordres avant de rechercher les responsables.

En effet, avec cette double assurance, la victime va pouvoir être rapidement indemnisée par l'assureur dommages-ouvrage, à charge pour ce dernier de rechercher le ou les responsables du désordre afin de faire jouer leur assurance de responsabilité.

● Qui doit souscrire l'assurance dommages-ouvrage ?

Si vous signez un contrat d'entreprise avec un entrepreneur et un architecte ou un contrat de construction de maison individuelle, c'est à vous de souscrire l'assurance dommages-ouvrage.

© Groupe Eyrolles / PAP

En revanche, si vous achetez une maison sur plan (VEFA), c'est votre vendeur qui doit souscrire cette assurance pour votre compte. Demandez-lui une copie du contrat et une attestation d'assurance lors de la signature chez le notaire.

> **À savoir**
>
> Le manquement à cette obligation est sanctionné pénalement, sauf pour les maîtres d'ouvrage non professionnels qui font construire leur habitation. Toutefois, cette assurance se transmet aux différents acquéreurs du logement pendant dix ans à compter de la réception.

Avant l'ouverture du chantier, vous irez démarcher les assureurs, sachant qu'ils sont en concurrence et que les tarifs sont libres. Le prix de l'assurance est fixé en pourcentage du coût total de la construction ; il se situe aux environs de 3 %.

Quels dommages sont garantis ?

L'assurance dommages-ouvrage couvre les dommages dont sont responsables pendant dix ans les constructeurs et professionnels assimilés. Cette assurance ne couvre donc que les dommages de nature décennale. Les troubles réparables au titre de la garantie biennale ou de la garantie de parfait achèvement en sont donc exclus.

Par ailleurs, si vous subissez des troubles annexes (troubles de jouissance, perte de loyers…) imputables à des désordres de construction, sachez qu'ils ne sont pas couverts par cette assurance obligatoire. Toutefois, si votre assureur de dommages, en tardant à vous indemniser, a accru les troubles de jouissance que vous subissez, il peut être condamné à vous les indemniser (cour d'appel de Versailles, 9 avril 1993).

En outre, les dommages « intermédiaires », c'est-à-dire ceux qui affectent le gros œuvre, sans pour autant compromettre ni la solidité, ni la destination de l'immeuble, ne sont pas inclus dans cette garantie obligatoire. Tel est le cas, par exemple, de fissures sans gravité. Vous devez alors agir sur le fondement de la responsabilité contractuelle et prouver la faute du constructeur.

© Groupe Eyrolles / PAP

À Savoir

La responsabilité contractuelle dont il est question ne peut généralement pas être invoquée au-delà du délai de dix ans.

Une assurance de quelle durée ?

La période de garantie ne prend effet qu'après l'expiration de la garantie de parfait achèvement, soit en principe un an après la réception et s'achève dix ans après celle-ci, en même temps que la garantie décennale. Cependant, il existe deux cas dans lesquels l'assurance dommages prend effet plus tôt :

- Tout d'abord, elle peut intervenir avant la réception si, après une mise en demeure (lettre recommandée avec accusé de réception) restée infructueuse, vous obtenez en justice la résiliation du contrat vous liant au constructeur pour inexécution de ses obligations.
- Ensuite, elle peut intervenir après la réception mais avant l'expiration du délai de parfait achèvement, lorsque l'entrepreneur, malgré une mise en demeure restée lettre morte, n'a pas rempli ses obligations. Rappelons que les défauts réservés pendant le délai d'un an à compter de la réception sont couverts par la garantie de parfait achèvement. Par conséquent, si votre constructeur n'exécute pas les travaux, vous devez le mettre en demeure de les effectuer. Si vous n'obtenez aucune réponse, faites une déclaration de sinistre à l'assureur en lui joignant la copie de la lettre de mise en demeure et la copie du procès-verbal de réception. Toutefois, pour que l'assurance puisse intervenir, il faut que les défauts entrent dans le cadre de la garantie décennale, c'est-à-dire qu'ils portent atteinte à la solidité de l'ouvrage ou le rendent impropre à sa destination.

Règlement du sinistre

Pour que vous puissiez obtenir un préfinancement rapide de la réparation du dommage, la loi a instauré une procédure amiable du règlement du sinistre.

Constat des dommages et expertise

Dès la survenance du sinistre, vous devez bien entendu le déclarer à votre assureur par lettre recommandée avec accusé de réception.

© Groupe Eyrolles / PAP

Décrivez les désordres avec précision en insistant bien sur la gravité du dommage et ses conséquences sur la solidité de votre bien ou ses conditions d'utilisation.

Cette déclaration doit être faite dès que vous avez eu connaissance du sinistre et au plus tard dans le délai fixé dans votre contrat d'assurance. Votre compagnie désigne alors un expert pour qu'il puisse constater les désordres.

> **À savoir**
>
> Vous avez la possibilité de récuser l'expert par deux fois. Cependant, si vous récusez à nouveau le second expert proposé, celui-ci sera alors nommé par le juge des référés.

Toutefois, l'assureur en dommages-ouvrage n'est pas tenu de recourir à une expertise lorsque, au vu de la déclaration de sinistre :
- il évalue le dommage à un montant inférieur à 1 800 € ;
- la mise en jeu de la garantie est manifestement injustifiée.

En cas de contestation de l'assuré, celui-ci peut néanmoins obtenir la désignation d'un expert.

L'expertise est contradictoire et donne lieu à la rédaction d'un rapport dit « préliminaire » qui préconise les mesures nécessaires à la non-aggravation des dommages. Ce rapport doit vous être notifié au plus tard dans les soixante jours de la déclaration du sinistre. Dans ce même délai, votre assureur doit vous préciser si le dommage est ou non garanti et indiquer le montant de l'indemnité couvrant les dépenses conservatoires.

Détermination et règlement de l'indemnité

Si votre assureur considère que le dommage est bien garanti par « l'assurance dommage-ouvrages », il doit décider définitivement du montant de l'indemnité et ce dans un nouveau délai de trente à quarante-cinq jours, ce qui porte le délai théorique maximal de règlement du sinistre à quatre-vingt-dix ou exceptionnellement à cent trente-cinq jours à compter de la déclaration du sinistre (article L. 242-1 alinéas 6 et 7 du Code des assurances).

© Groupe Eyrolles / PAP

À savoir

Si l'expertise n'est pas obligatoire, l'assureur ne dispose que de quinze jours à compter de la déclaration du sinistre pour vous notifier le montant de l'indemnité proposée ou sa décision de refus de garantie.

Si vous l'acceptez, l'indemnité proposée vous sera versée dans un délai de quinze jours à compter de votre accord. En revanche, si vous refusez, demandez à votre assureur, par lettre recommandée avec accusé de réception, une proposition plus raisonnable. Par ailleurs, vous pouvez toujours lui faire connaître votre intention d'entreprendre les travaux et lui réclamer alors les trois quarts de l'indemnité qu'il vous a proposée.

Les désordres esthétiques

La mauvaise qualité du béton de la façade empêchant l'adhérence du crépi, des enduits de murs qui se fendent créant un réseau de microfissures ont de quoi irriter plus d'un propriétaire.

Ces désordres peuvent-ils cependant être couverts par la garantie décennale des constructeurs ? En règle générale, ces dommages dits « esthétiques » ne relèvent pas de la responsabilité décennale dès lors qu'ils ne compromettent pas la solidité de l'ouvrage ou ne le rendent pas impropre à sa destination. Ce principe a été maintes fois affirmé à la fois par la Cour de cassation et par le Conseil d'État. Autrement dit, de simples préjudices esthétiques ne peuvent être réparés au titre de la décennale.

Toutefois, dans certaines circonstances, l'esthétique peut être de l'essence même de l'ouvrage, auquel cas, le désordre pourra être réparé au titre de la garantie décennale.

Exemple

C'est le cas d'une décision rendue par le tribunal de grande instance de Paris à propos d'un défaut affectant un immeuble de prestige. En l'espèce, les juges ont considéré que ce désordre généralisé, dû à des traces rougeâtres irréversibles et évolutives apparues sur la totalité des poutres apparentes, rendait cet immeuble impropre à sa destination (TGI Paris, 24 mai 1993). Bien que qualifié d'esthétique, ce désordre devait être réparé sur le fondement de la garantie décennale.

© Groupe Eyrolles / PAP

● **Quels recours en cas de non-souscription d'une assurance dommages-ouvrage ?**

En tant que maître d'ouvrage, le fait de ne pas avoir souscrit une assurance dommages-ouvrage ne vous prive pas de recours contre l'entrepreneur concerné. Vous devez lui signaler le défaut par lettre recommandée avec accusé de réception en lui fixant un délai pour réparer. S'il n'en tient pas compte, vous êtes alors tenu d'engager sa responsabilité devant le tribunal de grande instance. Simplement, comme vous n'avez pas souscrit d'assurance dommages-ouvrage, c'est à vous d'apporter la preuve que l'entrepreneur a commis une faute dans l'exercice de sa mission. Les délais d'indemnisation risquent alors d'être plus longs…

© Groupe Eyrolles / PAP

Après la construction

Une fois la maison achevée, vous avez une ultime démarche à effectuer : la déclaration d'achèvement des travaux. Vous serez ensuite soumis aux diverses taxes qui incombent au propriétaire.

Déclaration attestant l'achèvement et la conformité des travaux

La déclaration attestant l'achèvement et la conformité des travaux est un document administratif que vous devez remplir et qui a une double fonction :

- déclarer l'achèvement des travaux ;
- déclarer que les travaux sont conformes au permis de construire et respectent les règles générales de construction.

La déclaration doit être adressée au maire ou déposée en mairie dès l'achèvement des travaux.

À compter de sa réception en mairie, l'administration dispose d'un délai de trois mois pour contester la conformité des travaux (cinq mois dans les secteurs protégés).

> **À savoir**
>
> Depuis le 1er octobre 2007, le certificat de conformité n'existe plus et la conformité devient tacite.

© Groupe Eyrolles / PAP

Il est possible d'obtenir, si cela est nécessaire (pour vendre par exemple), une attestation certifiant l'absence de contestation de l'administration. Bien évidemment, le caractère tacite de la conformité n'empêche pas l'administration de contrôler les travaux et, le cas échéant, d'en contester la conformité.

Taxes postérieures à l'acquisition

Taxe foncière

Elle est due par la personne qui est propriétaire au 1er janvier. Il existe cependant une exonération temporaire de deux ans après l'achèvement des travaux, quelle que soit l'affectation de la construction.

Pour bénéficier de cette exonération, il faut remplir une déclaration à retirer au service des impôts. Cette déclaration doit être faite dans les quatre-vingt-dix jours à compter du moment où le logement est utilisable, même s'il reste encore des travaux à réaliser.

> **À savoir**
>
> La taxe foncière est établie à partir de la valeur locative du logement. Il en est de même de la taxe d'habitation.

Depuis le 1er janvier 2009 les collectivités territoriales (commune, département, région) peuvent décider d'instaurer une exonération spécifique d'au moins cinq ans si la maison est particulièrement économe en énergie, c'est-à-dire si ses caractéristiques thermiques et sa performance énergétique sont très en avance sur la réglementation actuelle.

D'un point de vue technique, la maison doit respecter au moins la norme BBC 2005 (« bâtiment basse consommation ») et le propriétaire doit pouvoir en attester par un document remis par un organisme agréé. Cette éventuelle exonération pour les maisons écologiquement vertueuses s'ajoute à l'exonération de base de deux ans qui existe pour les logements neufs : l'exonération de taxe foncière pour une maison BBC peut alors être de sept ans.

© Groupe Eyrolles / PAP

Taxe d'habitation

Cette taxe est due par l'occupant (et donc par le locataire si le logement est loué) qui occupe les lieux au 1er janvier. Mais elle n'est à régler qu'à partir du moment où le logement est suffisamment meublé pour être habitable.

Lorsque le logement est affecté à l'habitation principale du contribuable, la taxe d'habitation fait l'objet d'exonérations et d'abattements pour charges de famille.

Enfin, pour le paiement de la taxe d'habitation, vous devez recevoir un avis d'imposition. Elle se paie en une fois ou mensuellement si vous en faites la demande.

Taxe de balayage et taxe d'enlèvement des ordures ménagères

Ces deux taxes ne s'appliquent que si de tels services existent dans la commune.

© Groupe Eyrolles / PAP

Questions-réponses

J'ai fait construire ma maison l'an dernier. J'envisage de faire installer une cuisine équipée. Puis-je bénéficier de la TVA réduite à 5,5 % ?

La TVA à 5,5 % s'applique à la plupart des travaux de réparation et d'amélioration réalisés dans un logement. Mais il faut que le logement ait plus de deux ans. Ainsi, si vous faites installer votre cuisine dès à présent, vous paierez de la TVA à 19,6 %. En revanche, si vous attendez encore un an, vous pourrez bénéficier de la TVA à 5,5 % sur les éléments de la cuisine équipée à partir du moment où ils sont vraiment intégrés et faits sur mesure. En effet, la TVA à taux réduit est applicable dès lors que les éléments « s'intègrent dans un aménagement global et qu'ils peuvent, en conséquence, être considérés comme incorporés aux locaux dans lesquels ils sont installés ». Le mobilier d'appoint, de même que l'électroménager, reste soumis à la TVA à 19,6 %.

Mon voisin a agrandi sa maison en construisant un mur en limite séparative, ce qui aura pour conséquence de priver de soleil mes fenêtres du rez-de-chaussée à partir de midi. Que pouvons-nous faire ?

L'agrandissement d'une maison doit être conforme aux règles d'urbanisme et notamment au plan local d'urbanisme de la commune (PLU) s'il en existe un. *A priori*, et sauf dispositions contraires du PLU, la construction en limite séparative est autorisée. Toutefois, même si votre voisin a respecté les règles de construction, vous pouvez intenter un recours pour trouble anormal de voisinage si la perte d'ensoleille-

© Groupe Eyrolles / PAP

ment que vous subissez dépasse les inconvénients normaux du voisinage. Ce trouble relève de l'appréciation souveraine des juges. Généralement, la perte de soleil sur une seule façade de votre maison n'est pas un trouble anormal. Par ailleurs, il ressort de la jurisprudence qu'en site urbain, il n'existe pas de droit à l'ensoleillement. Si toutefois, les juges font droit à votre demande, vous pouvez obtenir des dommages et intérêts ; la cessation du trouble, c'est-à-dire la démolition de la construction, est très rarement ordonnée.

Le coefficient d'occupation du sol (COS) du terrain que j'envisage d'acheter est de 0,3. Qu'est-ce que cela signifie ?

Le COS détermine la densité de la construction autorisée sur votre terrain. À titre d'exemple, si vous achetez un terrain de 600 m^2 avec un COS de 0,3, vous pourrez construire au maximum 180 m^2 (600 × 0,3) de plancher hors œuvre net.

J'ai signé, il y a trois jours, un contrat de construction de maison individuelle (CCMI). Je souhaite changer d'avis et ne plus acheter à cet endroit, car je viens d'apprendre que je vais être muté. Ce motif me permet-il de me rétracter sans perdre les 5 % du prix que j'ai versés à la signature du contrat ?

Dans le cadre d'un CCMI, vous bénéficiez d'un délai de rétractation de sept jours après la signature de ce contrat. En effet, une fois le contrat signé, le constructeur doit vous l'adresser par lettre avec accusé de réception. Vous avez dès lors sept jours à compter du lendemain de la première présentation de la lettre recommandée pour vous rétracter. Par conséquent, si vous renoncez à acheter votre maison pendant ce délai, vous n'avez aucun motif particulier à mettre en avant. Vous utilisez simplement votre droit de rétractation sans avoir à fournir ni motif ni justificatif. Dans ce cas, les 5 % que vous avez versés à la signature du contrat vous sont restitués.

Je fais construire ma maison et j'ai signé un CCMI. Le constructeur peut-il indexer le prix pendant la construction ?

Tout dépend de votre contrat. Cependant, comme le paiement est échelonné tout au long de la construction, le CCMI contient le plus

© Groupe Eyrolles / PAP

234

souvent une clause permettant la révision du prix. Dans ce cas, la clause doit préciser les modalités exactes de cette révision d'après l'index national du bâtiment tous corps d'état, plus couramment dénommé « index BT 01 ». En revanche, si votre contrat ne comporte aucune clause de ce type, la révision du prix est impossible.

Nous avons signé un contrat de construction de maison individuelle. Nous habitons à proximité. Peut-on nous interdire l'accès du chantier ?

Oui. Vous pouvez vous rendre sur place pour vous rendre compte de l'état du chantier, mais seulement avant chaque paiement. En dehors de ce cas, vous ne pouvez pas accéder au chantier, pour des raisons évidentes de sécurité. Mais il est parfois possible de négocier avec le constructeur une visite de chantier, notamment si vous avez un souci en cours de construction. En outre, certains constructeurs prévoient de telles visites officielles à une ou plusieurs dates convenues. Il n'en demeure pas moins que vous n'avez en aucun cas libre accès au chantier de construction, ni la possibilité de donner des directives aux ouvriers.

Nous allons réceptionner d'ici la fin de l'été la maison que nous avons fait construire. Nous souhaiterions savoir s'il est exact que les constructions neuves sont exonérées de la taxe foncière durant les premières années ?

Vous allez devenir prochainement propriétaire, et à ce titre être soumis à la taxe foncière. Toutefois, les constructions neuves sont exonérées de taxe foncière pendant deux ans, et plus précisément les deux années suivant celle de l'achèvement de la construction. Par conséquent, pour une maison achevée en 2011, vous êtes exonéré de taxe foncière en 2012 et 2013.

Si vous faites construire une maison basse consommation (BBC), il vous est également possible d'être exonéré de la taxe foncière à hauteur de 50 ou 100 % pendant au moins cinq ans si la commune le décide. Si tel est le cas, vous devrez adresser, une fois la maison achevée, une déclaration spécifique au Centre des impôts dont vous dépendez.

© Groupe Eyrolles / PAP

Lexique juridique

A

Ab intestat
Se dit d'une succession où la personne décédée n'a laissé aucun testament.

Accédant à la propriété
C'est une personne qui devient propriétaire d'un logement. Les synonymes sont acheteur, acquéreur.

Achèvement de l'immeuble
Selon une jurisprudence constante des tribunaux, un logement est considéré comme achevé dès lors que l'état d'avancement des travaux en permet une utilisation effective. Autrement dit, le logement doit être habitable même s'il subsiste ici et là quelques imperfections. Tel est le cas notamment lorsque le gros œuvre, la maçonnerie, la couverture, les sols et les plâtres intérieurs sont terminés, les portes extérieures et fenêtres posées, même si les travaux de finition intérieurs ne sont pas encore réalisés (pose de papier peint, moquette ou parquet, peinture…). Dans les immeubles collectifs, l'état d'avancement des travaux s'apprécie distinctement, appartement par appartement et non d'une manière globale à la date d'achèvement des parties communes.

Acompte
Somme versée par un acquéreur et devant s'imputer sur le montant du prix de vente. Ainsi, en versant une telle somme, l'acquéreur s'engage définitivement. En cas de désistement, le vendeur est en droit de le contraindre à payer le solde du prix.

Acquêts
Tous les biens qui ont été acquis par les époux pendant le mariage.

© Groupe Eyrolles / PAP

Acte authentique

Acte rédigé par un officier public (un notaire par exemple) qui garantit la régularité et la véracité de l'engagement. Il s'oppose à l'acte sous signature privée qui est établi entre les parties elles-mêmes.

Acte de vente

Contrat définitif par lequel l'acquéreur devient officiellement propriétaire. Il s'agit d'un acte authentique qui doit obligatoirement être passé devant notaire.

Acte sous signature privée

Acte passé entre deux contractants sans l'intervention d'un notaire. Un contrat de location, une promesse de vente ou un contrat de réservation peuvent être établis sous signature privée.

Actif successoral

Ensemble des biens et valeurs possédés par une personne au moment de son décès.

Action pétitoire

Action en justice relative à la protection judiciaire de la propriété immobilière. C'est le cas lorsqu'un tiers s'approprie la propriété d'un bien immobilier d'autrui et que ce dernier en conteste la réalité.

Action possessoire

Action en justice permettant au possesseur ou au détenteur d'un bien immobilier d'en protéger sa possession ou sa détention contre les troubles des tiers qui l'affectent ou le menacent.

Adaptation mineure

Assouplissement nécessaire d'une règle d'urbanisme en vue d'éviter une mauvaise utilisation du sol. L'adaptation mineure peut être pratiquée en matière de permis de construire, dans ce cas le service instructeur peut assouplir certaines règles du plan local d'urbanisme (PLU) en vue de l'édification d'un immeuble. Par exemple, constitue une adaptation mineure le fait de construire sur un terrain ayant 7,70 mètres de façade au lieu des 8 mètres prévus par le PLU.

ADIL

Voir Association départementale d'information sur le logement.

Adjudication

Attribution par le juge ou par un officier public (notaire) d'un immeuble mis aux enchères. Il est alors adjugé à la personne qui en offre le prix le plus élevé.

AFU

Voir Association foncière urbaine.

© Groupe Eyrolles / PAP

Agence nationale de l'habitat (ANAH)

L'Agence nationale de l'habitat, créée en 1970, est placée sous la tutelle du ministre du Logement, et du ministre de l'Économie. Elle a pour objet d'apporter une aide financière sous forme de subvention aux propriétaires, copropriétaires, bailleurs ou locataires réalisant des travaux d'amélioration ou d'économie d'énergie.

Aide à la personne

L'aide à la personne est l'ensemble des aides accordées par l'État et les divers régimes sociaux, consentis directement au propriétaire ou au locataire. Ces aides ont pour objet de réduire les dépenses liées au logement. Il existe deux types d'aide à la personne : l'aide personnalisée au logement (APL) et l'allocation de logement qui comprend l'allocation de logement à caractère familial (ALF) et l'allocation de logement à caractère social (ALS).

Aide à la pierre

L'aide à la pierre est l'ensemble des aides accordées par l'État et qui sont destinées à favoriser l'investissement immobilier sous forme de prêts aidés ou de primes. Entre notamment dans cette catégorie le prêt à taux zéro plus. Aucune condition de ressources n'est exigée pour en bénéficier mais le montant et les modalités de remboursement du PTZ+ sont fonction de la localisation géographique du logement, de sa performance énergétique et de la situation familiale de l'emprunteur.

Aide personnalisée au logement (APL)

L'aide personnalisée au logement a été créée par la loi du 3 janvier 1977. Elle consiste en une aide accordée au titre de la résidence principale et destinée aux locataires, accédants à la propriété, propriétaires, occupants d'un logement neuf ou ancien mais amélioré et ayant bénéficié de prêts conventionnés. Son montant est déterminé en tenant compte des ressources des personnes, des conditions de logement, de la situation familiale et de l'implantation géographique du logement. L'APL est versée par les Caisses d'allocations familiales (CAF) auprès de qui la demande doit être faite.

Aliénation

Transmission par une personne d'un bien immobilier ou d'un droit à titre gratuit (donation, legs) ou à titre onéreux (vente, échange) à une autre personne.

Alignement

Fixation par l'administration des limites du droit de construire par rapport aux voies publiques au moyen d'un plan d'alignement ou d'un alignement individuel.

Allocation logement à caractère social (ALS)

Instituée par la loi du 16 juillet 1971, pour les personnes disposant de faibles ressources. Cette aide est à caractère social et personnelle. Cette allocation a été progressivement étendue. Désormais, nombreux sont ceux qui peuvent en bénéficier

© Groupe Eyrolles / PAP

à condition que leurs ressources ne dépassent pas un certain plafond (étudiants, jeunes travailleurs de plus de 25 ans, personnes âgées de 60 à 65 ans, chômeurs).

Amélioration

Les dépenses d'amélioration comprennent toutes les dépenses engagées pour moderniser les habitations ou les mettre aux normes d'habitabilité et de confort. À titre d'exemple, il peut s'agir de l'installation d'un équipement sanitaire élémentaire dans un logement qui en était dépourvu, de travaux destinés à faciliter l'accès des immeubles aux personnes handicapées ou encore de l'installation d'un ascenseur.

ANAH

Voir Agence nationale de l'habitat.

Annuité

Paiement fait chaque année, comprenant à la fois le remboursement d'un capital emprunté (amortissement) et le paiement des intérêts.

Annulation du permis de construire

Sanction prononcée par le juge administratif à la suite d'un recours contentieux exercé par un tiers. Si le juge estime le permis illégal, ce dernier est alors frappé d'annulation. En conséquence, les travaux doivent s'arrêter immédiatement.

APL

Voir aide personnalisée au logement.

Appel d'offres

Procédure de passation des marchés publics mettant en concurrence plusieurs entreprises afin de rechercher le meilleur rapport qualité-prix.

Appel de fonds

Sommes qui sont demandées par le syndic aux copropriétaires soit pour régler des charges, soit pour régler des travaux ou toute autre dépense.

Apport personnel

Somme d'argent dont l'acquéreur peut disposer pour financer l'acquisition d'un bien immobilier. Il s'agit des économies, des placements financiers, de certains prêts (prêt épargne-logement, action logement…), de fonds issus de la participation aux bénéfices de l'entreprise pour les salariés titulaires de cet avantage. Le montant de l'apport personnel doit représenter au moins 10 à 20 % du prix d'acquisition. En règle générale, plus le montant de l'apport personnel est important, meilleures sont les conditions de prêts consentis par les banques. Un financement à 100 % par l'emprunt est néanmoins possible si vous êtes titulaire d'un bon dossier.

© Groupe Eyrolles / PAP

Architecte

Professionnel qualifié inscrit à l'ordre des architectes ayant pour vocation de participer à l'acte de construire en tant que maître d'œuvre. Sa profession est régie par la loi du 3 janvier 1977 et par plusieurs décrets d'application. L'intervention d'un architecte est obligatoire pour toute construction soumise à une demande de permis de construire et portant sur une surface hors œuvre nette de plus de 170 m².

Architecte des bâtiments de France

Agent de l'État qui relève du ministère du Logement et qui a pour mission de veiller à l'application des législations sur l'architecture, les sites, les monuments historiques et leurs abords ; de déterminer et diriger les travaux d'entretien et de réparation à exécuter sur les immeubles classés : palais nationaux et bâtiments affectés au ministère de la Culture. Par ailleurs, son avis préalable est parfois sollicité, notamment en matière de permis de construire.

Arrêté de péril

Lorsqu'un immeuble risque de s'effondrer, et par conséquent ne présente pas les garanties nécessaires au maintien de la sécurité publique, l'autorité administrative doit prendre un arrêté de péril. Autrement dit, le maire doit intervenir pour faire cesser ce péril. Cet arrêté met en demeure le propriétaire de l'immeuble d'effectuer les travaux de réparation ou de démolition nécessaires. En cas de contestation et après expertise, le tribunal est seul compétent pour décider des mesures à adopter.

Arrhes

Somme d'argent versée au moment d'une vente ou d'une réservation de location (saisonnière). Elle s'impute sur le prix prévu lorsque la personne qui l'a versée confirme son choix, ou bien elle est perdue si la personne change d'avis. Par ailleurs, la personne qui a reçu les arrhes doit restituer le double de ce qu'elle a perçu si jamais c'est elle qui se désiste.

Assemblée générale des copropriétaires

Organe délibérant auquel l'ensemble des copropriétaires peut participer. Elle a lieu au moins une fois par an et permet aux copropriétaires de délibérer de toutes les questions relatives à la copropriété. À l'exception des travaux urgents et des actes relevant de l'administration courante, c'est elle qui décide de tout. Selon l'importance et la nature des questions portées à l'ordre du jour et soumises aux copropriétaires, les résolutions qui en découlent doivent, pour être adoptées, obtenir un vote favorable des copropriétaires à différentes majorités.

Association départementale d'information sur le logement (ADIL)

Association régie par la loi du 1er juillet 1901, le réseau ADIL est présent sur pratiquement tout le territoire national. La mission de l'ADIL est d'apporter gratuitement au public une information sur toutes les questions juridiques, fiscales et

© Groupe Eyrolles / PAP

financières liées à l'immobilier. La mise en place d'une ADIL est laissée à l'appréciation des collectivités locales.

Association foncière urbaine (AFU)
C'est une association syndicale particulière réunissant des propriétaires dans le but d'opérations de restaurations immobilières ou de remembrement de parcelles bâties ou non bâties. Il existe trois types d'associations syndicales : association foncière urbaine libre, association foncière urbaine autorisée, association foncière urbaine forcée.

Assurance-construction
Système d'assurance rendu obligatoire dans le domaine de la construction depuis la loi Spinetta du 4 janvier 1978. Elle concerne donc les constructions dont l'ouverture de chantier est postérieure au 1er janvier 1979. Il a été institué un double régime d'assurance : l'assurance dommages-ouvrage et l'assurance de responsabilité des professionnels participant à l'opération.

Assurance dommages-ouvrage
Régime d'assurance obligatoire souscrite avant l'ouverture du chantier par toute personne agissant en qualité de propriétaire, de vendeur ou de mandataire du propriétaire de l'ouvrage et qui garantit la réparation des dommages relevant de la responsabilité décennale des constructeurs. L'intérêt de cette assurance est qu'elle garantit la réparation des désordres avant toute recherche de responsabilité, et ce pendant dix ans.

Assurance loyers impayés
Régime d'assurance garantissant le propriétaire-bailleur contre le risque d'impayés de loyers, de charges et des autres taxes dues par le locataire.

Assurance perte d'emploi
Assurance garantissant à l'emprunteur le remboursement de ses mensualités en cas de chômage. Ce type d'assurance est facultatif mais très fortement conseillé par les établissements financiers. Son coût est très variable et dépend des prestations fournies ; il convient de lire très attentivement les clauses du contrat.

Astreinte
Sanction judiciaire à l'encontre d'un débiteur récalcitrant à payer une somme d'argent, à raison de tant par jour (semaine, mois) de retard.

Attribution préférentielle
En matière de succession, c'est l'attribution par préférence d'un bien présentant un intérêt particulier pour un héritier donné.

Avant-contrat
Acte signé entre deux ou plusieurs personnes avant la signature du contrat définitif. Il peut être signé soit sous seing privé, soit devant notaire. En matière de vente

© Groupe Eyrolles / PAP

immobilière, il peut prendre la forme soit d'une promesse unilatérale de vente, soit d'un compromis de vente (également appelé promesse synallagmatique de vente). En revanche, lorsqu'il s'agit d'une vente d'immeuble à construire (vente à terme ou vente sur plan), on parle de contrat préliminaire ou de contrat de réservation.

Avenant

Acte annexé au contrat initial par lequel les parties modifient ou complètent les clauses de ce dernier.

Ayant cause ou ayant droit

Personne pouvant faire valoir un droit qu'elle détient d'une autre personne.

B

Bail

Le bail est un contrat, encore appelé louage de choses ou location, par lequel l'une des parties, le bailleur, s'oblige à procurer à l'autre, le locataire ou preneur à bail, la jouissance paisible et normale de la chose louée pendant un certain temps et moyennant un certain prix, appelé loyer.

Bail à construction

Bail de longue durée (18 à 99 ans) qui engage un locataire à édifier des constructions sur un terrain appartenant au propriétaire moyennant le versement d'un loyer. Le preneur s'oblige à les conserver en bon état d'entretien pendant la durée du bail ; sauf stipulations contraires, le bailleur en devient propriétaire en fin de bail.

Bail à réhabilitation

Contrat de location d'une durée minimale de douze ans obligeant le locataire à la remise en état de logements vétustes possédés par un propriétaire dépourvu des ressources nécessaires à leur amélioration. Une fois les travaux de réhabilitation terminés, le locataire doit s'engager à louer les logements à des personnes défavorisées.

Bail commercial

Contrat de location signé entre un propriétaire d'un local abritant une activité commerciale, industrielle ou artisanale et un locataire propriétaire d'un fonds de commerce. Le bail commercial obéit aux règles des articles L. 145-1 et suivants du Code de commerce (ancien décret du 30 septembre 1953) qui confèrent au locataire une protection particulière que l'on appelle couramment la propriété commerciale. Le locataire bénéficie ainsi, de par son statut, d'un bail d'une durée minimale de neuf ans mais surtout d'un droit au renouvellement dudit bail.

© Groupe Eyrolles / PAP

Bail emphytéotique

Bail de longue durée (18 à 99 ans) portant sur un immeuble que le locataire ou emphytéote s'engage à mettre en valeur. Il doit, par ailleurs, payer une redevance annuelle, appelée « canon » emphytéotique. La différence essentielle avec le bail à construction est que le locataire n'a pas d'obligation à construire mais seulement la simple faculté de le faire.

Bail professionnel

Contrat de location portant sur un local dans lequel le locataire exerce une activité qui n'est ni commerciale, ni artisanale, ni industrielle. Il s'agit en fait de l'exercice d'une profession libérale. Il n'existe pas de législation spécifique réglementant le bail professionnel. Ce sont donc les dispositions du Code civil qui s'appliquent ainsi que l'article 57A de la loi de 1986 fixant obligatoirement la durée minimale du contrat à six ans, et conférant au locataire la possibilité de donner congé à tout moment moyennant un préavis de six mois.

Bailleur

Personne physique ou morale qui s'oblige à procurer à une personne, appelée locataire, la jouissance paisible d'un local pendant un certain temps et moyennant un certain prix.

Bénéfices industriels et commerciaux (BIC)

Ce sont des bénéfices qui proviennent d'une profession commerciale ou d'une activité assimilée, lorsque cette profession ou activité est exercée par une personne physique ou une société ne relevant pas de l'impôt sur les sociétés. En matière immobilière, sont imposés au titre des BIC les bénéfices provenant : des marchands de biens ainsi que des lotisseurs ; des profits provenant des opérations de construction ; des loyers perçus par les loueurs de locations meublées (professionnels ou non) ; de la location de parking ou de garages si elle s'accompagne de certaines prestations (lavage, entretien, distribution d'essence…).

Bénéficiaire

Terme désignant le futur acquéreur dans la rédaction d'une promesse unilatérale de vente précédant l'acte définitif de vente. Il bénéficie de la promesse.

BIC

Voir bénéfices industriels et commerciaux.

Bordereau (d'inscription aux hypothèques)

Pièce que le notaire doit établir en vue de l'inscription à la conservation des hypothèques d'un privilège ou d'une hypothèque garantissant un emprunt ou une reconnaissance de dette.

Bornage

Opération consistant à déterminer la délimitation de propriétés ou de terrains par des signes matériels que l'on appelle les bornes. Le bornage est effectué par un géo-

© Groupe Eyrolles / PAP

mètre expert qui établit un procès-verbal comportant un plan sur lequel figurent les emplacements des bornes. Il existe deux types de bornage : le bornage amiable établi par un professionnel après accord des parties sur l'établissement précis des limites de leurs propriétés ; le bornage judiciaire où la délimitation des propriétés est alors faite par décision du juge en cas de refus de bornage amiable de l'un des voisins.

Bouquet

Somme d'argent versée comptant par l'acquéreur dans le cadre d'une vente en viager. Son montant est librement fixé en fonction des besoins immédiats du vendeur et des possibilités de l'acquéreur. Le bouquet vient en déduction du prix de vente pour le calcul de la rente viagère.

C

Cadastre

Registre public définissant dans chaque commune la surface et la valeur des biens fonciers et servant de base à l'assiette de l'impôt foncier. Ce document peut être consulté au centre des impôts fonciers, en mairie, ainsi que sur Internet sur www.cadastre.gouv.fr.

Caisse d'allocations familiales (CAF)

Organisme public compétent pour octroyer des aides à caractère familial. Dans le domaine de l'immobilier, elle est chargée de verser les différentes aides au logement, telles que l'APL, l'ALS…

Carrez (loi)

Loi qui a pris le nom du député qui est à l'initiative de la mesure et qui oblige le vendeur à indiquer la superficie de son lot vendu dans les promesses et actes de vente. Cette obligation ne concerne que les lots en copropriété (verticale comme horizontale) dont la superficie est supérieure à 8 m^2.

Caution

Acte par lequel un tiers s'engage envers le créancier à payer une certaine somme en cas de défaillance du débiteur. Le cautionnement peut être demandé notamment par la banque pour garantir le paiement d'un crédit immobilier ou par un propriétaire pour garantir le paiement des loyers en cas de défaillance du locataire. Le cautionnement peut être simple ou solidaire.

CCMI

Voir contrat de construction de maison individuelle.

Certificat d'urbanisme

Document fourni par l'administration, le certificat indique les règles d'urbanisme applicables sur le terrain où la construction de la maison est envisagée. La mairie le remet gratuitement.

© Groupe Eyrolles / PAP

Il existe deux types de certificat :
- le certificat d'urbanisme ordinaire, purement informatif, indique simplement la situation du terrain au regard des dispositions d'urbanisme ;
- le certificat d'urbanisme détaillé est délivré dès lors qu'un projet précis est envisagé. Vous devez donc déposer un dossier complet sur l'opération projetée, notamment la destination de l'immeuble ainsi que sa superficie de plancher hors d'œuvre. Dans ce cas, le certificat indique si le terrain peut être utilisé pour la réalisation de cette opération.

Certificat de conformité

Document administratif attestant que les travaux ont été réalisés conformément au permis de construire. Depuis 2007, le certificat peut être tacite.

Cession de bail

Contrat par lequel le locataire transmet à une autre personne les droits et obligations qu'il détient de son contrat. Autrement dit, la cession de bail correspond au remplacement du locataire par un autre. En matière de baux d'habitation, le locataire ne peut céder son bail sans l'autorisation du propriétaire.

Changement d'usage d'un local

Modification de l'usage d'un bien. Le propriétaire utilisateur peut décider librement d'en changer l'affectation sous réserve des cas où une autorisation administrative est requise (art. L. 631-7 du Code de la construction et de l'habitation). Ainsi, il est en principe interdit d'affecter des locaux d'habitation à un usage professionnel ou commercial sans avoir obtenu une autorisation administrative préalable.

Charges de copropriété

Les charges de copropriété recouvrent l'ensemble des dépenses relatives à l'entretien et aux réparations des parties communes, ainsi qu'au fonctionnement des services collectifs et des équipements communs d'un immeuble en copropriété. Tous les copropriétaires doivent contribuer au paiement des charges de l'immeuble. Deux catégories de charge sont à distinguer :
- les charges entraînées par les services collectifs et les éléments d'équipements communs. Elles sont réparties en fonction de l'utilité que présente ledit service ou équipement pour le lot concerné ;
- les charges relatives à la conservation, à l'entretien et à l'administration des parties communes, qui sont réparties en fonction des millièmes de copropriété.

Charges récupérables

Charges payées par le bailleur, mais incombant légalement au locataire. En matière de baux d'habitation, elles sont classées en trois grandes catégories :
- les charges exigibles « en contrepartie des services rendus liés à l'usage des différents éléments de la chose louée » ;

© Groupe Eyrolles / PAP

- les dépenses d'entretien courant et les menues réparations sur les éléments d'usage commun de la chose louée ;
- les impôts qui correspondent à des services dont le locataire profite directement (taxe d'enlèvement des ordures ménagères).

La liste des charges locatives est fixée par un décret du 26 août 1987.

Clause d'habitation bourgeoise

Clause d'un règlement de copropriété d'où il ressort que les locaux privatifs peuvent être utilisés pour l'habitation personnelle de leurs occupants mais aussi pour l'exercice d'activités professionnelles libérales. Elle s'oppose à la clause d'habitation exclusivement bourgeoise où toute activité professionnelle est interdite.

Clause pénale

Disposition contractuelle qui a pour but de déterminer à l'avance quelle sera la sanction pécuniaire applicable au cas où l'une des parties n'exécuterait pas ses obligations. Elle peut être révisée par le juge, à la hausse comme à la baisse, lorsqu'elle est manifestement excessive ou dérisoire.

Clause résolutoire

Disposition prévoyant la résolution automatique d'un contrat lorsque l'une des parties ne respecte pas ses obligations.

Codicille

Modification apportée au testament. Pour être valable, cette modification doit être datée et signée.

Coefficient d'occupation des sols

Coefficient qui permet de connaître le nombre maximal de mètres carrés constructibles par rapport à la surface du terrain. C'est le plan local d'urbanisme (PLU) qui fixe pour chaque zone ou partie de zone un ou plusieurs coefficients d'occupation des sols.

Commission de conciliation

Organisme départemental de conciliation compétent pour intervenir dans certains litiges entre propriétaires et locataires. Elle est composée de représentants d'associations de locataires et des organisations de propriétaires. Elle intervient dans les litiges relatifs :
- aux loyers ;
- aux modalités de sortie de la loi de 1948 ;
- à l'état des lieux, au dépôt de garantie, aux charges locatives et aux réparations ;
- aux caractéristiques du logement décent.

Compromis de vente

Contrat par lequel vendeur et acquéreur s'engagent tous les deux, l'un à vendre, l'autre à acheter. Juridiquement, la vente est formée dès la signature du contrat.

© Groupe Eyrolles / PAP

Appelé également promesse synallagmatique de vente, cet avant-contrat peut être signé entre les parties ou devant notaire.

Concession immobilière

Contrat par lequel le propriétaire d'un immeuble ou partie d'immeuble, bâti ou non, en confère la jouissance à un concessionnaire pour une durée de vingt ans au minimum et moyennant le paiement d'une redevance annuelle.

Condition suspensive

Clauses présentes dans les contrats qui précèdent la vente (promesse de vente, compromis de vente, contrat de construction), les conditions suspensives ont pour effet de suspendre les effets de l'avant-contrat jusqu'à l'arrivée d'un terme futur et incertain. Si ce dernier ne se réalise pas dans le délai convenu, la promesse devient nulle et les parties sont libérées de leurs obligations. Les clauses suspensives fréquemment rencontrées sont celles relatives à l'obtention des prêts, au non-exercice du droit de préemption par la commune ou à l'obtention d'un permis de construire.

Congé

Acte unilatéral mettant fin à un contrat. En matière de locations vides, le locataire peut donner congé à tout moment dès lors qu'il respecte un délai de préavis de trois mois qui peut être réduit à un mois dans certains cas. En revanche, le propriétaire ne peut résilier le bail qu'à l'échéance du contrat à condition que le congé soit justifié par une décision de vendre le logement, de le reprendre pour l'habiter ou pour un motif légitime et sérieux. Le congé doit être délivré six mois avant le terme du contrat.

Conseil de famille

Réunion des parents et alliés, composée de quatre ou six membres (si possible du côté maternel et paternel) choisis par le juge. Ce dernier le convoque à sa guise, le préside et a voix prépondérante.

Conseil syndical

Organe consultatif chargé d'assister et de contrôler le syndic dans sa gestion. Il n'est doté d'aucun pouvoir de décision. Depuis 1985, l'institution d'un conseil syndical est obligatoire, sauf si l'assemblée générale y renonce. Il est constitué de copropriétaires nommés par l'assemblée générale à la majorité des voix de tous les copropriétaires. Un président peut être désigné au sein des membres dudit conseil.

Conservation des hypothèques

Administration qui dépend du ministère des Finances. Sa mission est de faire l'état des mutations de propriétés et des inscriptions hypothécaires pour chaque immeuble.

© Groupe Eyrolles / PAP

Consignation
Dépôt effectué entre les mains d'un tiers appelé consignataire (notaire ou établissement financier) d'une somme d'argent à titre de garantie.

Constructeur
Ensemble des professionnels qui prennent l'initiative d'une opération de construction d'un ouvrage ou participent à sa conception ou à sa réalisation et qui, à ce titre, encourent une responsabilité particulière envers le maître ou l'acquéreur de l'ouvrage quant aux principaux dommages qui peuvent l'affecter.

Contrat d'architecte
Contrat de louage d'ouvrage passé par écrit entre l'architecte (maître d'œuvre) et son client (maître d'ouvrage) pour la réalisation de travaux de construction. Ce type de contrat n'est pas particulièrement réglementé et son contenu peut être très variable. Il peut définir soit une simple élaboration de plan, soit une prise en charge complète de l'ensemble de la construction, de sa conception à l'achèvement.

Contrat d'échange
Contrat par lequel les parties se donnent respectivement une chose contre une autre. L'échange est, comme la vente, un contrat translatif de propriété. Mais, à la différence de la vente, la contrepartie du bien cédé est un autre bien et non pas une somme d'argent.

Contrat d'entreprise
Contrat également appelé « contrat de louage d'ouvrage », par lequel l'une des parties, l'entrepreneur, s'engage envers l'autre, dénommé « maître de l'ouvrage » à exécuter en toute indépendance et sans le représenter, un ouvrage immobilier moyennant un prix convenu.

Contrat de construction de maison individuelle
Contrat par lequel un constructeur se charge de la construction d'un ou deux logements destinés au même acquéreur à usage d'habitation ou à usage mixte (habitation et professionnel). Ce type de contrat, entièrement tourné vers la protection de l'acquéreur, est très encadré par la loi du 19 décembre 1990. En fait, peu de constructions de maisons individuelles échappent aujourd'hui à cette réglementation. La loi prévoit deux types de contrat :
  – le contrat de construction avec fourniture de plan ;
  – le contrat de construction sans fourniture de plan (également appelé « contrat de construction de maison individuelle allégé »).

Contrat de louage d'ouvrage
Contrat également appelé « contrat d'entreprise », par lequel l'une des parties, l'entrepreneur, s'engage envers l'autre, dénommé « maître de l'ouvrage » à exécu-

© Groupe Eyrolles / PAP

ter en toute indépendance et sans le représenter, un ouvrage immobilier moyennant un prix convenu.

Contrat de réservation
Contrat également appelé « contrat préliminaire ». C'est un avant-contrat qui doit obligatoirement être conclu lors d'une vente d'immeuble à construire, le plus souvent une vente en l'état futur d'achèvement (VEFA). Le vendeur s'engage à réserver à un acheteur tout ou une partie d'immeuble. En contrepartie, l'acquéreur verse un dépôt de garantie. Le contrat préliminaire est strictement réglementé et doit comporter un certain nombre d'indications sous peine de nullité. Il doit notamment indiquer la surface approximative du logement, le nombre de pièces, le prix ainsi que les délais d'exécution.

Contrat de vente
Contrat par lequel l'une des parties, le vendeur, transfère la propriété d'une chose et s'engage à la livrer à l'autre partie, dénommée acheteur ou acquéreur, qui s'oblige à payer le prix en argent.

Contrat préliminaire
Voir contrat de réservation.

Contribution économique territoriale
Anciennement taxe professionnelle. Taxe locale due par toutes les personnes physiques ou morales qui exercent, à titre habituel, une activité professionnelle non salariée. Elle est calculée sur la base de la valeur locative des immobilisations et d'une fraction du montant des salaires ou des recettes.

Copie exécutoire
C'est l'expédition d'un acte, revêtu de la mention « exécutoire ». Elle permet à un créancier de mettre en œuvre les voies d'exécution à l'encontre de son débiteur défaillant pour l'obliger à payer sa dette. La copie exécutoire est unique.

Copies
Il s'agit de pièces n'ayant aucune valeur authentique. N'étant pas signées par le notaire, elles ne garantissent pas le contenu de l'acte.

Copropriété
Répartition de la propriété d'un immeuble bâti ou d'un groupe d'immeubles bâtis entre plusieurs personnes par lots, chaque lot comprenant une partie privative (appartement, cave…) et une quote-part de parties communes (escalier, ascenseur, cour, jardin…). Dès lors qu'un immeuble appartient à deux propriétaires différents et qu'il est divisé en lots, il est soumis au statut de la copropriété. La copropriété est régie par la loi du 10 juillet 1965 et le décret du 17 mars 1967.

© Groupe Eyrolles / PAP

COS
Voir coefficient d'occupation des sols.

Cour commune
Servitude de ne pas bâtir ou de ne pas dépasser une certaine hauteur afin d'assurer des conditions minimales d'hygiène et de salubrité (aération, éclairement) aux constructions édifiées sur des surfaces restreintes.

Crédirentier
Terme désignant le vendeur dans une vente en viager. Le crédirentier perçoit une rente de la part de l'acquéreur.

Crédit-bail immobilier
Technique permettant à un propriétaire d'un immeuble professionnel ou commercial de le louer à une entreprise utilisatrice qui pourra l'acquérir à l'issue de la période de location. L'intérêt de cette formule réside dans la possibilité, pour le locataire (crédit-preneur), de financer sans apport personnel son opération. C'est donc une technique performante de financement des investissements immobiliers. À l'expiration de la période de location, le locataire dispose d'une triple option :
- soit acheter l'immeuble pour sa valeur telle que convenue à l'origine ;
- soit en restituer l'usage ;
- soit, avec l'accord du propriétaire (crédit-bailleur), s'engager pour une nouvelle période de location.

Crédit-relais
Crédit accordé pour acheter un bien immobilier, dans l'attente de la vente d'un autre bien dont le produit est destiné à financer l'acquisition du premier.

D

Débirentier
Terme désignant l'acheteur dans une vente en viager. Le débirentier verse une rente viagère au vendeur ; il est donc débiteur de la rente.

Débours
Dépenses que le notaire (ou l'avocat ou encore l'huissier) engage pour le compte de son client pour mener à bien son dossier et que celui-ci doit lui rembourser. Lors d'un procès, ces frais sont appelés dépens.

Déclaration attestant l'achèvement et la conformité des travaux
Document administratif que vous devez remplir et qui a une double fonction :
- déclarer l'achèvement des travaux ;
- déclarer que les travaux sont conformes au permis de construire et respectent les règles générales de construction.

© Groupe Eyrolles / PAP

La déclaration doit être adressée au maire dès l'achèvement des travaux. À compter de sa réception en mairie, l'administration dispose d'un délai de trois mois pour contester la conformité des travaux (cinq mois dans les secteurs protégés).

Déclaration d'intention d'aliéner (DIA)

Formalité imposée à tout propriétaire qui souhaite vendre un bien immobilier dans les périmètres où existe un droit de préemption. La déclaration est un acte juridique par lequel le propriétaire notifie au bénéficiaire du droit de préemption (généralement une collectivité publique) son intention de vendre son bien et les conditions de la vente. C'est le notaire qui se charge d'établir la DIA, généralement après la signature de la promesse de vente.

Déclaration d'utilité publique

Acte pris par décret en Conseil d'État après enquête préalable et par lequel est engagée la procédure d'expropriation pour cause d'utilité publique.

Déclaration préalable de travaux

Procédure simplifiée de permis de construire permettant, dans le respect des règles d'occupation des sols, de réaliser certains travaux exemptés de permis de construire. La déclaration est établie en trois exemplaires auprès de la mairie avant le commencement des travaux.

Défaut de conformité

Inadéquation entre les clauses du contrat et la chose réalisée ou livrée. Par exemple, une baignoire bleue était prévue au contrat et le constructeur a installé une baignoire blanche. D'une manière générale, le défaut de conformité constitue une inexécution des clauses du contrat qui engage la responsabilité contractuelle de droit commun de son auteur.

Délai de réflexion

En matière de crédit immobilier, délai dont dispose l'emprunteur avant d'accepter l'offre de prêt. L'emprunteur est ainsi obligé d'attendre dix jours pour donner son accord, ce qui lui laisse le temps de la réflexion. Le délai court à compter de la réception de l'offre de prêt.

Délai de rétractation

Délai de sept jours dont bénéficient tous les acquéreurs de logements, neufs ou anciens, pour annuler le contrat. Cette faculté de rétractation concerne les promesses de vente pour les logements anciens, les contrats de réservation d'appartements, les contrats de construction de maisons individuelles et généralement tout avant-contrat relatif à l'acquisition d'un logement signé sous signature privée ou devant notaire.

Démembrement de propriété

Être propriétaire d'un bien, c'est avoir le droit d'en disposer, c'est-à-dire de le vendre ou de le donner (c'est l'*abusus*), le droit d'en jouir et d'en user, en l'habi-

© Groupe Eyrolles / PAP

252

tant notamment (c'est l'*usus*) et enfin le droit d'en percevoir les fruits (c'est le fructus). Le démembrement de propriété consiste à diviser la propriété, c'est-à-dire à répartir ces droits entre deux personnes : le nu-propriétaire qui peut disposer du bien, et l'usufruitier qui conserve le droit de jouir du bien et d'en percevoir les fruits. Le démembrement de propriété se rencontre en matière de viager (le vendeur ou crédirentier conserve l'usufruit tandis que l'acquéreur ou débirentier détient la nue-propriété). On le rencontre également très souvent en matière de succession ; le conjoint survivant conserve généralement l'usufruit du logement des époux, tandis que la nue-propriété va aux héritiers.

Dépassement de COS

Consiste à construire un nombre de mètres carrés de plancher hors œuvre supérieur à celui autorisé par le COS (coefficient d'occupation des sols), compte tenu de la superficie du terrain. C'est le PLU (plan local d'urbanisme) qui fixe les conditions et les limites de dépassement de COS.

Dépôt de garantie

D'une manière générale, somme versée par l'une des parties à un contrat pour garantir la bonne exécution de ses obligations. Un tel dépôt se rencontre notamment en matière de location. Le locataire verse au bailleur un dépôt de garantie lors de son entrée dans les lieux. Cette somme lui est restituée en fin de contrat s'il a respecté ses obligations, et en particulier s'il a payé son loyer et utilisé le logement en bon père de famille, sans dégradation.

Un dépôt de garantie est également versé par l'acquéreur lors de la signature d'un contrat de réservation dans le cadre d'une VEFA (vente en l'état futur d'achèvement) ou d'un contrat de construction d'une maison individuelle.

En matière de vente sur plan, le dépôt de garantie ne peut être supérieur à 5 % du prix prévisionnel si le délai de réalisation de la vente n'excède pas un an. Ce montant est ramené à 2 % lorsque la vente est réalisée dans un délai maximal de deux ans. Au-delà, aucune somme ne peut être réclamée à l'acquéreur.

En matière de contrat de construction de maison individuelle et si une clause du contrat le prévoit, le montant du dépôt ne peut être supérieur à 3 % du prix de la construction. Toutefois, si lors de la signature du CCMI (contrat de construction de maison individuelle), le constructeur est en mesure de justifier d'une garantie de remboursement, le contrat peut prévoir, à la place du dépôt de garantie, le versement d'une somme de 5 % du coût de la construction. Dans cette hypothèse, un autre dépôt d'une somme équivalente sera également réclamé lors de l'obtention du permis de construire.

Déspécialisation

Consiste, en matière de bail commercial, à ajouter à l'activité autorisée dans le contrat une ou plusieurs autres activités. On parle de déspécialisation plénière quand toute activité, sans restriction, est autorisée. Elle fait l'objet d'une procédure spéciale et doit notamment être autorisée par le propriétaire.

© Groupe Eyrolles / PAP

Destination de l'immeuble

Utilisation, qualité d'un immeuble, déterminées en fonction des caractéristiques de construction, de confort, d'affectation, d'environnement et d'esthétique. La destination est en principe indiquée dans le règlement de copropriété et doit être respectée par tous les copropriétaires. Ainsi, par exemple, dans un immeuble luxueux à destination exclusivement bourgeoise, un copropriétaire ne peut en aucun cas ouvrir un commerce.

Devis

État détaillé des travaux à exécuter et/ou des matériaux à utiliser dans le cadre d'un contrat d'entreprise, avec indication du ou des prix. Le devis est établi par l'entrepreneur et soumis à l'approbation du maître de l'ouvrage.

DIA

Voir déclaration d'intention d'aliéner.

Différé d'amortissement

Technique permettant à l'emprunteur de retarder le remboursement du capital emprunté pendant une période donnée durant laquelle il ne versera que les intérêts d'emprunt et les frais. Le différé permet ainsi d'alléger les premières échéances de remboursement afin de faire face le cas échéant à d'autres charges.

Domiciliation d'entreprise

Faculté reconnue à toute personne qui crée une entreprise ou une société de domicilier le siège social de cette entreprise dans son local d'habitation (qu'il soit propriétaire ou locataire), sans limitation de durée, ou pour une durée limitée à cinq ans lorsqu'il existe des dispositions législatives ou des stipulations contractuelles interdisant la transformation en local commercial.

Donation

Acte juridique par lequel une personne (le donateur) donne de son vivant et irrévocablement un bien à une autre personne (le donataire) qui l'accepte. La donation doit être passée devant notaire.

Donation-partage

Acte juridique notarié permettant à toute personne, non seulement de donner de son vivant certains biens à ses héritiers présomptifs (enfants, petits-enfants, frères, sœurs, neveux, nièces, enfants du conjoint), mais aussi de répartir entre eux tout ou partie de son patrimoine. Avant, la donation-partage ne pouvait intervenir qu'entre ascendants (parents, grands-parents) et descendants (enfants, petits-enfants). Désormais, toute personne peut anticiper la transmission de ses biens, quelle que soit sa situation familiale (ex. : possibilité de donations-partages au sein des familles recomposées).

© Groupe Eyrolles / PAP

Droit au maintien dans les lieux
Droit donné par la loi du 1er septembre 1948 au locataire titulaire d'un bail de rester dans les lieux à l'expiration du contrat, aux clauses et conditions du contrat primitif.

Droit d'usage et d'habitation
Droit réel temporaire qui confère à son titulaire le droit d'utiliser un bien appartenant à autrui dans la limite de ses besoins et de ceux de sa famille. Contrairement à l'usufruit, le titulaire de ce droit ne peut ni céder ni louer le bien à autrui.

Droit de mutation
Droit d'enregistrement exigé par l'administration fiscale lors de la mutation d'un bien immobilier, c'est-à-dire du changement de propriétaire de ce bien soit à titre onéreux (vente notamment), soit à titre gratuit (donation ou succession).

Droit de passage
Droit accordé par la loi au propriétaire d'un fonds enclavé (ou fonds dominant) de passer sur la propriété du fonds servant pour accéder à sa propriété.

Droit de préemption
Droit d'achat prioritaire permettant à une personne privée ou à une collectivité publique de se porter acquéreur d'un bien immobilier, aux prix et conditions fixés lors de sa mise en vente par son propriétaire, par préférence à tout autre acquéreur.

Droit de préemption du locataire
Droit d'achat prioritaire dont bénéficie le locataire d'un logement loué vide et soumis à la loi du 6 juillet 1989, en cas de congé pour vendre le logement délivré par le propriétaire en fin de bail.

Droit de suite
Droit permettant au titulaire d'une sûreté de saisir le bien sur lequel porte sa garantie en quelque main qu'il se trouve, même entre les mains d'un tiers acquéreur, généralement pour le faire vendre et se payer sur le prix.

Droit de visite
Droit accordé au bailleur, malgré son obligation générale de ne pas troubler la jouissance du locataire, de faire visiter le logement loué en vue de la vente ou de la location. Cette faculté ne peut s'exercer ni les jours fériés ni plus de deux heures les jours ouvrables. Ce droit est prévu par la loi du 6 juillet 1989 pour les locations vides mais doit être stipulé au contrat pour les locations meublées.

Droit de visite et de communication
Droit reconnu aux maires, préfets, fonctionnaires et agents assermentés dans le cadre du contrôle qui accompagne la délivrance du permis de construire et après

© Groupe Eyrolles / PAP

déclaration d'ouverture de chantier. Ce droit leur permet de visiter les constructions en cours et de se faire communiquer tous documents techniques.

Droit personnel
Droit qu'a une personne (le créancier) d'exiger d'une autre personne (le débiteur) l'exécution d'une obligation (de donner, de faire ou de ne pas faire). Appelé également droit de créance, le droit personnel ne crée de liens et d'obligations qu'entre deux personnes, par opposition au droit réel qui implique un rapport entre une personne et un bien.

Droit réel
Droit qui confère à son titulaire un pouvoir direct et immédiat sur un bien. Le droit de propriété est un droit réel, par excellence. Contrairement au droit personnel, le droit réel s'exerce sans l'entremise d'une autre personne et sans créer de liens entre deux personnes.

DUP
Voir déclaration d'utilité publique.

E

Élément d'équipement indissociable
Élément d'équipement d'un bâtiment faisant indissociablement corps avec les ouvrages de viabilité, de fondation, d'ossature, de clos ou de couvert. Les dommages qui affectent un tel équipement donnent lieu à la responsabilité décennale des constructeurs. Un élément d'équipement est considéré comme formant indissociablement corps avec un ouvrage lorsque sa dépose, son démontage ou son remplacement ne peuvent s'effectuer sans détérioration ou enlèvement de matière de cet ouvrage.

Émoluments notariés
Honoraires du notaire qu'il perçoit à chaque acte passé. Sa rémunération se décompose en émoluments fixes ou proportionnels, tarifés ou non tarifés (fixés alors par accord entre lui et son client).

Emphytéose
Voir bail emphytéotique.

Enclave
Situation d'un terrain qui ne dispose pas d'accès à la voie publique ou lorsque cet accès est insuffisant. Il est en fait entouré par des fonds appartenant à d'autres propriétaires. Le propriétaire du terrain enclavé est en droit de disposer d'un droit de passage légal sur la propriété voisine pour accéder à la voie publique.

© Groupe Eyrolles / PAP

Enquête publique

Procédure préalable à la réalisation d'aménagements, d'ouvrages ou de travaux publics ou privés permettant d'informer le public et de recueillir ses appréciations ou ses critiques. Le lieu de l'enquête se situe soit à la préfecture soit à la mairie du lieu des travaux. La durée d'une telle enquête ne peut être inférieure à un mois.

Enregistrement

Formalité fiscale, obligatoire ou volontaire, consistant en la transcription d'un acte sur un registre donnant lieu au versement de droits d'enregistrement. Ainsi, une promesse unilatérale de vente établie sans l'intervention d'un notaire doit être enregistrée, pour être valable, dans les dix jours de sa signature.

Envoi en possession

Décision de justice qui permet à une personne de prendre possession d'un bien qui dépend de la succession d'un défunt.

État des lieux

Document sur lequel est inscrit l'état d'un immeuble ou d'un logement ainsi que ses composants. L'état des lieux est obligatoire en matière de location de logements vides depuis la loi du 6 juillet 1989. Il doit être établi à l'entrée des lieux et à la sortie, entre le locataire et le propriétaire mais le recours à un huissier est possible. Ce constat, signé des deux parties, est destiné à faire la preuve des dégradations ou des pertes à la sortie du logement par le locataire.

État descriptif de division

Document destiné à identifier des lots d'un immeuble en copropriété pour les besoins de la publicité foncière. L'état descriptif de division peut être distinct du règlement de copropriété ou inclus dans celui-ci, ce qui est le cas le plus souvent.

État hypothécaire

Documents délivrés par le Bureau des hypothèques établissant la situation hypothécaire d'un immeuble (droits inscrits sur cet immeuble).

Exhérédation

Action de déshériter au maximum un héritier.

Expédition

Une expédition est la copie certifiée conforme par le notaire d'un acte dont il est dépositaire. Il peut en être établi plusieurs pour un même acte.

Expropriation pour cause d'utilité publique

Procédure engagée par l'État ou par une personne publique à l'encontre d'un particulier, afin de le contraindre à vendre son bien dans un but d'intérêt général (par exemple construction d'une autoroute). En contrepartie, la personne expropriée

© Groupe Eyrolles / PAP

se voit offrir une indemnité. Si cette indemnité ne lui convient pas, c'est le juge de l'expropriation qui en arrête le montant définitif.

Expulsion

Procédure visant à contraindre des personnes à quitter un lieu qu'elles occupent sans droit. Cette procédure n'est mise en œuvre qu'à la suite d'une décision de justice. Un huissier se charge de procéder à l'évacuation de ces personnes. Il peut faire appel, s'il se heurte à la résistance de ses occupants, au concours de la force publique.

F

Fonds de commerce

Ensemble des éléments mobiliers corporels (matériel, outillage, marchandises) et incorporels (droit au bail, nom, enseigne, clientèle) qu'un commerçant regroupe dans l'objectif d'exercer une activité commerciale.

Force majeure

Événement imprévisible, irrésistible et insurmontable empêchant une personne d'exécuter ses obligations. Lorsque les conditions de la force majeure sont réunies, la personne est exonérée de toute responsabilité vis-à-vis de la partie adverse.

Frais de dossier

Frais demandés par les établissements financiers pour la mise en place d'un prêt immobilier. Leur montant varie suivant les banques. Ces frais sont négociables.

Frais de mutation

Frais mis à la charge de l'acquéreur d'un bien immobilier. Ces frais comprennent pour partie des taxes (principalement la taxe de publicité foncière), l'émolument du notaire (sa rémunération) et les frais divers et de formalités. Ces frais sont souvent dénommés frais de notaire.

G

Garantie biennale

Garantie obligatoire appelée aussi « garantie biennale de bon fonctionnement » supportée par tous les intervenants à l'acte de construire. Elle couvre pendant deux années à compter de la réception de l'immeuble tous les désordres non couverts par la garantie décennale et affectant les éléments d'équipement qui sont dissociables des éléments constitutifs du bâtiment (chauffage, fenêtres, menus équipements…).

Garantie d'achèvement

Dans les ventes en l'état futur d'achèvement, le vendeur a l'obligation d'apporter une garantie d'achèvement, donnée généralement par une banque, un établisse-

© Groupe Eyrolles / PAP

ment financier. En pratique, le garant ne s'engage pas à achever matériellement l'immeuble, mais uniquement à avancer ou à payer les sommes nécessaires à l'achèvement de la construction si jamais le promoteur avait des difficultés pour terminer les travaux.

Garantie de bon fonctionnement

Voir garantie biennale.

Garantie de livraison

Garantie obligatoire dans tous les contrats de construction de maison individuelle. Elle est souscrite par le constructeur ou l'entrepreneur soit auprès d'un établissement de crédit soit auprès d'une assurance. Elle garantit le maître de l'ouvrage (client) des risques d'inexécution ou de mauvaise exécution des travaux. En cas de défaillance du constructeur, l'organisme garant doit mettre en demeure le constructeur de terminer la construction et, à défaut, il doit désigner un autre professionnel qui aura la charge de réaliser les travaux. La garantie de livraison prend effet à partir de la date d'ouverture du chantier et se termine lorsque la réception des travaux est consignée.

Garantie de parfait achèvement

Garantie obligatoire à laquelle l'entrepreneur est tenu pendant un délai d'un an à compter de la réception et qui s'applique à la réparation de tous les désordres signalés par le maître d'ouvrage soit au moyen de réserves mentionnées au procès-verbal de réception, soit par voie de notification écrite pour ceux révélés postérieurement à la réception et ce, pendant un an.

Garantie de remboursement

Obligatoire dans un contrat de vente en l'état futur d'achèvement, elle a pour but de rembourser à l'acquéreur les versements qu'il a déjà effectués en cas de résolution amiable ou judiciaire de la vente pour défaut d'achèvement de l'immeuble. En matière de contrat de construction de maison individuelle (CCMI), la garantie de remboursement est obligatoire dès lors que le constructeur réclame le versement de fonds avant l'ouverture du chantier. Elle permet de rembourser les sommes versées par l'acquéreur lorsque le contrat ne prend pas effet suite :

- à la non-réalisation des conditions suspensives ;
- à la rétractation de l'acquéreur dans le délai de sept jours suivant la réception du contrat ;
- à la non-ouverture du chantier à la date convenue.

Garantie des risques locatifs (GRL)

Elle permet aux propriétaires bailleurs d'obtenir une assurance loyers impayés pour des locataires ne présentant pas de garanties suffisantes.

Son financement est assuré par l'Action Logement (ex – « 1 % logement »), l'État et les propriétaires bailleurs qui la souscrivent auprès de certaines compagnies d'assurances.

© Groupe Eyrolles / PAP

En cas d'incidents, le bailleur est assuré d'être remboursé des loyers et charges, sans limitation de durée ni de montant et ce, sans avoir à engager de procédure.

Garantie décennale

Garantie obligatoire supportée par tous les intervenants à l'acte de construire. Elle couvre tous les vices de construction compromettant la solidité de l'ouvrage ou le rendant impropre à sa destination pendant dix années à compter de la réception. Cette garantie couvre également tous les dommages qui affectent la solidité des éléments d'équipement indissociables du bâtiment. Elle est valable pendant dix ans.

Garantie extrinsèque

Garantie fournie généralement par une banque, un établissement financier ou une compagnie d'assurances. Ces organismes s'engagent à avancer les sommes nécessaires à l'achèvement (garantie d'achèvement) de l'immeuble en cas de défaillance des promoteurs, lotisseurs ou constructeurs. Ces organismes peuvent également rembourser à l'acquéreur les sommes qu'il a déjà pu verser (garantie de remboursement).

Garantie intrinsèque

Garantie fournie par le constructeur avec ses fonds propres assurant à l'acquéreur l'achèvement de la construction.

GRL

Voir garantie des risques locatifs.

H

Habitation principale

Logement où réside le propriétaire ou le locataire en permanence avec sa famille. C'est le lieu occupé à titre habituel.

Héritier réservataire

Les héritiers réservataires sont uniquement les descendants du défunt. Il échoit obligatoirement à ces héritiers une partie de la succession (appelée la réserve), le défunt ne pouvant disposer que de la partie appelée quotité disponible.
En l'absence d'enfant, le conjoint survivant peut recueillir la totalité de la succession par testament.

Hors d'air

Un immeuble est considéré comme hors d'air lorsque les portes et fenêtres sont posées. Il est clos et couvert.

Hors d'eau

Un immeuble est considéré hors d'eau dès lors que la toiture est posée. Il est donc couvert.

© Groupe Eyrolles / PAP

Hypothèque

Sûreté réelle qui permet à un créancier appelé « hypothécaire » de faire saisir un bien afin qu'il soit procédé à une vente en justice pour être payé sur le prix. Une hypothèque peut être conventionnelle, légale ou judiciaire. Dans tous les cas, elle confère à son titulaire un droit de préférence : en cas de vente suite à une saisie immobilière, le créancier sera payé, en priorité, sur le prix de vente ; et un droit de suite : il pourra faire saisir le bien même s'il a été revendu depuis à un tiers. L'hypothèque conventionnelle fait obligatoirement l'objet d'un acte authentique devant notaire et d'une inscription à la conservation des hypothèques du lieu où se situe l'immeuble. La prise d'hypothèque entraîne le versement de frais de notaire compris entre 1 % et 2 % du montant emprunté.

I

Immeuble à usage d'habitation et professionnel

Bâtiment affecté à la fois au logement et à l'exercice de professions non commerciales.

Immeuble par destination

Biens meubles qualifiés d'immeubles parce qu'ils se rattachent à un immeuble par nature. C'est le cas des objets mobiliers attachés à l'immeuble à perpétuelle demeure (glaces, ornements, statues…) qui y sont scellés ou qui ne peuvent être détachés sans être fracturés ou détériorés.

Impôt de solidarité sur la fortune (ISF)

Impôt dû par les personnes physiques dont le patrimoine taxable au 1er janvier de l'exercice excède un certain seuil.
Le patrimoine taxable (l'assiette de l'impôt) comprend tous les biens (mobiliers et immobiliers), situés en France ou à l'étranger, déduction faite des dettes (emprunts, dépôts de garantie reçus, factures…), et hormis les biens professionnels.

Impôt foncier

Impôt payé par tout propriétaire d'un immeuble au 1er janvier de l'année. Appelé également taxe foncière.

Impôts locaux

Impôts perçus, non pas au profit de l'État, mais au profit des collectivités territoriales (régions, départements, communes). Ils sont constitués par :
- la taxe foncière sur les propriétés bâties ;
- la taxe foncière sur les propriétés non bâties ;
- la taxe d'habitation ;
- la contribution économique territoriale (ancienne taxe professionnelle).

© Groupe Eyrolles / PAP

261

À côté des principaux impôts locaux, il existe également des taxes annexes. C'est le cas de la taxe de balayage, de la taxe d'enlèvement des ordures ménagères et de la taxe d'équipement.

Indemnité d'éviction
Somme d'argent versée au locataire d'un bail commercial et destiné à compenser le non-renouvellement de son contrat. Le montant de cette indemnité doit être égal au préjudice causé au locataire par le refus de renouvellement de son bail. Elle comprend notamment :
- la valeur marchande du fonds de commerce ;
- les frais de déménagement et de réinstallation ;
- les frais et droits de mutation.

Indemnité d'immobilisation
Somme d'argent versée par un acquéreur lors de la signature d'une promesse unilatérale de vente. Elle permet de matérialiser son désir d'achat et de dédommager le vendeur dans le cas où il déciderait de ne plus acheter. Le montant de cette indemnité correspond généralement à 10 % du montant de la vente.

Index BT 01
L'index national du bâtiment, communément appelé « indice BT 01 », est publié chaque mois au Journal officiel. Cet indice est généralement inséré dans les contrats de construction de maisons individuelles afin de tenir compte de la hausse des prix.

Indice du coût de la construction (ICC)
Indice établi chaque trimestre par l'Institut national de la statistique et des études économiques (Insee) et publié au Journal officiel. L'indice du coût de la construction sert à indexer les baux commerciaux, professionnels et généralement les loyers de toutes les locations pour lesquelles un autre indice n'est pas imposé.

Indice de référence des loyers (IRL)
Publié chaque trimestre par l'Insee, l'IRL est utilisé pour l'indexation des loyers des baux d'habitation vides et meublés.
En vigueur depuis le 1er janvier 2006, il a vu sa composition modifiée depuis le 10 février 2008. Dorénavant, l'évolution de l'IRL est calquée sur celle de l'évolution des prix à la consommation.

Indivision
Situation juridique dans laquelle plusieurs personnes ont des droits de même nature sur un bien sans qu'il y ait division matérielle de leurs parts. Cette situation d'indivision peut résulter soit d'une succession, soit de l'achat en commun d'un bien particulier. C'est le cas par exemple des concubins qui achètent ensemble un logement.

© Groupe Eyrolles / PAP

Inscription hypothécaire

Formalité de publicité foncière propre aux hypothèques et aux privilèges immobiliers. Elle suppose le dépôt de deux exemplaires d'un bordereau au Bureau des hypothèques.

ISF

Voir impôt de solidarité sur la fortune.

Isolation phonique

Tout promoteur ou vendeur d'immeuble à construire est tenu de garantir à l'égard du premier occupant de la bonne isolation phonique du logement et ce, pendant un an à compter de la prise de possession.

J

Jouissance

Utilisation d'un bien immobilier et perception de ses fruits (loyers par exemple).

Jours de souffrance

Les jours de souffrance appelés également jours de tolérance sont des ouvertures ne laissant passer que la lumière. Il doit être impossible de regarder à travers. Par ailleurs, ils doivent être « à verre dormant », c'est-à-dire qu'ils doivent être fixes et donc ne pas pouvoir s'ouvrir.

L

Levée d'option

Acte juridique unilatéral par lequel le bénéficiaire d'une option manifeste sa volonté d'exercer la faculté qui lui a été donnée. Ainsi, dans une promesse unilatérale de vente, le bénéficiaire de la promesse a une option : acheter ou ne pas acheter. La levée d'option est l'acte par lequel il décide d'acquérir le bien aux conditions offertes. On dit que le bénéficiaire lève l'option.

Libéralité

Acte par lequel une personne procure un avantage ou donne un bien à autrui sans contrepartie (à titre gratuit).

Licitation

Vente aux enchères d'un immeuble figurant dans une masse à partager, et en particulier dans une indivision. C'est une vente si l'acquéreur est un étranger à l'indivision ; dans le cas contraire, elle constitue un partage partiel.

Livraison

D'une manière générale, la livraison est l'acte par lequel le vendeur remet la chose vendue à l'acquéreur. Il exécute par là son obligation de délivrance. En matière de

© Groupe Eyrolles / PAP

vente d'immeuble à construire, la livraison est l'acte par lequel le constructeur, une fois l'ouvrage achevé, le met à la disposition du maître d'ouvrage.

Locateur d'ouvrage

Entreprise qui exécute des travaux dans le cadre d'un contrat de louage d'ouvrage, moyennant un prix convenu avec son client. On parle également dans le langage courant de contrat d'entreprise. Sont locateurs d'ouvrage notamment les architectes et les entrepreneurs.

Location-accession

Formule de vente réglementée par la loi du 12 juillet 1984. Il s'agit d'un contrat de vente par lequel le propriétaire d'un bien s'engage à en transférer la propriété à un acquéreur, appelé locataire-accédant, au terme d'un délai et à un prix fixés dans le contrat. Pendant ce délai, le locataire accédant occupe le bien et verse au propriétaire une redevance mensuelle, correspondant pour partie à un loyer et pour partie au paiement du prix de vente. À l'issue de ce délai, le locataire-accédant dispose d'une option : acheter le bien, auquel cas un contrat de vente définitif est signé au prix convenu dans le contrat initial, déduction faite le cas échéant de la partie de la redevance correspondant au capital ; ou bien le locataire accédant décide de ne pas acheter et doit quitter les lieux. Dans ce cas, une indemnité peut être prévue au profit du propriétaire.

Location nue

Location d'un bien immobilier non meublé ou vide, soumis à la loi du 6 juillet 1989, par opposition à la location en meublé, non réglementée.

Lot

En matière de copropriété, un lot est constitué d'une partie privative (logement, cave, parking) et d'une quote-part des parties communes et équipements collectifs. Ce mot désigne également en matière de lotissement l'une des parcelles destinées à la construction d'une maison individuelle.

Lotissement

Opération visant à diviser une propriété foncière par lots en vue de l'implantation de bâtiments.

M

Mainlevée

Acte qui met fin aux effets d'une hypothèque. Cette formalité s'obtient après paiement des prêts contractés en garantie desquels a été inscrite l'hypothèque.

Maître d'œuvre

Personne ou entreprise (architecte, constructeur, ingénieur…) chargée par le maître de l'ouvrage de surveiller, contrôler et mener à bien la réalisation d'un ouvrage.

© Groupe Eyrolles / PAP

Maître de l'ouvrage

Personne physique ou morale pour le compte de laquelle est exécuté un ouvrage. Le maître de l'ouvrage finance l'opération et choisit son maître d'œuvre. En règle générale, dans le cadre d'un contrat de maison individuelle, le maître de l'ouvrage est l'acquéreur de la construction et dans le cadre d'une vente sur plan, il s'agit du promoteur.

Malfaçon

Défectuosité d'un ouvrage souvent appelée vice de construction. Les malfaçons résultent d'une mauvaise exécution des travaux par opposition aux défauts de conformité qui eux résultent d'une non-conformité par rapport aux prévisions du contrat. Si les malfaçons compromettent la solidité de l'ouvrage ou affectent la solidité d'un de ses éléments d'équipement, ils sont couverts par la responsabilité décennale des constructeurs.

Mandat

Acte par lequel une personne, le mandant, donne à une autre, le mandataire, le pouvoir de faire quelque chose pour le mandant et en son nom. Le contenu de l'acte doit clairement définir l'étendue des pouvoirs donnés, indiquer ce pourquoi il est consenti ainsi que sa durée.

Millième

En copropriété, les millièmes représentent la quote-part des parties communes comprises dans chaque lot. Le mode de calcul des millièmes se fait en retenant la valeur des parties privatives de chaque lot. Le nombre des millièmes est mentionné dans le règlement de copropriété et sert à déterminer le nombre de voix dont dispose chaque copropriétaire mais aussi à établir la répartition des charges.

Minute

C'est le contrat original signé par les parties et conservé par le notaire.

Mitoyenneté

Clôture, fossé ou mur séparant deux propriétés contiguës et qui appartient en copropriété aux propriétaires de l'une et de l'autre de ces propriétés.

Multipropriété

Dans ce régime, chaque personne jouit de son bien pendant une période déterminée de l'année. Juridiquement, l'acquéreur d'un appartement en multipropriété ne devient pas propriétaire d'un logement mais porteur de parts d'une société civile immobilière dont il devient associé. Ces parts donnent à leur détenteur un droit de jouissance à vie sur un bien précis et pour une période convenue (propriété à temps partagé ou *time-share*).

Mutation

Transfert de la propriété d'un bien à une autre personne. Ce transfert de propriété peut se faire soit à titre onéreux (vente), soit à titre gratuit (donation, succession…).

© Groupe Eyrolles / PAP

N

Notice descriptive

Document qui indique les caractéristiques techniques tant de l'immeuble lui-même que des travaux d'équipement intérieur ou extérieur indispensables. Cette notice doit être conforme à un modèle type officiel.

Nouveau village

Ensemble de maisons groupées réalisées sur un terrain pour lequel le promoteur a obtenu un permis de construire unique. Ce terrain est ensuite divisé en plusieurs lots sur lesquels sont édifiées des maisons acquises en l'état futur d'achèvement. Le client qui achète dans un nouveau village achète donc un lot à construire dans le cadre d'un programme. Quant à son organisation, le nouveau village peut être placé soit sous le régime de la copropriété dite horizontale, soit sous le régime de l'association syndicale libre (ASL).

Nu-propriétaire

Propriétaire d'un bien dont une autre personne détient l'usufruit.

Nue-propriété

Partage de la propriété en nue-propriété et en usufruit. On parle de démembrement de propriété. La nue-propriété confère à son titulaire le droit de disposer du bien, c'est-à-dire le droit de vendre ou léguer son droit. En revanche, l'usufruitier dispose d'un droit de jouissance et d'habitation, autrement dit le droit d'occuper personnellement le bien ou de le mettre en location. Le nu-propriétaire ne devient pleinement propriétaire de son bien qu'à l'extinction de l'usufruit soit au décès de l'usufruitier.

O

Observatoire du loyer en agglomération parisienne (OLAP)

Association compétente pour fournir à tout demandeur, propriétaire ou locataire, des références de loyers sur Paris et la proche banlieue. Son information est donnée gratuitement.

P

Pacte de préférence

Convention par laquelle le propriétaire d'un bien immobilier s'engage, pour le cas où il vendrait la chose à un tiers, à donner la préférence de cette vente au bénéficiaire du pacte.

Participation des employeurs à l'effort de construction

Obligation imposée aux employeurs occupant au moins dix salariés de consacrer à la construction de logements une somme calculée sur le montant des salaires

© Groupe Eyrolles / PAP

qu'ils ont payés au cours de l'année précédente. Cette contribution est versée au titre de l'action logement (ancien 1 % logement).

Partie commune

Parties des terrains ou des bâtiments affectés à l'usage ou à l'utilité de tous les copropriétaires. Il s'agit de l'escalier, de la cour, du jardin, de la toiture, des voies d'accès…

Partie commune à jouissance privative

Parties des terrains ou des bâtiments affectés à l'utilité de tous les copropriétaires, mais dont la jouissance est réservée à l'un d'entre eux. C'est souvent le cas d'une toiture-terrasse ou d'un jardin attenant à un logement situé en rez-de-chaussée.

Partie privative

Parties des bâtiments ou des terrains réservés à l'usage exclusif d'un copropriétaire déterminé.

Pas-de-porte

Également appelé droit au bail ou droit d'entrée. Indemnité payée par le locataire au propriétaire généralement lors de la conclusion d'un bail commercial. Il représente, le plus souvent, la contrepartie pécuniaire du droit au renouvellement conféré au locataire par le bail commercial. Il peut être également considéré comme un supplément de loyer, dès lors que son loyer est inférieur à ceux pratiqués pour des commerces identiques.

Pénalités de retard

Somme d'argent versée à titre de sanction par la partie au contrat qui n'exécute pas ses obligations dans le délai initialement convenu dans le contrat. Ainsi, dans le cadre d'un contrat de construction de maison individuelle, le constructeur est tenu à des pénalités de retard si la maison n'est pas livrée en temps voulu. Ces pénalités ne peuvent être inférieures à 1/3 000 du prix convenu, par jour de retard.

Péremption du permis

Dès lors que les constructions ne sont pas entreprises dans un délai de deux ans à compter de la notification du permis de construire, ce dernier est considéré comme périmé.

Permis conditionnel

Permis de construire assorti de prescriptions spéciales qui s'imposent au bénéficiaire de l'autorisation de construire. Cela peut être le cas de l'obligation de créer des aires de stationnement dans le cadre du projet de construction de l'immeuble. Ces prescriptions doivent obligatoirement être motivées.

Permis de construire

Autorisation administrative délivrée en vue de la réalisation d'une opération de construction dans le respect de certaines règles et plus particulièrement celles relati-

© Groupe Eyrolles / PAP

ves à l'urbanisme. Lorsque la commune est dotée d'un PLU approuvé, la compétence d'octroi du permis revient au maire. En revanche, dans les communes non dotées d'un PLU approuvé, le permis est délivré par le maire mais au nom de l'État. Toutefois, dans certaines circonstances, seul le préfet est compétent pour le délivrer.

Permis de construire dérogatoire

Permis de construire faisant l'objet de certaines dérogations et adaptations mineures. Il peut être accordé pour une construction qui n'est pas totalement conforme aux règles d'urbanisme, en raison de contraintes particulières liées à la nature du sol, à la configuration des parcelles ou au caractère de constructions avoisinantes.

Permis de construire modificatif

Modifications mineures apportées sur le permis de construire initial à la demande du titulaire. Cette demande ne sera pas traitée comme une demande de nouveau permis, à moins qu'elle ne comporte des modifications importantes ou un changement dans la conception générale du projet.

Permis de construire tacite

Permis pour lequel aucune réponse n'a été donnée au demandeur par l'autorité compétente à l'expiration du délai d'instruction. Dans ce cas, on considère que le permis est accordé.

Permis de démolir

Autorisation administrative nécessaire à toute opération de démolition de bâtiments. Pour l'essentiel la procédure est calquée sur celle du permis de construire. Cette autorisation a pour but soit de préserver les logements existants dans les communes urbaines importantes, soit de protéger le patrimoine architectural urbain.

Permis de régularisation

Permis permettant au demandeur de régulariser des travaux de construction lorsque ceux-ci sont, ou ont été effectués, sans autorisation ou en méconnaissance de cette dernière. Il est possible que, malgré le non-respect du régime du permis de construire, la construction soit néanmoins conforme aux règles d'urbanisme. Le permis de régularisation peut être alors délivré sans difficulté. En revanche, il en va différemment lorsqu'une telle disposition n'a pas été respectée. Le juge exerce alors un contrôle approfondi.

Permis précaire

Permis accordé pour une période limitée pour des constructions provisoires. Le permis peut fixer une date à laquelle la construction doit être enlevée.

Plan local d'urbanisme (PLU)

Anciennement plan d'occupation des sols (POS), le PLU est un document d'urbanisme réglementant les droits d'utilisation des sols sur tout ou partie du

© Groupe Eyrolles / PAP

territoire d'une commune. Il s'attache à diviser le territoire communal en plusieurs zones : urbaines, urbanisables à terme et naturelles. Il permet à la commune de gérer et d'aménager l'espace de son territoire. Le PLU est élaboré à l'initiative des communes mais la loi ne les oblige pas à se doter d'un tel document. Par ailleurs, une fois en possession d'un tel document, la commune sera compétente pour instruire et délivrer les permis de construire en son nom.

Plus-value immobilière
Différence entre le prix d'achat d'un bien immobilier et son prix à la revente. Hormis les cas d'exonération, les plus-values sont soumises à une taxe spécifique et aux prélèvements sociaux (soit 31,3 % pour 2011).

Préavis
Acte unilatéral mettant fin à un contrat. En matière de baux d'habitation, le locataire peut donner congé à tout moment dès lors qu'il respecte un délai de préavis de trois mois ou d'un mois. En revanche, le propriétaire ne peut résilier le bail qu'à l'échéance du contrat à condition que le congé soit justifié par une décision de vendre le logement, de le reprendre pour l'habiter ou pour un motif légitime et sérieux. Le congé doit être délivré six mois avant le terme du contrat.

Preneur
Personne physique ou morale qui s'engage à jouir paisiblement d'un local pendant un certain temps et moyennant un certain prix.

Privilège du prêteur de deniers
Garantie prise par un établissement financier dans le cadre d'un prêt immobilier. Il ne peut pas garantir les sommes nécessaires à la construction d'un immeuble : vente sur plan, construction d'une maison individuelle… Il est simplement valable pour garantir les sommes nécessaires à l'acquisition d'un bien existant. Comme en matière d'hypothèque, le privilège du prêteur de deniers doit faire l'objet d'un acte authentique passé devant notaire. Par ailleurs, à la différence d'une hypothèque conventionnelle, qui prend rang à la date de son inscription, le privilège du prêteur de deniers prend effet à la date de l'acte de vente. C'est-à-dire qu'il rétroagit au jour de la signature de la vente. Ainsi, le créancier privilégié primera toujours le créancier hypothécaire du même débiteur.

Privilège immobilier spécial
Privilège qui renforce les moyens dont dispose le syndic pour recouvrer les sommes dues par les copropriétaires défaillants. Pour les dettes concernant les travaux d'amélioration ou les charges qui se rapportent à l'année en cours et aux deux années précédant la vente, la copropriété est payée prioritairement avant tout autre créancier et notamment avant le prêteur de deniers (banque, organisme de crédit). En revanche, pour les dettes qui se rapportent aux deux années encore antérieures, le syndicat des copropriétaires est payé concurremment avec les autres

© Groupe Eyrolles / PAP

269

créanciers. Enfin, pour les dettes plus anciennes, rien n'est changé, la copropriété passe après les créanciers privilégiés.

Promesse de vente

Avant-contrat signé par les parties lorsqu'elles désirent acquérir un bien immobilier. La promesse de vente peut être signée soit entre les parties, soit devant notaire. Il existe deux catégories de promesse :
- la promesse de vente synallagmatique ou compromis de vente ;
- la promesse unilatérale de vente.

Promettant

Terme désignant le vendeur dans la rédaction des promesses unilatérales de vente.

Promoteur immobilier

Intermédiaire économique qui fait édifier des immeubles par des hommes de l'art en vue de les revendre à des accédants à la propriété. C'est lui qui a l'initiative et le soin principal d'une opération de construction. Il organise en fait la construction.

Prorogation du permis de construire

Le permis de construire est valable pendant deux ans à compter de sa date d'obtention. Toutefois, ce délai peut être prorogé pour un an. Il faut pour cela que le titulaire fasse une demande au moins deux mois avant l'échéance de validité du permis et que les prescriptions d'urbanisme et les servitudes administratives n'aient pas évolué d'une façon défavorable à son égard. Par ailleurs, le permis ne peut être prorogé qu'une seule fois.

Publicité foncière

Formalité qui a pour objet d'informer les tiers de toute transmission de propriété d'un bien immobilier. Elle est assurée par la conservation des hypothèques et donne lieu au paiement de la taxe de publicité foncière (TPF).

Q

Quittance

Reçu envoyé par le propriétaire à son locataire attestant le paiement de son loyer et des charges.

Quitus

C'est l'approbation de la gestion du syndic. En donnant quitus au syndic, l'assemblée générale atteste que celui-ci a correctement et régulièrement accompli sa mission.

Quotité disponible

Part qu'une personne peut librement donner ou léguer par opposition à la réserve (voir héritier réservataire).

© Groupe Eyrolles / PAP

R

Réception des travaux

Acte par lequel le maître d'ouvrage déclare accepter l'ouvrage qui a été construit, en émettant des réserves si besoin est. Elle se concrétise par un procès-verbal, document écrit et signé par l'ensemble des intervenants à la construction. Par ailleurs, la réception constitue le point de départ de la garantie de parfait achèvement, de la garantie biennale de bon fonctionnement et de la garantie décennale.

Recours contre le permis de construire

Action exercée soit par le bénéficiaire du permis à qui ce dernier a été refusé, soit par des tiers souhaitant obtenir l'annulation du permis ou la réparation du préjudice qu'il occasionne. Il existe deux types de recours :
- le recours gracieux ou hiérarchique qui permet de demander à l'autorité administrative de revenir sur sa décision, ce qui a pour effet d'éviter de saisir le juge ;
- le recours contentieux devant le tribunal administratif qui permet de demander l'annulation d'un acte administratif.

Règlement de copropriété

Document qui définit les droits et obligations des copropriétaires ainsi que les règles de fonctionnement de la copropriété. Il détermine :
- les parties communes et les parties privatives ;
- les modalités d'usage des parties privatives ;
- les charges communes et leur répartition entre les copropriétaires.

Remembrement

Action administrative modifiant la répartition de la propriété de parcelles de terrains en zones urbaines ou rurales.

Rente viagère

Somme d'argent versée périodiquement par l'acquéreur (débirentier) d'un bien en viager jusqu'au décès du vendeur (crédirentier).

Responsabilité contractuelle

Obligation, en cas d'inexécution des obligations contractuelles d'une des parties au contrat, de réparer le préjudice que subissent ses cocontractants du fait de cette inexécution.

Responsabilité décennale

Garantie obligatoire supportée par tous les intervenants à l'acte de construire. Elle couvre tous les vices de construction compromettant la solidité de l'ouvrage ou le rendant impropre à sa destination, et ce pendant dix ans. Cette garantie couvre également tous les dommages qui affectent la solidité des éléments d'équipement indissociables du bâtiment.

© Groupe Eyrolles / PAP

Réserve

Défauts ou vices apparents constatés dans un procès-verbal par le maître d'ouvrage ou l'acquéreur lors de la réception des travaux. Les défauts ainsi réservés font l'objet d'une réparation au titre de la garantie de parfait achèvement.

Résidence principale

Logement où le contribuable réside en permanence avec sa famille. Autrement dit, c'est le logement qu'il occupe habituellement, là où se situe le centre de ses intérêts familiaux et professionnels. Certaines dépenses effectuées dans une résidence principale ouvrent droit à un crédit d'impôt. Il doit s'agir de l'acquisition d'équipements, matériaux et appareils ayant pour objet le développement durable et les économies d'énergie (ex : vitrages à isolation renforcée) ou l'aide aux personnes (ex : w.-c. pour personnes handicapées).

Résiliation du bail

Rupture du contrat de location dès lors que le locataire ne respecte pas ses obligations contractuelles. Rappelons que la loi du 6 juillet 1989 prévoit quatre cas où la résiliation du contrat est de plein droit : défaut de paiement des loyers, des charges, du dépôt de garantie ainsi que le défaut d'assurance des lieux loués.

Révision de loyer

Procédure qui permet, lorsqu'une clause d'indexation du loyer est prévue au contrat, d'augmenter le loyer, chaque année, à la date convenue entre les parties ou à défaut à la date anniversaire du contrat. L'augmentation du loyer ne peut excéder la variation de l'indice mentionné au contrat. Pour les locations de logements, vides ou meublés, l'indice de référence est obligatoirement l'IRL.

Révision du PLU

Véritable transformation d'un plan local d'urbanisme (PLU) approuvé, sa révision s'opère dans les mêmes formes que son élaboration, à cette différence près que la phase de publication est supprimée.

S

Saisie immobilière

Procédure par laquelle un créancier se saisit d'un ou plusieurs immeubles appartenant à son débiteur et provoque leur vente forcée afin de se payer sur le prix. La saisie immobilière suppose que le créancier bénéficie d'un privilège immobilier ou d'une hypothèque sur le bien saisi.

Schéma directeur

Ensemble de documents fixant les grandes orientations en matière d'aménagement du territoire pour une région géographique et économiquement homogène.

© Groupe Eyrolles / PAP

Les schémas directeurs permettent de coordonner les programmes locaux d'urbanisation avec la politique d'aménagement du territoire.

SCI
Voir société civile immobilière.

SEM
Voir société d'économie mixte.

Séquestre
Personne désignée par des particuliers ou par justice pour assurer la conservation d'un bien ou d'une somme d'argent, objet d'un contrat ou d'un procès. Ainsi, en matière de vente, le notaire est désigné comme séquestre de l'indemnité d'immobilisation versée par l'acquéreur.

Servitude
Contrainte imposée à un immeuble, bâti ou non, et limitant ses conditions d'utilisation au profit d'un immeuble appartenant à un propriétaire distinct. La propriété bénéficiaire est appelée « fonds dominant » et la propriété sur laquelle pèse la charge est dite « fonds servant ». Par exemple, la servitude de passage permet au propriétaire d'un fonds enclavé d'avoir un droit de passage sur la propriété du devant.

Servitude de tour d'échelle
Droit de passage momentané permettant au propriétaire d'un bâtiment ou d'un mur édifié en limite de propriété de passer sur le fonds contigu pour réparer le mur ou la façade de ce bâtiment parce qu'il ne peut y accéder de chez lui.

SHOB
Voir surface hors œuvre brute.

SHON
Voir surface de plancher hors œuvre nette.

Société civile immobilière (SCI)
C'est une société à forme civile ayant une activité immobilière. Relativement nombreuses, elles sont utilisées pour des opérations de gestion, de commercialisation ou de construction d'immeubles. On rencontre principalement des sociétés civiles de location, d'attribution ou de construction-vente.

Société d'économie mixte (SEM)
Société commerciale de droit privé qui associe des partenaires privés et des partenaires publics et soumise au contrôle de l'Administration. Les SEM permettent de réaliser des opérations d'aménagement, de construction ou toute autre activité d'intérêt général : réalisation de quartiers d'habitation, de bâtiments industriels, opérations de restauration et de réhabilitation, etc.

© Groupe Eyrolles / PAP

Soulte

Dans un contrat d'échange ou dans un partage, somme d'argent que doit verser un coéchangiste ou un copartageant lorsque les biens échangés ou les lots sont d'inégale valeur.

Sous-location

Contrat de bail par lequel un locataire, prenant position de bailleur, s'oblige à procurer à un sous-locataire la jouissance du bien qu'il loue à son propre bailleur. La sous-location peut être partielle ou totale. Dans les baux d'habitation soumis à la loi du 6 juillet 1989, la sous-location n'est pas autorisée sauf accord du propriétaire.

Sûreté

Garantie prise par un créancier et notamment par les organismes prêteurs dans le cadre d'un crédit immobilier pour se prémunir en cas de défaillance du débiteur. Les sûretés peuvent revêtir différentes formes. Les sûretés réelles telles que l'hypothèque conventionnelle et le privilège du prêteur de deniers permettent au créancier de faire vendre le bien sur lequel porte la sûreté et de se payer avec le produit de la vente. Dans le cas de sûretés personnelles tel le cautionnement, c'est une personne qui s'engage à payer la dette en cas de défaillance du débiteur.

Surface de plancher hors œuvre nette (SHON)

Surface de plancher hors œuvre brute de laquelle il faut déduire les surfaces réelles des locaux et constructions accessoires énumérées par les textes réglementaires, telles que combles et sous-sols non aménageables, balcons, loggias, etc.

Surface hors œuvre brute (SHOB)

Surface de plancher globale égale à la somme des surfaces de plancher de chaque niveau de la construction. Ces surfaces sont calculées à partir du nu extérieur des murs de façade et englobent tous les murs.

Sursis à statuer

Décision du juge entraînant la suspension provisoire du cours de l'instance. Par exemple, en cas de demande d'expertise, l'instance est suspendue jusqu'au rapport d'expertise. En matière de construction, le sursis à statuer désigne le report de l'instruction d'une demande de permis de construire par l'autorité compétente. Celle-ci peut refuser de se prononcer dans les délais impartis et décider de surseoir à statuer sur toutes demandes d'autorisation de travaux.

Syndic de copropriété

Organe d'exécution des décisions de l'assemblée générale des copropriétaires, le syndic est désigné par cette assemblée. Ce peut être un syndic bénévole ou un professionnel. Il agit pour le compte des copropriétaires en vertu d'un contrat de mandat. Il a notamment pour mission de faire respecter les dispositions du règlement de copropriété, de convoquer l'assemblée générale et d'exécuter les déci-

© Groupe Eyrolles / PAP

sions prises en assemblée. Il peut, en cas d'urgence, décider l'accomplissement de certains travaux nécessaires à la sauvegarde de l'immeuble.

Syndicat des copropriétaires

Terme désignant l'ensemble des copropriétaires d'un immeuble. Le syndicat des copropriétaires, véritable personne morale, existe dès lors qu'existe la copropriété, c'est-à-dire dès la division d'un immeuble en logements appartenant à des propriétaires distincts. C'est lui, par l'intermédiaire du syndic, qui est chargé de l'administration et de la conservation de l'immeuble ainsi que de la défense des intérêts communs. Il peut aussi établir et modifier le règlement de copropriété... et même ester en justice.

Syndicat secondaire

Dans un ensemble immobilier comprenant plusieurs bâtiments, les copropriétaires de chaque bâtiment peuvent décider la constitution entre eux d'un syndicat dit secondaire. Son objet est d'administrer séparément un ou plusieurs des bâtiments de la copropriété. Il possède les mêmes pouvoirs que le syndicat principal concernant les décisions de l'immeuble qu'il représente.

T

Tantième

Notion qui permet de connaître la valeur relative de chaque lot et la part que chaque lot doit acquitter en charges. En effet, être copropriétaire, c'est être propriétaire de parties privatives auxquelles est attachée une quote-part de la propriété des parties communes. Pour déterminer cette quote-part, au lieu de s'exprimer en pourcentage, on s'exprime en tantièmes. À noter que l'on parle également de millièmes.

Taux d'effort

Terme désignant le montant maximal qu'un emprunteur peut consacrer au remboursement de prêts. À titre indicatif, la capacité de remboursement doit idéalement être située entre 25 % et 30 % des revenus nets de l'emprunteur, sans jamais excéder 33 %.

Taxe d'habitation

Impôt local dû par tout occupant (propriétaire, locataire...) d'une habitation meublée au 1er janvier de l'année. La taxe d'habitation est calculée sur la base de la valeur locative cadastrale. Des abattements sont opérés pour tenir compte de la situation familiale ou sociale du contribuable.

Taxe foncière

Impôt local dû par tout propriétaire d'un immeuble bâti ou non bâti (souvent appelé impôt foncier). Elle est établie au nom du propriétaire des lieux au 1er janvier de l'exercice.

© Groupe Eyrolles / PAP

Taxe locative
Taxes qui sont dues par le locataire : taxe ou redevance des ordures ménagères et taxe de balayage.

Taxe professionnelle
Voir contribution économique territoriale.

Terrain à bâtir
Ce sont des terrains constructibles au vu des règles d'urbanisme qui lui sont applicables.

Tiers
Personne qui n'est pas partie à un acte.

Tontine
Montage juridique qui permet d'insérer dans l'acte d'acquisition d'un bien immobilier une clause dite « d'accroissement » qui prévoit qu'en cas de décès de l'un des acquéreurs, sa part dans le bien acheté reviendra automatiquement au survivant, sans que les héritiers du défunt puissent prétendre avoir aucun droit sur elle.

Trouble de voisinage
Dommages causant une gêne à un voisin et qui dépassent les désagréments normaux qu'entraîne la vie en société (bruits, odeurs, privation d'ensoleillement…). Cette notion de trouble de voisinage n'est pas définie par un texte de loi, mais ce sont les juges qui décident au cas par cas selon l'intensité de la gêne.

U

Usufruit
Droit de jouir et d'user d'un bien qui appartient à une autre personne sans possibilité de pouvoir le vendre ou de le donner (voir nue-propriété).

Usufruitier
Titulaire d'un droit de jouissance d'un bien qui appartient à un propriétaire (nu-propriétaire).

V

VEFA
Voir vente sur plan.

Vente à la bougie
La vente à la chandelle est une coutume très ancienne. Il s'agit en fait d'une vente aux enchères de biens immobiliers, mais l'adjudication du bien se fait à la chandelle.

© Groupe Eyrolles / PAP

Au moment de la dernière enchère, on allume une petite mèche qui, lorsqu'elle s'éteint au bout de dix à quinze secondes, laisse monter une fumée. Une fois éteinte, deux autres bougies sont allumées. Après extinction des deux autres feux, et si aucune autre nouvelle enchère ne survient pendant leur combustion, l'adjudication est prononcée au profit du plus offrant, à savoir le dernier enchérisseur.

Vente à terme

Contrat par lequel le vendeur s'engage à livrer un immeuble à son achèvement, l'acheteur s'engageant à en prendre livraison et à en payer le prix à la date de livraison. Le transfert de propriété s'opère dès la constatation de l'achèvement de l'immeuble par acte notarié.

Vente aux enchères

Vente publique de meubles ou d'immeubles aboutissant à l'attribution du bien au plus offrant. Il existe plusieurs types de ventes aux enchères. La vente aux enchères intervient souvent à la suite d'une saisie immobilière (vente forcée). Elle peut également être volontaire (vente pratiquée par les notaires).

Vente d'immeuble à construire (VIC)

Vente par laquelle le vendeur s'oblige à édifier un immeuble dans un délai déterminé par le contrat. Cette vente peut être soit « à terme », soit en « l'état futur d'achèvement ».

Vente en l'état futur d'achèvement (VEFA)

Voir vente sur plan.

Vente sur plan

La vente sur plan est également appelée VEFA. Il s'agit d'un contrat par lequel le vendeur transfère immédiatement à l'acquéreur ses droits sur le sol ainsi que la propriété des constructions existantes. Les constructions à venir deviennent la propriété de l'acquéreur au fur et à mesure de leur exécution ; l'acquéreur est tenu d'en payer le prix à mesure de l'avancement des travaux.

Vétusté

Usure résultant de l'usage normal des lieux. Pour les locations d'habitation, la vétusté est toujours à la charge du propriétaire.

Viabilité

Ensemble des travaux d'aménagement (voirie, égouts, adductions) à exécuter avant toute construction.

Viager

Vendre un bien en viager, c'est transférer la propriété à un tiers, appelé « débirentier », qui doit, en contrepartie, verser au vendeur, appelé « crédirentier », une rente jusqu'à son décès.

© Groupe Eyrolles / PAP

Vice apparent

Défaut ou malfaçon constaté(e) lors de la réception de l'ouvrage. Ces défectuosités peuvent être constatées à l'œil nu. Le caractère apparent s'apprécie par rapport à la qualité de maître d'ouvrage, et ce même s'il se fait assister par un professionnel. Ce vice fait l'objet d'une garantie spécifique instituée uniquement dans les ventes d'immeubles à construire. Elle joue pour tous les désordres résultant d'un vice apparent soit à la réception intervenue entre les entrepreneurs et le vendeur, soit à l'expiration d'un délai d'un mois après la prise de possession du logement par l'acheteur. Dans cette dernière hypothèse, ces imperfections doivent être signalées par lettre recommandée avec accusé de réception. Si le promoteur ne s'exécute pas, l'acquéreur a un an pour saisir le tribunal afin de demander soit l'annulation de la vente soit une diminution du prix.

Vice caché

Défaut indécelable par un examen normal de l'ouvrage et situé dans des endroits inaccessibles ou qui ne se révèle qu'à l'usage. Le vice caché donne lieu à garantie.

Vice de construction

Le vice de construction est un défaut qui altère une construction, à la différence d'un défaut de conformité qui est une différence entre les dispositions contractuelles et la réalité. Les vices peuvent être soit apparents soit cachés.

Voirie et réseaux divers (VRD)

Il s'agit des différents raccordements et branchements réalisés sur un terrain pour qu'il soit viabilisé. Le terrain, à l'origine nu, est dit équipé ou viabilisé une fois ces réalisations effectuées.

Z

Zonage

Opération qui consiste à délimiter les espaces en zones urbaines ou en zones naturelles dans le cadre de la détermination du plan local d'urbanisme (voir PLU). La délimitation des zones prend en compte différents critères. À titre d'exemple, on peut citer la valeur agronomique des terres, les structures agricoles ou l'existence de risques naturels prévisibles.

Zone d'aménagement concerté (ZAC)

Zone à l'intérieur de laquelle une collectivité publique ou un établissement public décide de réaliser l'aménagement et l'équipement de terrains en vue de les céder ou de les concéder ultérieurement à des utilisateurs publics ou privés. Les ZAC ont pour objet l'aménagement de terrains en vue de la construction d'habitations, de commerces, d'industries, de services d'équipements collectifs publics ou privés.

© Groupe Eyrolles / PAP

Zone d'aménagement différé (ZAD)
Zones qui peuvent être créées dans des communes dotées ou non d'un PLU (voir PLU). À l'intérieur de ces zones, un droit de préemption peut être exercé pendant une période de quatorze ans, permettant ainsi la réalisation d'actions ou d'opérations ayant pour objet de mettre en œuvre une politique locale de l'habitat et de constituer des réserves foncières.

© Groupe Eyrolles / PAP

Annexes

© Groupe Eyrolles / PAP

Adresses utiles

De Particulier à Particulier

45, rue du Cardinal-Lemoine – 75005 Paris
Tél. : 01 40 56 35 35
Site Web : www.pap.fr
195 boulevard Voltaire – 75011 Paris
Tél. : 01 40 24 22 12

Nos boutiques en région

Bordeaux
115, cours
d'Alsace-Lorraine
33000 Bordeaux
Tél. : 05 56 44 06 61

Lille
15, rue des Ponts-de-Comines
59800 Lille
Tél. : 03 20 55 96 46

Lyon
12, rue de la Charité
69002 Lyon
Tél. : 04 78 24 62 32

Marseille
165, rue de Rome
13006 Marseille
Tél. : 04 91 47 02 20

Metz
8, rue Gambetta
57000 Metz
Tél. : 03 87 56 91 20

Nantes
Cours des 50 otages
2, allée Duquesne
44000 Nantes
Tél. : 02 40 12 20 02

Nice
4, rue du Maréchal-Joffre
06000 Nice
Tél. : 04 93 16 20 82

Rennes
11, quai Châteaubriand
35000 Rennes
Tél. : 02 99 78 85 60

Toulouse
32, rue de Metz
31000 Toulouse
Tél. : 05 62 26 73 37

Tours
109, rue des Halles
37000 Tours
Tél. : 02 47 76 60 30

PAP Diagnostics

45, rue du Cardinal-Lemoine – 75005 Paris
Tél. : 01 40 02 95 00
Site Web : www.pap.fr

© Groupe Eyrolles / PAP

Textes de loi

L'ensemble de la réglementation est disponible en accès libre et gratuit sur le site www.legifrance.gouv.fr.

Loi n° 79-596 du 13 juillet 1979 dite loi « Scrivener » relative à l'information et la protection des emprunteurs dans le domaine immobilier (codifiée dans le Code de la consommation)

Crédit immobilier

Section 1 : Champ d'application

Art. L. 312-1 - Au sens du présent chapitre, est considérée comme :

a) Acquéreur, toute personne qui acquiert, souscrit ou commande au moyen des prêts mentionnés à l'art. L. 312-2 ;

b) Vendeur, l'autre partie à ces mêmes opérations.

Art. L. 312-2 - Les dispositions du présent chapitre s'appliquent aux prêts qui, quelle que soit leur qualification ou leur technique, sont consentis de manière habituelle par toute personne physique ou morale en vue de financer les opérations suivantes :

1° Pour les immeubles à usage d'habitation ou à usage professionnel d'habitation :

a) Leur acquisition en propriété ou en jouissance ;

b) La souscription ou l'achat de parts ou actions de sociétés donnant vocation à leur attribution en propriété ou en jouissance ;

c) Les dépenses relatives à leur construction, leur réparation, leur amélioration ou leur entretien lorsque le montant de ces dépenses est supérieur à celui fixé en exécution du dernier alinéa de l'art. L. 311-3 ;

2° L'achat de terrains destinés à la construction des immeubles mentionnés au 1° ci-dessus.

À compter du 1er mai 2011, l'article L. 312-2 est rédigé comme suit :

Les dispositions du présent chapitre s'appliquent aux prêts qui, quelle que soit leur qualification ou leur technique, sont consentis de manière habituelle par toute personne physique ou morale en vue de financer les opérations suivantes :

1° Pour les immeubles à usage d'habitation ou à usage professionnel et d'habitation :

a) Leur acquisition en propriété ou la souscription ou l'achat de parts ou actions de sociétés donnant vocation à leur attribution en propriété, y compris lorsque ces opérations visent également à permettre la réalisation de travaux de réparation, d'amélioration ou d'entretien de l'immeuble ainsi acquis ;

b) Leur acquisition en jouissance ou la souscription ou l'achat de parts ou actions de sociétés donnant vocation à leur attribution en jouissance, y compris lorsque ces opérations visent également à permettre la réalisation de travaux de réparation, d'amélioration ou d'entretien de l'immeuble ainsi acquis ;

c) Les dépenses relatives à leur réparation, leur amélioration ou leur entretien lorsque le montant du crédit est supérieur à 75 000 € ;

© Groupe Eyrolles / PAP

d) Les dépenses relatives à leur construction ;

2° L'achat de terrains destinés à la construction des immeubles mentionnés au 1° ci-dessus.

Art. L. 312-3 - Sont exclus du champ d'application du présent chapitre :

1° Les prêts consentis à des personnes morales de droit public ;

2° Ceux destinés, sous quelque forme que ce soit, à financer une activité professionnelle, notamment celle des personnes physiques ou morales qui, à titre habituel, même accessoire à une autre activité, ou en vertu de leur objet social, procurent, sous quelque forme que ce soit, des immeubles ou fractions d'immeubles, bâtis ou non, achevés ou non, collectifs ou individuels, en propriété ou en jouissance ;

3° Les opérations de crédit différé régies par la loi n° 52-332 du 24 mars 1952 relative aux entreprises de crédit différé lorsqu'elles ne sont pas associées à un crédit d'anticipation.

Section 2 : Publicité

Art. L. 312-4 - Toute publicité faite, reçue ou perçue en France, qui, quel que soit son support, porte sur l'un des prêts mentionnés à l'art. L. 312-2, doit :

1° Préciser l'identité du prêteur, la nature et l'objet du prêt ;

2° Préciser, si elle comporte un ou plusieurs éléments chiffrés, la durée de l'opération proposée ainsi que le coût total et le taux effectif global annuel du crédit, à l'exclusion de tout autre taux.

Toutes les mentions obligatoires doivent être présentées de manière parfaitement lisible et compréhensible par le consommateur.

Art. L. 312-5 - Tout document publicitaire ou tout document d'information remis à l'emprunteur et portant sur l'une des opérations visées à l'art. L. 312-2 doit mentionner que l'emprunteur dispose d'un délai de réflexion de dix jours, que la vente est subordonnée à l'obtention du prêt et que si celui-ci n'est pas obtenu, le vendeur doit lui rembourser les sommes versées.

Art. L. 312-6 - Est interdite toute publicité assimilant les mensualités de remboursement à des loyers ou faisant référence, pour le calcul des échéances, à des prestations sociales qui ne sont pas assurées pendant toute la durée du contrat.

Section 3 : Le contrat de crédit

Art. L. 312-7 - Pour les prêts mentionnés à l'art. L. 312-2, le prêteur est tenu de formuler par écrit une offre adressée gratuitement par voie postale à l'emprunteur éventuel ainsi qu'aux cautions déclarées par l'emprunteur lorsqu'il s'agit de personnes physiques.

Art. L. 312-8 - L'offre définie à l'article précédent :

1° Mentionne l'identité des parties, et éventuellement des cautions déclarées ;

2° Précise la nature, l'objet, les modalités du prêt, notamment celles qui sont relatives aux dates et conditions de mise à disposition des fonds ;

2° **bis** Pour les offres de prêts dont le taux d'intérêt est fixe, comprend un échéancier des amortissements détaillant pour chaque

© Groupe Eyrolles / PAP

échéance la répartition du remboursement entre le capital et les intérêts ;

2° ter Pour les offres de prêts dont le taux d'intérêt est variable, est accompagnée d'une notice présentant les conditions et modalités de variation du taux d'intérêt et d'un document d'information contenant une simulation de l'impact d'une variation de ce taux sur les mensualités, la durée du prêt et le coût total du crédit. Cette simulation ne constitue pas un engagement du prêteur à l'égard de l'emprunteur quant à l'évolution effective des taux d'intérêt pendant le prêt et à son impact sur les mensualités, la durée du prêt et le coût total du crédit. Le document d'information mentionne le caractère indicatif de la simulation et l'absence de responsabilité du prêteur quant à l'évolution effective des taux d'intérêt pendant le prêt et à son impact sur les mensualités, la durée du prêt et le coût total du crédit ;

3° Indique, outre le montant du crédit susceptible d'être consenti, et, le cas échéant, celui de ses fractions périodiquement disponibles, son coût total, son taux défini conformément à l'article L. 313-1 ainsi que, s'il y a lieu, les modalités de l'indexation ;

4° Énonce, en donnant une évaluation de leur coût, les stipulations, les assurances et les sûretés réelles ou personnelles exigées, qui conditionnent la conclusion du prêt ;

4° bis Mentionne que l'emprunteur peut souscrire auprès de l'assureur de son choix une assurance dans les conditions fixées à l'article L. 312-9 ;

5° Fait état des conditions requises pour un transfert éventuel du prêt à une tierce personne ;

6° Rappelle les dispositions de l'article L. 312-10.

Toute modification des conditions d'obtention d'un prêt dont le taux d'intérêt est fixe, notamment le montant ou le taux du crédit, donne lieu à la remise à l'emprunteur d'une nouvelle offre préalable.

Art. L. 312-9 - Lorsque le prêteur propose à l'emprunteur l'adhésion à un contrat d'assurance de groupe qu'il a souscrit en vue de garantir en cas de survenance d'un des risques que ce contrat définit, soit le remboursement total ou partiel du montant du prêt restant dû, soit le paiement de tout ou partie des échéances dudit prêt, les dispositions suivantes sont obligatoirement appliquées :

1° Au contrat de prêt est annexée une notice énumérant les risques garantis et précisant toutes les modalités de la mise en jeu de l'assurance ;

2° Toute modification apportée ultérieurement à la définition des risques garantis ou aux modalités de la mise en jeu de l'assurance est inopposable à l'emprunteur qui n'y a pas donné son acceptation ;

3° Lorsque l'assureur a subordonné sa garantie à l'agrément de la personne de l'assuré et que cet agrément n'est pas donné, le contrat de prêt est résolu de plein droit à la demande de l'emprunteur sans frais ni pénalité d'aucune sorte. Cette demande doit être présentée dans le délai d'un mois à compter de la notification du refus de l'agrément.

Le prêteur ne peut pas refuser en garantie un autre contrat d'assurance dès lors que ce contrat présente un niveau de garantie équivalent au contrat d'assurance de groupe qu'il propose. Toute décision de refus doit être motivée.

Le prêteur ne peut pas modifier les conditions de taux du prêt prévues dans l'offre définie à l'article L. 312-7, que celui-ci soit fixe ou variable, en contrepartie de son acceptation en garantie d'un contrat d'assurance autre que le contrat d'assurance de groupe qu'il propose.

© Groupe Eyrolles / PAP

285

L'assureur est tenu d'informer le prêteur du non-paiement par l'emprunteur de sa prime d'assurance ou de toute modification substantielle du contrat d'assurance.

Art. L. 312-10 - L'envoi de l'offre oblige le prêteur à maintenir les conditions qu'elle indique pendant une durée minimale de trente jours à compter de sa réception par l'emprunteur.

L'offre est soumise à l'acceptation de l'emprunteur et des cautions, personnes physiques, déclarées. L'emprunteur et les cautions ne peuvent accepter l'offre que dix jours après qu'ils l'ont reçue. L'acceptation doit être donnée par lettre, le cachet de la poste faisant foi.

Art. L. 312-11 - Jusqu'à l'acceptation de l'offre par l'emprunteur, aucun versement, sous quelque forme que ce soit, ne peut, au titre de l'opération en cause, être fait par le prêteur à l'emprunteur ou pour le compte de celui-ci, ni par l'emprunteur au prêteur. Jusqu'à cette acceptation, l'emprunteur ne peut, au même titre, faire aucun dépôt, souscrire ou avaliser aucun effet de commerce, ni signer aucun chèque. Si une autorisation de prélèvement sur compte bancaire ou postal est signée par l'emprunteur, sa validité et sa prise d'effet sont subordonnées à celle du contrat de crédit.

Art. L. 312-12 - L'offre est toujours acceptée sous la condition résolutoire de la non-conclusion, dans un délai de quatre mois à compter de son acceptation, du contrat pour lequel le prêt est demandé.

Les parties peuvent convenir d'un délai plus long que celui défini à l'alinéa précédent.

Art. L. 312-13 - Lorsque l'emprunteur informe ses prêteurs qu'il recourt à plusieurs prêts pour la même opération, chaque prêt est conclu sous la condition suspensive de l'octroi de chacun des autres prêts. Cette disposition ne s'applique qu'aux prêts dont le montant est supérieur à 10 pour 100 du crédit total.

Art. L. 312-14 - Lorsque le contrat en vue duquel le prêt a été demandé n'est pas conclu dans le délai fixé en application de l'art. L. 312-12, l'emprunteur est tenu de rembourser la totalité des sommes que le prêteur lui aurait déjà effectivement versées ou qu'il aurait versées pour son compte ainsi que les intérêts y afférents ; le prêteur ne peut retenir ou demander que des frais d'étude dont le montant maximum est fixé suivant un barème déterminé par décret.

Le montant de ces frais, ainsi que les conditions dans lesquelles ils sont perçus, doivent figurer distinctement dans l'offre.

Art. L. 312-14-1 - En cas de renégociation de prêt, les modifications au contrat de prêt initial sont apportées sous la seule forme d'un avenant. Cet avenant comprend, d'une part, un échéancier des amortissements détaillant pour chaque échéance le capital restant dû en cas de remboursement anticipé et, d'autre part, le taux effectif global ainsi que le coût du crédit calculés sur la base des seuls échéances et frais à venir. Pour les prêts à taux variable, l'avenant comprend le taux effectif global ainsi que le coût du crédit calculés sur la base des seuls échéances et frais à venir jusqu'à la date de la révision du taux, ainsi que les conditions et modalités de variation du taux. L'emprunteur dispose d'un délai de réflexion de dix jours à compter de la réception des informations mentionnées ci-dessus.

Art. L. 312-14-2 - Pour les prêts dont le taux d'intérêt est variable, le prêteur est tenu, une fois par an, de porter à la connaissance de l'emprunteur le montant du capital restant à rembourser.

© Groupe Eyrolles / PAP

Section 4 : Le contrat principal

Art. L. 312-15 - L'acte écrit, y compris la promesse unilatérale de vente acceptée, ayant pour objet de constater l'une des opérations mentionnées à l'art. L. 312-2, doit indiquer si le prix sera payé directement ou indirectement, même en partie, avec ou sans l'aide d'un ou plusieurs prêts régis par les sections 1 à 3 du présent chapitre.

Art. L. 312-16 - Lorsque l'acte mentionné à l'art. L. 312-15 indique que le prix est payé, directement ou indirectement, même partiellement, à l'aide d'un ou plusieurs prêts régis par les sections 1 à 3 et la section 5 du présent chapitre, cet acte est conclu sous la condition suspensive de l'obtention du ou des prêts qui en assument le financement. La durée de validité de cette condition suspensive ne pourra être inférieure à un mois à compter de la date de la signature de l'acte ou, s'il s'agit d'un acte sous seing privé soumis à peine de nullité à la formalité de l'enregistrement, à compter de la date de l'enregistrement.

Lorsque la condition suspensive prévue au premier alinéa du présent article n'est pas réalisée, toute somme versée d'avance par l'acquéreur à l'autre partie ou pour le compte de cette dernière est immédiatement et intégralement remboursable sans retenue ni indemnité à quelque titre que ce soit. À compter du quinzième jour suivant la demande de remboursement, cette somme est productive d'intérêts au taux légal majoré de moitié.

Art. L. 312-17 - Lorsque l'acte mentionné à l'art. L. 312-15 indique que le prix sera payé sans l'aide d'un ou plusieurs prêts, cet acte doit porter, de la main de l'acquéreur, une mention par laquelle celui-ci reconnaît avoir été informé que s'il recourt néanmoins à un prêt il ne peut se prévaloir du présent chapitre.

En l'absence de l'indication prescrite à l'art. L. 312-15 ou si la mention exigée au premier alinéa du présent article manque ou n'est pas de la main de l'acquéreur et si un prêt est néanmoins demandé, le contrat est considéré comme conclu sous la condition suspensive prévue à l'art. L. 312-16.

Art. L. 312-18 - Pour les dépenses désignées au c du 1° de l'art. L. 312-2, et à défaut d'un contrat signé des deux parties, la condition suspensive prévue à l'art. L. 312-16 ne pourra résulter que d'un avis donné par le maître de l'ouvrage par écrit avant tout commencement d'exécution des travaux indiquant qu'il entend en payer le prix directement ou indirectement, même en partie, avec l'aide d'un ou plusieurs prêts.

Art. L. 312-19 - Lorsqu'il est déclaré dans l'acte constatant le prêt que celui-ci est destiné à financer des ouvrages ou des travaux immobiliers au moyen d'un contrat de promotion, de construction, de maîtrise d'œuvre ou d'entreprise, le tribunal peut, en cas de contestation ou d'accidents affectant l'exécution des contrats et jusqu'à la solution du litige, suspendre l'exécution du contrat de prêt sans préjudice du droit éventuel du prêteur à l'indemnisation. Ces dispositions ne sont applicables que si le prêteur est intervenu à l'instance ou s'il a été mis en cause par l'une des parties.

Art. L. 312-20 - Les dispositions de la présente section ne sont pas applicables aux ventes par adjudication.

© Groupe Eyrolles / PAP

Section 5 : Remboursement anticipé du crédit et défaillance de l'emprunteur

Sous-section 1 : Remboursement anticipé

Art. L. 312-21 - L'emprunteur peut toujours, à son initiative, rembourser par anticipation, en partie ou en totalité, les prêts régis par les sections 1 à 3 du présent chapitre. Le contrat de prêt peut interdire les remboursements égaux ou inférieurs à 10 pour 100 du montant initial du prêt, sauf s'il s'agit de son solde.

Si le contrat de prêt comporte une clause aux termes de laquelle, en cas de remboursement par anticipation, le prêteur est en droit d'exiger une indemnité au titre des intérêts non encore échus, celle-ci ne peut, sans préjudice de l'application de l'art. 1152 du Code civil, excéder un montant qui, dépendant de la durée restant à courir du contrat, est fixé suivant un barème déterminé par décret. Pour les contrats conclus à compter de la date d'entrée en vigueur de la loi n° 99-532 du 25 juin 1999 relative à l'épargne et à la sécurité financière, aucune indemnité n'est due par l'emprunteur en cas de remboursement par anticipation lorsque le remboursement est motivé par la vente du bien immobilier faisant suite à un changement du lieu d'activité professionnelle de l'emprunteur ou de son conjoint, par le décès ou par la cessation forcée de l'activité professionnelle de ces derniers.

Sous-section 2 : Défaillance de l'emprunteur

Art. L. 312-22 - En cas de défaillance de l'emprunteur et lorsque le prêteur n'exige pas le remboursement immédiat du capital restant dû, il peut majorer, dans des limites fixées par décret, le taux d'intérêt que l'emprunteur aura à payer jusqu'à ce qu'il ait repris le cours normal des échéances contractuelles. Lorsque le prêteur est amené à demander la résolution du contrat, il peut exiger le remboursement immédiat du capital restant dû, ainsi que le paiement des intérêts échus. Jusqu'à la date du règlement effectif, les sommes restant dues produisent des intérêts de retard à un taux égal à celui du prêt. En outre, le prêteur peut demander à l'emprunteur défaillant une indemnité qui, sans préjudice de l'application des art. 1152 et 1231 du Code civil, ne peut excéder un montant qui, dépendant de la durée restant à courir du contrat, est fixé suivant un barème déterminé par décret.

Sous-section 3 : Dispositions communes

Art. L. 312-23 - Aucune indemnité ni aucun coût autres que ceux qui sont mentionnés aux art. L. 312-21 et L. 312-22 ne peuvent être mis à la charge de l'emprunteur dans les cas de remboursement par anticipation ou de défaillance prévus par ces articles.

Toutefois, le prêteur pourra réclamer à l'emprunteur, en cas de défaillance de celui-ci, le remboursement, sur justification, des

© Groupe Eyrolles / PAP

frais taxables qui lui auront été occasionnés par cette défaillance à l'exclusion de tout remboursement forfaitaire de frais de recouvrement.

Section 6 : La location-vente et la location assortie d'une promesse de vente

Art. L. 312-24 - Sous réserve des dispositions des 1° et 2° de l'art. L. 312-3, les contrats de location-vente ou de location assortis d'une promesse de vente relatifs aux immeubles mentionnées au 1° de l'art. L. 312-2 sont soumis au présent chapitre, dans des conditions fixées à la présente section.

Art. L. 312-25 - Toute publicité faite, reçue ou perçue en France, qui, quel que soit son support, porte sur l'un des contrats régis par la présente section, doit préciser l'identité du bailleur, la nature et l'objet du contrat.

Si cette publicité comporte un ou plusieurs éléments chiffrés, elle doit mentionner la durée du bail ainsi que le coût annuel et le coût total de l'opération.

Art. L. 312-26 - Pour les contrats régis par la présente section, le bailleur est tenu de formuler par écrit une offre adressée gratuitement par voie postale au preneur éventuel.

Cette offre mentionne l'identité des parties. Elle précise la nature et l'objet du contrat ainsi que ses modalités, notamment en ce qui concerne les dates et conditions de mise à disposition du bien, le montant des versements initiaux et celui des loyers ainsi que les modalités éventuelles d'indexation. Elle rappelle, en outre, les dispositions de l'art. L. 312-27.

Pour les contrats de location assortis d'une promesse de vente, elle fixe également :

1° Les conditions de levée de l'option et son coût décomposé entre, d'une part, la fraction des versements initiaux et des loyers prise en compte pour le paiement du prix et, d'autre part, la valeur résiduelle du bien, compte tenu de l'incidence des clauses de révision éventuellement prévues au contrat ;

2° Les conditions et le coût de la non-réalisation de la vente.

Art. L. 312-27 - L'envoi de l'offre oblige le bailleur à maintenir les conditions qu'elle indique pendant une durée minimale de trente jours à compter de sa réception par le preneur.

L'offre est soumise à l'acceptation du preneur qui ne peut accepter l'offre que dix jours après qu'il l'a reçue. L'acceptation doit être donnée par lettre, le cachet de la poste faisant foi.

Art. L. 312-28 - Jusqu'à l'acceptation de l'offre, le preneur ne peut faire aucun dépôt, souscrire ou avaliser aucun effet de commerce, signer aucun chèque ni aucune autorisation de prélèvement sur compte bancaire ou postal au profit du bailleur ou pour le compte de celui-ci.

Art. L. 312-29 - En cas de défaillance du preneur dans l'exécution d'un contrat régi par la présente section, le bailleur est en droit d'exiger, outre le paiement des loyers échus et non réglés, une indemnité qui, sans préjudice de l'application de l'art. 1152 du Code civil, ne peut excéder un montant dépendant de la durée restant à courir du contrat et fixé suivant un barème déterminé par décret.

En cas de location-vente, le bailleur ne peut exiger la remise du bien qu'après remboursement de la part des sommes versées correspondant à la valeur en capital de ce bien.

© Groupe Eyrolles / PAP

Aucune indemnité ni aucun coût autres que ceux qui sont mentionnés ci-dessus ne peuvent être mis à la charge du preneur. Toutefois, le bailleur pourra réclamer au preneur, en cas de défaillance de celui-ci, le remboursement sur justification des frais taxables qui lui auront été occasionnés par cette défaillance, à l'exclusion de tout remboursement forfaitaire de frais de recouvrement.

Art. L. 312-30 - En cas de location assortie d'une promesse de vente, l'acte constatant la levée de l'option est conclu sous la condition suspensive prévue à l'art. L. 312-16.

Lorsque cette condition n'est pas réalisée, le bailleur est tenu de restituer toutes sommes versées par le preneur à l'exception des loyers et des frais de remise en état du bien.

À compter du quinzième jour suivant la demande de remboursement, cette somme est productive d'intérêts au taux légal majoré de moitié.

Art. L. 312-31 - Les dispositions de l'art. L. 313-12 sont applicables aux contrats soumis aux dispositions de la présente section.

Section 7 : Sanctions

Art. L. 312-32 - L'annonceur pour le compte de qui est diffusée une publicité non conforme aux dispositions des art. L. 312-4 à L. 312-6 ou de l'art. L. 312-25 sera puni d'une amende de 30 000 euros.

Les dispositions des art. L.121-2 à L.121-7 sont applicables aux infractions relatives à la publicité relevées dans le cadre du présent chapitre.

Art. L. 312-33 - Le prêteur ou le bailleur qui ne respecte pas l'une des obligations prévues aux art. L. 312-7 et L. 312-8, à l'art. L. 312-14, deuxième alinéa, ou à l'art. L. 312-26 sera puni d'une amende de 3 750 euros.

Le prêteur qui fait souscrire par l'emprunteur ou les cautions déclarées, ou reçoit de leur part l'acceptation de l'offre sans que celle-ci comporte de date ou dans le cas où elle comporte une date fausse de nature à faire croire qu'elle a été donnée après expiration du délai de dix jours prescrit à l'art. L. 312-10, sera puni d'une amende de 30 000 euros.

La même peine sera applicable au bailleur qui fait souscrire par le preneur ou qui reçoit de sa part l'acceptation de l'offre sans

que celle-ci comporte de date ou dans le cas où elle comporte une date fausse de nature à faire croire qu'elle a été donnée après l'expiration du délai de dix jours prescrit à l'art. L. 312-27.

Dans les cas prévus aux alinéas précédents, le prêteur ou le bailleur pourra en outre être déchu du droit aux intérêts, en totalité ou dans la proportion fixée par le juge.

Art. L. 312-34 - Le prêteur ou le bailleur qui, en infraction aux dispositions de l'art. L. 312-11 ou de l'art. L. 312-28, accepte de recevoir de l'emprunteur ou du preneur, ou pour le compte d'un de ces derniers, un versement ou un dépôt, un chèque ou un effet de commerce souscrit, endossé ou avalisé à son profit, ou utilise une autorisation de prélèvement sur compte bancaire ou postal, sera puni d'une amende de 30 000 euros.

Art. L. 312-35 - Le prêteur, en infraction aux dispositions du premier alinéa de l'art. L. 312-14, ou le vendeur, en infraction aux dispositions de l'art. L. 312-16, ou le bailleur, en infraction aux dispositions du dernier alinéa de l'art. L. 312-30, qui ne restitue pas les sommes visées à ces articles, sera puni d'une amende de 30 000 euros.

© Groupe Eyrolles / PAP

La même peine sera applicable à celui qui réclame à l'emprunteur ou au preneur ou retient sur son compte des sommes supérieures à celles qu'il est autorisé à réclamer ou à retenir en application des dispositions de l'art. L. 312-23 ou des deux derniers alinéas de l'art. L. 312-29.

Section 8 : Procédure

Art. L. 312-36 - Le tribunal d'instance connaît des actions nées de l'application des art. L. 312-31 et L. 313-12.

Dispositions communes aux chapitres I ^er^ et II

Section 1 : Le taux d'intérêt

Sous-section 1 : Le taux effectif global

Art. L. 313-1 - Dans tous les cas, pour la détermination du taux effectif global du prêt, comme pour celle du taux effectif pris comme référence, sont ajoutés aux intérêts les frais, commissions ou rémunérations de toute nature, directs ou indirects, y compris ceux qui sont payés ou dus à des intermédiaires intervenus de quelque manière que ce soit dans l'octroi du prêt, même si ces frais, commissions ou rémunérations correspondent à des débours réels.

Toutefois, pour l'application des art. L. 312-4 à L. 312-8, les charges liées aux garanties dont les crédits sont éventuellement assortis ainsi que les honoraires d'officiers ministériels ne sont pas compris dans le taux effectif global défini ci-dessus, lorsque leur montant ne peut être indiqué avec précision antérieurement à la conclusion définitive du contrat.

Nouvel alinéa à compter du 1er mai 2011 :

Pour les contrats de crédit entrant dans le champ d'application du chapitre I ^er^ du présent titre, le taux effectif global, qui est dénommé « Taux annuel effectif global », ne comprend pas les frais d'acte notarié.

En outre, pour les prêts qui font l'objet d'un amortissement échelonné, le taux effectif global doit être calculé en tenant compte des modalités de l'amortissement de la créance.

Un décret en Conseil d'État déterminera les conditions d'application du présent article.

Art. L. 313-2 - Le taux effectif global déterminé comme il est dit à l'art. L. 313-1 doit être mentionné dans tout écrit constatant un contrat de prêt régi par la présente section.

Toute infraction aux dispositions du présent article sera punie d'une amende de 4 500 euros.

© Groupe Eyrolles / PAP

Section 2 : Les sûretés personnelles

Art. L. 313-7 - La personne physique qui s'engage par acte sous seing privé en qualité de caution pour l'une des opérations relevant des chapitres Ier ou II du présent titre doit, à peine de nullité de son engagement, faire précéder sa signature de la mention manuscrite suivante, et uniquement de celle-ci :

« En me portant caution de X…, dans la limite de la somme de x… couvrant le paiement du principal, des intérêts et, le cas échéant, des pénalités ou intérêts de retard et pour la durée de x…, je m'engage à rembourser au prêteur les sommes dues sur mes revenus et mes biens si X… n'y satisfait pas lui-même ».

Art. L. 313-8 - Lorsque le créancier demande un cautionnement solidaire pour l'une des opérations relevant des chapitres Ier ou II du présent titre, la personne physique qui se porte caution doit, à peine de nullité de son engagement, faire précéder sa signature de la mention manuscrite suivante :

« En renonçant au bénéfice de discussion défini à l'art. 2021 du Code civil et en m'obligeant solidairement avec X…, je m'engage à rembourser le créancier sans pouvoir exiger qu'il poursuive préalablement X… ».

Art. L. 313-9 - Toute personne physique qui s'est portée caution à l'occasion d'une opération de crédit relevant des chapitres Ier ou II du présent titre doit être informée par l'établissement prêteur de la défaillance du débiteur principal dès le premier incident de paiement caractérisé susceptible d'inscription au fichier institué à l'art. L. 333-4. Si l'établissement prêteur ne se conforme pas à cette obligation, la caution ne saurait être tenue au paiement des pénalités ou intérêts de retard échus entre la date de ce premier incident et celle à laquelle elle en a été informée.

Art. L. 313-10 - Un établissement de crédit, un établissement de paiement ou un organisme mentionné au 5 de l'article L. 511-6 du Code monétaire et financier ne peut se prévaloir d'un contrat de cautionnement d'une opération de crédit relevant des chapitres Ier ou II du présent titre, conclu par une personne physique dont l'engagement était, lors de sa conclusion, manifestement disproportionné à ses biens et revenus, à moins que le patrimoine de cette caution, au moment où celle-ci est appelée, ne lui permette de faire face à son obligation.

Art. L. 313-10-1 - La garantie autonome définie à l'art. 2321 du Code civil ne peut être souscrite à l'occasion d'un crédit relevant des chapitres Ier et II du présent titre.

Section 3 : Rémunération du vendeur

Art. L. 313-11 - Tout vendeur personne physique, salarié ou non d'un organisme bancaire ou de crédit, ne peut, en aucun cas, être rémunéré en fonction du taux du crédit qu'il a fait contracter à l'acheteur d'un bien mobilier ou immobilier.

© Groupe Eyrolles / PAP

Section 4 : Délais de grâce

Art. L. 313-12 - L'exécution des obligations du débiteur peut être, notamment en cas de licenciement, suspendue par ordonnance du juge d'instance dans les conditions prévues aux art. 1244-1 à 1244-3 du Code civil. L'ordonnance peut décider que, durant le délai de grâce, les sommes dues ne produiront point intérêt.

En outre, le juge peut déterminer dans son ordonnance les modalités de paiement des sommes qui seront exigibles au terme du délai de suspension, sans que le dernier versement puisse excéder de plus de deux ans le terme initialement prévu pour le remboursement du prêt ; il peut cependant surseoir à statuer sur ces modalités jusqu'au terme du délai de suspension.

Art. L. 313-13 - Les dispositions de l'art. 114 du Code de commerce sont applicables aux lettres de change et billets à ordre souscrits ou avalisés par les emprunteurs même majeurs à l'occasion des opérations de crédit régies par le présent titre à l'exception des sections 2, 4, 6 et 7 du chapitre II et des sections 1, 3 et 4 à 8 du présent chapitre.

Section 6 : Crédit garanti par une hypothèque rechargeable

Art. L. 313-14 - Les dispositions de la présente section s'appliquent aux opérations de crédit consenties à titre habituel par toute personne physique ou morale relevant soit des dispositions du chapitre Ier relatif au crédit à la consommation, soit des dispositions du chapitre II relatif au crédit immobilier du présent titre et garanties par une hypothèque rechargeable au sens de l'article 2422 du Code civil.

Les opérations mentionnées à l'article L. 311-16 ne peuvent donner lieu à un crédit garanti par une hypothèque rechargeable.

Art. L. 313-14-1 - Est annexé au contrat de crédit un document intitulé "situation hypothécaire" dont un exemplaire est remis à l'emprunteur dans les mêmes conditions que le contrat de crédit lui-même.

Ce document comporte :

1° La mention de la durée de l'inscription hypothécaire ;

2° L'identification du bien immobilier, objet de la garantie, et sa valeur estimée à la date de la convention constitutive d'hypothèque ;

3° Le montant maximal garanti prévu par la convention constitutive d'hypothèque ;

4° Le montant de l'emprunt initial souscrit ;

5° Le cas échéant, le montant du ou des emprunts ultérieurement souscrits ;

6° Une évaluation par le prêteur du coût du rechargement de l'hypothèque garantissant le ou les nouveaux crédits ;

7° Une évaluation par le prêteur du coût total de l'hypothèque ;

8° La mention que, sans préjudice de l'application des articles L. 311-23 et L. 311-24, s'il s'agit d'un crédit à la consommation, ou des articles L. 312-22 et L. 312-23, s'il s'agit d'un crédit immobilier, la défaillance de l'emprunteur peut entraîner la vente du bien hypothéqué selon les dispositions des articles 2464 et suivants du Code civil.

Art. L. 313-14-2 - Le fait pour le prêteur d'accorder un prêt garanti par une hypothèque rechargeable sans saisir l'emprunteur d'une offre préalable de crédit accompagnée d'un document satisfaisant aux condi-

© Groupe Eyrolles / PAP

tions fixées par l'art. L. 313-14-1 est puni d'une amende de 3 750 euros.

En outre, le prêteur est déchu du droit aux intérêts et l'emprunteur n'est tenu qu'au seul remboursement du capital suivant l'échéancier prévu. Les sommes perçues au titre des intérêts sont restituées par le prêteur ou imputées sur le capital restant dû ; elles sont productives d'intérêt au taux légal du jour de leur versement.

Section 9 : Dispositions d'ordre public

Art. L. 313-17 - Les dispositions des chapitres Ier et II et des sections 2 à 8 du chapitre III du présent titre sont d'ordre public.

© Groupe Eyrolles / PAP

Loi n° 89-462 du 6 juillet 1989

Art. 15

I. - Lorsque le bailleur donne congé à son locataire, ce congé doit être justifié soit par sa décision de reprendre ou de vendre le logement, soit par un motif légitime et sérieux, notamment l'inexécution par le locataire de l'une des obligations lui incombant. À peine de nullité, le congé donné par le bailleur doit indiquer le motif allégué et, en cas de reprise, les nom et adresse du bénéficiaire de la reprise qui ne peut être que le bailleur, son conjoint, son concubin notoire depuis au moins un an à la date du congé, ses ascendants, ses descendants ou ceux de son conjoint ou concubin notoire.

Le délai de préavis applicable au congé est de trois mois lorsqu'il émane du locataire et de six mois lorsqu'il émane du bailleur. Toutefois, en cas de mutation ou de perte d'emploi ou de nouvel emploi consécutif à une perte d'emploi, le locataire peut donner congé au bailleur avec un délai de préavis d'un mois. Le délai est également réduit à un mois en faveur des locataires âgés de plus de soixante ans dont l'état de santé justifie un changement de domicile « ainsi que les bénéficiaires du revenu minimum d'insertion » (loi n° 90-449 du 31 mai 1990). Le congé doit être notifié par lettre recommandée avec demande d'avis de réception ou signifié par acte d'huissier. Ce délai court à compter du jour de la réception de la lettre recommandée ou de la signification de l'acte d'huissier.

Pendant le délai de préavis, le locataire n'est redevable du loyer et des charges que pour le temps où il a occupé réellement les lieux si le congé a été notifié par le bailleur. Il est redevable du loyer et des charges concernant tout le délai de préavis si c'est lui qui a notifié le congé, sauf si le logement se trouve occupé avant la fin du préavis par un autre locataire en accord avec le bailleur.

À l'expiration du délai de préavis, le locataire est déchu de tout titre d'occupation des locaux loués.

II. - Lorsqu'il est fondé sur la décision de vendre le logement, le congé doit, à peine de nullité, indiquer le prix et les conditions de la vente projetée. Le congé vaut offre de vente au profit du locataire : l'offre est valable pendant les deux premiers mois du délai de préavis. Les dispositions de l'article 46 de la loi n° 65-557 du 10 juillet 1965 fixant le statut de la copropriété des immeubles bâtis ne sont pas applicables au congé fondé sur la décision de vendre le logement.

À l'expiration du délai de préavis, le locataire qui n'a pas accepté l'offre de vente est déchu de plein droit de tout titre d'occupation sur le local.

Le locataire qui accepte l'offre dispose, à compter de la date d'envoi de sa réponse au bailleur, d'un délai de deux mois pour la réalisation de l'acte de vente. Si, dans sa réponse, il notifie son intention de recourir à un prêt, l'acceptation par le locataire de l'offre de vente est subordonnée à l'obtention du prêt et le délai de réalisation de la vente est porté à quatre mois. Le contrat de location est prorogé jusqu'à l'expiration du délai de réalisation de la vente. Si, à l'expiration de ce délai, la vente n'a pas été réalisée, l'acceptation de l'offre de vente est nulle de plein droit et le locataire est déchu de plein droit de tout titre d'occupation.

Dans le cas où le propriétaire décide de vendre à des conditions ou à un prix plus avantageux pour l'acquéreur, le notaire doit, lorsque le bailleur n'y a pas préalablement procédé, notifier au locataire ces conditions et prix à peine de nullité de la vente. Cette notification est effectuée à l'adresse indiquée à cet effet par le locataire au bailleur ; si le locataire n'a pas fait connaître cette adresse au bailleur, la notification est effectuée à l'adresse des locaux dont la location

© Groupe Eyrolles / PAP

avait été consentie. Elle vaut offre de vente au profit du locataire. Cette offre est valable pendant une durée d'un mois à compter de sa réception. L'offre qui n'a pas été acceptée dans le délai d'un mois est caduque.

Le locataire qui accepte l'offre ainsi notifiée dispose, à compter de la date d'envoi de sa réponse au bailleur ou au notaire, d'un délai de deux mois pour la réalisation de l'acte de vente. Si, dans sa réponse, il notifie son intention de recourir à un prêt, l'acceptation par le locataire de l'offre de vente est subordonnée à l'obtention du prêt et le délai de réalisation de la vente est porté à quatre mois. Si, à l'expiration de ce délai, la vente n'a pas été réalisée, l'acceptation de l'offre de vente est nulle de plein droit.

Les termes des cinq alinéas précédents sont reproduits à peine de nullité dans chaque notification.

Ces dispositions ne sont pas applicables aux actes intervenant entre parents jusqu'au quatrième degré inclus, sous la condition que l'acquéreur occupe le logement pendant une durée qui ne peut être inférieure à deux ans à compter de l'expiration du délai de préavis, ni aux actes portant sur les immeubles mentionnés au deuxième alinéa de l'article L.111-6-1 du Code de la construction et de l'habitation.

Dans les cas de congés pour vente prévus à l'article 11-1, l'offre de vente au profit du locataire est dissociée du congé. En outre, le non-respect de l'une des obligations relatives au congé pour vente d'un accord conclu en application de l'article 41 *ter* de la loi n° 86-1290 du 23 décembre 1986 tendant à favoriser l'investissement locatif, l'accession à la propriété de logements sociaux et le développement de l'offre foncière, et rendu obligatoire par décret, donne lieu à l'annulation du congé.

Est nul de plein droit le congé pour vente délivré au locataire en violation de l'engagement de prorogation des contrats de bail en cours, mentionné au premier alinéa du A du I de l'article 10-1 de la loi n° 75-1351 du 31 décembre 1975 relative à la protection des occupants de locaux à usage d'habitation.

III. - Le bailleur ne peut s'opposer au renouvellement du contrat en donnant congé dans les conditions définies au paragraphe I ci-dessus à l'égard de tout locataire âgé de plus de soixante-dix ans et dont les ressources annuelles sont inférieures à une fois et demie le montant annuel du salaire minimum de croissance, sans qu'un logement correspondant à ses besoins et à ses possibilités lui soit offert dans les limites géographiques prévues à l'article 13 *bis* de la loi n° 48-1360 du 1er septembre 1948 précitée.

Toutefois, les dispositions de l'alinéa précédent ne sont pas applicables lorsque le bailleur est une personne physique âgée de plus de soixante ans ou si ses ressources annuelles sont inférieures à une fois et demie le montant annuel du salaire minimum de croissance.

L'âge du locataire et celui du bailleur sont appréciés à la date d'échéance du contrat ; le montant de leurs ressources est apprécié à la date de notification du congé.

© Groupe Eyrolles / PAP

Loi n° 75-1351 du 31 décembre 1975

Art. 10

I. - Préalablement à la conclusion de toute vente d'un ou plusieurs locaux à usage d'habitation ou à usage mixte d'habitation et professionnel, consécutive à la division initiale ou à la subdivision de tout ou partie d'un immeuble par lots, le bailleur doit, à peine de nullité de la vente, faire connaître par lettre recommandée avec demande d'avis de réception, à chacun des locataires ou occupants de bonne foi, l'indication du prix et des conditions de la vente projetée pour le local qu'il occupe. Cette notification vaut offre de vente au profit de son destinataire.

Nonobstant les dispositions de l'article 1751 du Code civil, les notifications faites en application du présent article par le bailleur sont de plein droit opposables au conjoint du locataire ou occupant de bonne foi si son existence n'a pas été préalablement portée à la connaissance du bailleur.

L'offre est valable pendant une durée de deux mois à compter de sa réception. Le locataire qui accepte l'offre ainsi notifiée dispose, à compter de la date d'envoi de sa réponse au bailleur, d'un délai de deux mois pour la réalisation de l'acte de vente. Si dans sa réponse, il notifie au bailleur son intention de recourir à un prêt, son acceptation de l'offre de vente est subordonnée à l'obtention du prêt et, en ce cas, le délai de réalisation est porté à quatre mois. Passé le délai de réalisation de l'acte de vente, l'acceptation par le locataire de l'offre de vente est nulle de plein droit.

Dans le cas où le propriétaire décide de vendre à des conditions ou à un prix plus avantageux pour l'acquéreur, le notaire doit, lorsque le propriétaire n'y a pas préalablement procédé, notifier au locataire ou occupant de bonne foi ces conditions et prix à peine de nullité de la vente. Cette notification vaut offre de vente au profit du locataire ou occupant de bonne foi. Cette offre est valable pendant une durée d'un mois à compter de sa réception. L'offre qui n'a pas été acceptée dans le délai d'un mois est caduque.

Le locataire ou occupant de bonne foi qui accepte l'offre ainsi notifiée dispose, à compter de la date d'envoi de sa réponse au propriétaire ou au notaire, d'un délai de deux mois pour la réalisation de l'acte de vente. Si, dans sa réponse, il notifie son intention de recourir à un prêt, l'acceptation par le locataire ou occupant de bonne foi de l'offre de vente est subordonnée à l'obtention du prêt et le délai de réalisation de la vente est porté à quatre mois. Si, à l'expiration de ce délai, la vente n'a pas été réalisée, l'acceptation de l'offre de vente est nulle de plein droit. Les termes des cinq alinéas qui précèdent doivent être reproduits, à peine de nullité, dans chaque notification.

II. - Lorsque la vente du local à usage d'habitation ou à usage mixte d'habitation et professionnel a lieu par adjudication volontaire ou forcée, le locataire ou l'occupant de bonne foi doit y être convoqué par lettre recommandée avec demande d'avis de réception un mois au moins avant la date de l'adjudication.

À défaut de convocation, le locataire ou l'occupant de bonne foi peut, pendant un délai d'un mois à compter de la date à laquelle il a eu connaissance de l'adjudication, déclarer se substituer à l'adjudicataire. Toutefois, en cas de vente sur licitation, il ne peut exercer ce droit si l'adjudication a été prononcée en faveur d'un indivisaire.

III. - Le présent article s'applique aux ventes de parts ou actions des sociétés dont l'objet est la division d'un immeuble par fractions destinées à être attribuées aux associés en propriété ou en jouissance à temps complet. Il ne s'applique pas aux

© Groupe Eyrolles / PAP

actes intervenant entre parents ou alliés jusqu'au quatrième degré inclus. Il ne s'applique pas aux ventes portant sur un bâtiment entier ou sur l'ensemble des locaux à usage d'habitation ou à usage mixte d'habitation et professionnel dudit bâtiment.

Art. 10-1

I. - A. - Préalablement à la conclusion de la vente, dans sa totalité et en une seule fois, d'un immeuble à usage d'habitation ou à usage mixte d'habitation et professionnel de plus de dix logements au profit d'un acquéreur ne s'engageant pas à proroger les contrats de bail à usage d'habitation en cours à la date de la conclusion de la vente afin de permettre à chaque locataire ou occupant de bonne foi de disposer du logement qu'il occupe pour une durée de six ans à compter de la signature de l'acte authentique de vente qui contiendra la liste des locataires concernés par un engagement de prorogation de bail, le bailleur doit faire connaître par lettre recommandée avec demande d'avis de réception à chacun des locataires ou occupants de bonne foi l'indication du prix et des conditions de la vente, dans sa totalité et en une seule fois, de l'immeuble ainsi que l'indication du prix et des conditions de la vente pour le local qu'il occupe.

Cette notification doit intervenir à peine de nullité de la vente, dans sa totalité et en une seule fois, de l'immeuble. Elle s'accompagne d'un projet de règlement de copropriété qui réglera les rapports entre les copropriétaires si l'un au moins des locataires ou occupants de bonne foi réalise un acte de vente, ainsi que des résultats d'un diagnostic technique portant constat de l'état apparent de la solidité du clos et du couvert et de celui de l'état des conduites et canalisations collectives ainsi que des équipements communs et de sécurité. Ce diagnostic est établi par un contrôleur technique au sens de l'article L .111-23 du Code de la construction et de l'habitation ou par un architecte au sens de l'article 2 de la loi n° 77-2 du 3 janvier 1977 sur l'architecture, qui ne doit avoir avec le propriétaire de l'immeuble ou son mandataire aucun lien de nature à porter atteinte à son impartialité ou à son indépendance. Les dépenses afférentes à ce diagnostic sont à la charge du bailleur.

Nonobstant les dispositions de l'article 1751 du Code civil, cette notification est de plein droit opposable au conjoint du locataire ou occupant de bonne foi si son existence n'a pas été préalablement portée à la connaissance du bailleur. Elle vaut offre de vente au profit du locataire ou occupant de bonne foi.

L'offre est valable pendant une durée de quatre mois à compter de sa réception. Le locataire ou occupant de bonne foi qui accepte l'offre ainsi notifiée dispose, à compter de la date d'envoi de sa réponse au bailleur, d'un délai de deux mois pour la réalisation de l'acte de vente. Si, dans sa réponse, il notifie au bailleur son intention de recourir à un prêt, son acceptation de l'offre de vente est subordonnée à l'obtention du prêt et, en ce cas, le délai de réalisation est porté à quatre mois. Passé le délai de réalisation de l'acte de vente, l'acceptation de l'offre de vente est nulle de plein droit.

Lorsque, en raison de la vente d'au moins un logement à un locataire ou un occupant de bonne foi, l'immeuble fait l'objet d'une mise en copropriété et que le bailleur décide de vendre les lots occupés à des conditions ou à un prix plus avantageux à un tiers, le notaire doit, lorsque le propriétaire n'y a pas préalablement procédé, notifier au locataire ou occupant de bonne foi ces conditions et prix à peine de nullité de la vente. Cette notification vaut offre de vente à leur profit. Elle est valable pendant une durée d'un mois à compter de sa réception. L'offre qui n'a pas été acceptée dans le délai d'un mois est caduque.

© Groupe Eyrolles / PAP

Le locataire ou occupant de bonne foi qui accepte l'offre ainsi notifiée dispose, à compter de la date d'envoi de sa réponse au propriétaire ou au notaire, d'un délai de deux mois pour la réalisation de l'acte de vente. Si, dans sa réponse, il notifie son intention de recourir à un prêt, l'acceptation par le locataire ou occupant de bonne foi de l'offre de vente est subordonnée à l'obtention du prêt et le délai de réalisation de la vente est porté à quatre mois. Si, à l'expiration de ce délai, la vente n'a pas été réalisée, l'acceptation de l'offre de vente est nulle de plein droit.

Les dispositions du présent A doivent être reproduites, à peine de nullité, dans chaque notification.

B. - Préalablement à la conclusion de la vente mentionnée au premier alinéa du A, le bailleur communique au maire de la commune sur le territoire de laquelle est situé l'immeuble le prix et les conditions de la vente de l'immeuble dans sa totalité et en une seule fois. Lorsque l'immeuble est soumis à l'un des droits de préemption institués par les chapitres Ier et II du titre Ier du livre II du Code de l'urbanisme, la déclaration préalable faite au titre de l'article L.213-2 du même code vaut communication au sens du présent article.

II. - Les dispositions du I ne sont pas applicables en cas d'exercice de l'un des droits de préemption institués par le titre Ier du livre II du Code de l'urbanisme ou lorsque la vente intervient entre parents ou alliés jusqu'au quatrième degré inclus.

Elles sont applicables aux cessions de la totalité des parts ou actions de sociétés lorsque ces parts ou actions portent attribution en propriété ou en jouissance à temps complet de chacun des logements d'un immeuble de plus de dix logements.

Elles ne sont pas applicables aux cessions de parts ou actions susvisées lorsque ces cessions interviennent entre parents ou alliés jusqu'au quatrième degré inclus.

Elles ne sont pas applicables aux cessions d'immeubles à un organisme visé à l'article L. 411-2 du Code de la construction et de l'habitation ni, pour les logements faisant l'objet de conventions conclues en application de l'article L. 351-2 du même code, aux cessions d'immeubles à une société d'économie mixte visée à l'article L. 481-1 du même code.

Code civil

Art. 215 - Les époux ne peuvent l'un sans l'autre disposer des droits par lesquels est assuré le logement de la famille, ni des meubles meublants dont il est garni. Celui des deux qui n'a pas donné son consentement à l'acte peut en demander l'annulation : l'action en nullité lui est ouverte dans l'année à partir du jour où il a eu connaissance de l'acte, sans pouvoir jamais être intentée plus d'un an après que le régime matrimonial s'est dissous.

© Groupe Eyrolles / PAP

Loi n° 65-557 du 10 juillet 1965 fixant le statut de la copropriété des immeubles bâtis

Art. 46 - Toute promesse unilatérale de vente ou d'achat, tout contrat réalisant ou constatant la vente d'un lot ou d'une fraction de lot mentionne la superficie de la partie privative de ce lot ou de cette fraction de lot. La nullité de l'acte peut être invoquée sur le fondement de l'absence de toute mention de superficie.

Cette superficie est définie par le décret en Conseil d'État prévu à l'article 47.

Les dispositions du premier alinéa ci-dessus ne sont pas applicables aux caves, garages, emplacements de stationnement ni aux lots ou fractions de lots d'une superficie inférieure à un seuil fixé par le décret en Conseil prévu à l'article 47.

Le bénéficiaire en cas de promesse de vente, le promettant en cas de promesse d'achat ou l'acquéreur peut intenter l'action en nullité, au plus tard à l'expiration d'un délai d'un mois à compter de l'acte authentique constatant la réalisation de la vente.

La signature de l'acte authentique constatant la réalisation de la vente mentionnant la superficie de la partie privative du lot ou de la fraction entraîne la déchéance du droit à engager ou à poursuivre une action en nullité de la promesse ou du contrat qui l'a précédé, fondée sur l'absence de mention de cette superficie.

Si la superficie est supérieure à celle exprimée dans l'acte, l'excédent de mesure ne donne lieu à aucun supplément de prix.

Si la superficie est inférieure de plus d'un vingtième à celle exprimée dans l'acte, le vendeur, à la demande de l'acquéreur, supporte une diminution du prix proportionnelle à la moindre mesure.

L'action en diminution du prix doit être intentée par l'acquéreur dans un délai d'un an à compter de l'acte authentique constatant la réalisation de la vente, à peine de déchéance.

© Groupe Eyrolles / PAP

Décret n° 67-223 du 17 mars 1967 pris en application de la loi n° 65-557 du 10 juillet 1965

Art. 4-1 - La superficie de la partie privative d'un lot ou d'une fraction de lot mentionnée à l'article 46 de la loi du 10 juillet 1965 est la superficie des planchers des locaux clos et couverts après déduction des surfaces occupées par les murs, cloisons, marches et cages d'escalier, gaines, embrasures de portes et de fenêtres. Il n'est pas tenu compte des planchers des parties des locaux d'une hauteur inférieure à 1,80 mètre.

Art. 4-2 - Les lots ou fractions de lots d'une superficie inférieure à 8 mètres carrés ne sont pas pris en compte pour le calcul de la superficie mentionnée à l'article 4-1.

Art. 4-3 - Le jour de la signature de l'acte authentique constatant la réalisation de la vente, le notaire, ou l'autorité administrative qui authentifie la convention, remet aux parties, contre émargement ou récépissé, une copie simple de l'acte signé ou un certificat reproduisant la clause de l'acte mentionnant la superficie de la partie privative du lot ou de la fraction du lot vendu, ainsi qu'une copie des dispositions de l'article 46 de la loi du 10 juillet 1965 lorsque ces dispositions ne sont pas reprises intégralement dans l'acte ou le certificat.

Art. 4-4 - Lorsque le candidat à l'acquisition d'un lot ou d'une fraction de lot le demande, le propriétaire cédant est tenu de porter à sa connaissance le carnet d'entretien de l'immeuble ainsi que le diagnostic technique.

Art. 5 - Le syndic, avant l'établissement de l'un des actes mentionnés à l'article 4, adresse au notaire chargé de recevoir l'acte, à la demande de ce dernier ou à celle du copropriétaire qui transfère tout ou partie de ses droits sur le lot, un état daté comportant trois parties.

1° Dans la première partie, le syndic indique, d'une manière même approximative et sous réserve de l'apurement des comptes, les sommes pouvant rester dues, pour le lot considéré, au syndicat par le copropriétaire cédant, au titre :

a) Des provisions exigibles du budget prévisionnel ;

b) Des provisions exigibles des dépenses non comprises dans le budget prévisionnel ;

c) Des charges impayées sur les exercices antérieurs ;

d) Des sommes mentionnées à l'article 33 de la loi du 10 juillet 1965 ;

e) Des avances exigibles.

Ces indications sont communiquées par le syndic au notaire ou au propriétaire cédant, à charge pour eux de les porter à la connaissance, le cas échéant, des créanciers inscrits.

2° Dans la deuxième partie, le syndic indique, d'une manière même approximative et sous réserve de l'apurement des comptes, les sommes dont le syndicat pourrait être débiteur, pour le lot considéré, à l'égard du copropriétaire cédant, au titre :

a) Des avances mentionnées à l'article 45-1 ;

b) Des provisions du budget prévisionnel pour les périodes postérieures à la période en cours et rendues exigibles en raison de la déchéance du terme prévue par l'article 19-2 de la loi du 10 juillet 1965.

3° Dans la troisième partie, le syndic indique les sommes qui devraient incomber au nouveau copropriétaire, pour le lot considéré, au titre :

a) De la reconstitution des avances mentionnées à l'article 45-1 et ce d'une manière même approximative ;

b) Des provisions non encore exigibles du budget prévisionnel ;

© Groupe Eyrolles / PAP

c) Des provisions non encore exigibles dans les dépenses non comprises dans le budget prévisionnel.

Dans une annexe à la troisième partie de l'état daté, le syndic indique la somme correspondant, pour les deux exercices précédents, à la quote-part afférente au lot considéré dans le budget prévisionnel et dans le total des dépenses hors budget prévisionnel. Il mentionne, s'il y a lieu, l'objet et l'état des procédures en cours dans lesquelles le syndicat est partie.

Art. 6-2 - A l'occasion de la mutation à titre onéreux d'un lot :

1° Le paiement de la provision exigible du budget prévisionnel, en application du troisième alinéa de l'article 14-1 de la loi du 10 juillet 1965, incombe au vendeur ;

2° Le paiement des provisions des dépenses non comprises dans le budget prévisionnel incombe à celui, vendeur ou acquéreur, qui est copropriétaire au moment de l'exigibilité ;

3° Le trop ou moins-perçu sur provisions, révélé par l'approbation des comptes, est porté au crédit ou au débit du compte de celui qui est copropriétaire lors de l'approbation des comptes.

Art. 6-3 - Toute convention contraire aux dispositions de l'article 6-2 n'a d'effet qu'entre les parties à la mutation à titre onéreux.

Art. 45-1 - Les charges sont les dépenses incombant définitivement aux copropriétaires, chacun pour sa quote-part. L'approbation des comptes du syndicat par l'assemblée générale ne constitue pas une approbation du compte individuel de chacun des copropriétaires.

Au sens et pour l'application des règles comptables du syndicat :

– sont nommées provisions sur charges les sommes versées ou à verser en attente du solde définitif qui résultera de l'approbation des comptes du syndicat ;

– sont nommés avances les fonds destinés, par le règlement de copropriété ou une décision de l'assemblée générale, à constituer des réserves, ou qui représentent un emprunt du syndicat auprès des copropriétaires ou de certains d'entre eux.

Les avances sont remboursables.

© Groupe Eyrolles / PAP

Code de la construction et de l'habitation

Partie législative

Art. L111-2 - Ainsi qu'il est dit à l'art. 3, alinéas 1er et 2, de la loi n° 77-2 du 3 janvier 1977 sur l'architecture et sous réserve de l'art. 4 de cette loi :

Quiconque désire entreprendre des travaux soumis à une autorisation de construire doit faire appel à un architecte pour établir le projet architectural faisant l'objet de la demande de permis de construire, sans préjudice du recours à d'autres personnes participant, soit individuellement, soit en équipe, à la conception. Cette obligation n'exclut pas le recours à un architecte pour des missions plus étendues.

Le projet architectural mentionné ci-dessus définit par des plans et documents écrits l'implantation de bâtiments, leur composition, leur organisation et l'expression de leur volume ainsi que le choix des matériaux et des couleurs.

TITRE III - Construction d'une maison individuelle

CHAPITRE I
Contrat de construction d'une maison individuelle avec fourniture de plan

Art. L231-1 - Toute personne qui se charge de la construction d'un immeuble à usage d'habitation ou d'un immeuble à usage professionnel et d'habitation ne comportant pas plus de deux logements destinés au même maître de l'ouvrage d'après un plan qu'elle a proposé ou fait proposer doit conclure avec le maître de l'ouvrage un contrat soumis aux dispositions de l'article L231-2.

Cette obligation est également imposée :

a) À toute personne qui se charge de la construction d'un tel immeuble à partir d'un plan fourni par un tiers à la suite d'un démarchage à domicile ou d'une publicité faits pour le compte de cette personne ;

b) À toute personne qui réalise une partie des travaux de construction d'un tel immeuble dès lors que le plan de celui-ci a été fourni par cette personne ou, pour son compte, au moyen des procédés visés à l'alinéa précédent.

Cette personne est dénommée constructeur au sens du présent chapitre et réputée constructeur de l'ouvrage au sens de l'article 1792-1 du Code civil reproduit à l'article L111-14.

Art. L231-2 - Le contrat visé à l'article L231-1 doit comporter les énonciations suivantes :

a) La désignation du terrain destiné à l'implantation de la construction et la mention du titre de propriété du maître de l'ouvrage ou des droits réels lui permettant de construire.

b) L'affirmation de la conformité du projet aux règles de construction prescrites en application du présent code, notamment de son livre Ier, et du Code de l'urbanisme.

c) La consistance et les caractéristiques techniques du bâtiment à construire comportant tous les travaux d'adaptation au sol, les raccordements aux réseaux divers et tous les travaux d'équipement intérieur ou extérieur indispensables à l'implantation et à l'utilisation de l'immeuble.

© Groupe Eyrolles / PAP

d) Le coût du bâtiment à construire, égal à la somme du prix convenu et, s'il y a lieu, du coût des travaux dont le maître de l'ouvrage se réserve l'exécution en précisant :
- d'une part, le prix convenu qui est forfaitaire et définitif, sous réserve, s'il y a lieu, de sa révision dans les conditions et limites convenues conformément à l'article L231-11, et qui comporte la rémunération de tout ce qui est à la charge du constructeur, y compris le coût de la garantie de livraison ;
- d'autre part, le coût des travaux dont le maître de l'ouvrage se réserve l'exécution, ceux-ci étant décrits et chiffrés par le constructeur et faisant l'objet, de la part du maître de l'ouvrage, d'une clause manuscrite spécifique et paraphée par laquelle il en accepte le coût et la charge.

e) Les modalités de règlement en fonction de l'état d'avancement des travaux.

f) L'indication que le maître de l'ouvrage pourra se faire assister par un professionnel habilité en application de la loi n° 77-2 du 3 janvier 1977 sur l'architecte ou des articles L111-23 et suivants lors de la réception ou par tout autre professionnel de la construction titulaire d'un contrat d'assurance couvrant les responsabilités pour ce type de mission.

g) L'indication de l'obtention du permis de construire et des autres autorisations administratives, dont une copie est annexée au contrat.

h) L'indication des modalités de financement, la nature et le montant des prêts obtenus et acceptés par le maître de l'ouvrage.

i) La date d'ouverture du chantier, le délai d'exécution des travaux et les pénalités prévues en cas de retard de livraison.

j) La référence de l'assurance de dommages souscrite par le maître de l'ouvrage, en application de l'article L242-1 du Code des assurances.

k) Les justifications des garanties de remboursement et de livraison apportées par le constructeur, les attestations de ces garanties étant établies par le garant et annexées au contrat.

Les stipulations du contrat, notamment celles relatives aux travaux à la charge du constructeur, au prix convenu, au délai d'exécution des travaux et aux pénalités applicables en cas de retard d'exécution, peuvent se référer à des clauses types approuvées par décret en Conseil d'État.

Art. L231-3 - Dans le contrat visé à l'article L231-1, sont réputées non écrites les clauses ayant pour objet ou pour effet :

a) D'obliger le maître de l'ouvrage à donner mandat au constructeur pour rechercher le ou les prêts nécessaires au financement de la construction sans que ce mandat soit exprès et comporte toutes les précisions utiles sur les conditions de ce ou de ces prêts.

b) De subordonner le remboursement du dépôt de garantie à l'obligation, pour le maître de l'ouvrage, de justifier du refus de plusieurs demandes de prêt.

c) D'admettre comme valant autorisation administrative un permis de construire assorti de prescriptions techniques ou architecturales telles qu'elles entraînent une modification substantielle du projet ayant donné lieu à la conclusion du contrat initial.

d) De décharger le constructeur de son obligation d'exécuter les travaux dans les délais prévus par le contrat en prévoyant notamment des causes légitimes de retard autres que les intempéries, les cas de force majeure et les cas fortuits.

e) De subordonner la remise des clefs au paiement intégral du prix et faire ainsi

© Groupe Eyrolles / PAP

obstacle au droit du maître de l'ouvrage de consigner les sommes restant dues lorsque des réserves sont faites à la réception des travaux.

f) D'interdire au maître de l'ouvrage la possibilité de visiter le chantier, préalablement à chaque échéance des paiements et à la réception des travaux.

Art. L231-4- I. - Le contrat défini à l'article L231-1 peut être conclu sous les conditions suspensives suivantes :

a) L'acquisition du terrain ou des droits réels permettant de construire si le maître de l'ouvrage bénéficie d'une promesse de vente.

b) L'obtention du permis de construire et des autres autorisations administratives, le maître de l'ouvrage étant tenu de préciser la date limite de dépôt de la demande.

c) L'obtention des prêts demandés pour le financement de la construction.

d) L'obtention de l'assurance de dommages.

e) L'obtention de la garantie de livraison.

Le délai maximum de réalisation des conditions suspensives ainsi que la date d'ouverture du chantier, déterminée à partir de ce délai, sont précisés par le contrat.

II. Aucun versement, aucun dépôt, aucune souscription ou acceptation d'effets de commerce ne peuvent être exigés ou acceptés avant la signature du contrat défini à l'article L231-1 ni avant la date à laquelle la créance est exigible.

III. Le contrat peut stipuler qu'un dépôt de garantie sera effectué à un compte spécial ouvert au nom du maître de l'ouvrage par un organisme habilité. Le montant de ce dépôt ne peut excéder 3 % du prix de la construction projetée tel qu'il est énoncé au contrat.

Les fonds ainsi déposés sont indisponibles, incessibles et insaisissables jusqu'à la réalisation de toutes les conditions ; dans ce cas,

ces sommes viennent s'imputer sur les premiers paiements prévus par le contrat.

Les fonds déposés en garantie sont immédiatement restitués au maître de l'ouvrage, sans retenue ni pénalité, si toutes les conditions suspensives ne sont pas réalisées dans le délai prévu au contrat ou si le maître de l'ouvrage exerce la faculté de rétractation prévue à l'article L271-1.

Le contrat peut prévoir des paiements au constructeur avant la date d'ouverture du chantier, sous réserve que leur remboursement soit garanti par un établissement habilité à cet effet.

Un décret en Conseil d'État fixe la nature de la garantie et les conditions et limites dans lesquelles ces sommes sont versées.

Art. L231-5 - L'obligation, instituée par le deuxième alinéa de l'article L261-10, de conclure un contrat conforme aux dispositions de l'alinéa premier de cet article ne s'applique pas lorsque celui qui procure indirectement le terrain est le constructeur.

Art. L231-6 - I. - La garantie de livraison prévue au k de l'article L 231-2 couvre le maître de l'ouvrage, à compter de la date d'ouverture du chantier, contre les risques d'inexécution ou de mauvaise exécution des travaux prévus au contrat, à prix et délais convenus.

En cas de défaillance du constructeur, le garant prend à sa charge :

a) Le coût des dépassements du prix convenu dès lors qu'ils sont nécessaires à l'achèvement de la construction, la garantie apportée à ce titre pouvant être assortie d'une franchise n'excédant pas 5 p. 100 du prix convenu ;

b) Les conséquences du fait du constructeur ayant abouti à un paiement anticipé ou à un supplément de prix ;

c) Les pénalités forfaitaires prévues au contrat en cas de retard de livraison excédant trente jours, le montant et le

© Groupe Eyrolles / PAP

305

seuil minimum de ces pénalités étant fixés par décret.

La garantie est constituée par une caution solidaire donnée par un établissement de crédit ou une entreprise d'assurance agréés à cet effet.

II. - Dans le cas où le garant constate que le délai de livraison n'est pas respecté ou que les travaux nécessaires à la levée des réserves formulées à la réception ne sont pas réalisés, il met en demeure sans délai le constructeur soit de livrer l'immeuble, soit d'exécuter les travaux. Le garant est tenu à la même obligation lorsqu'il est informé par le maître de l'ouvrage des faits sus-indiqués.

Quinze jours après une mise en demeure restée infructueuse, le garant procède à l'exécution de ses obligations dans les conditions prévues au paragraphe III du présent article.

Au cas où, en cours d'exécution des travaux, le constructeur fait l'objet des procédures de sauvegarde et de redressement judiciaire prévues par le code de commerce, le garant peut mettre en demeure l'administrateur de se prononcer sur l'exécution du contrat conformément à l'article L 621-28 dudit code. À défaut de réponse dans le délai d'un mois et sans que ce délai puisse être prorogé pour quelque raison que ce soit, le garant procède à l'exécution de ses obligations. Il y procède également dans le cas où, malgré sa réponse positive, l'administrateur ne poursuit pas l'exécution du contrat dans les quinze jours qui suivent sa réponse.

III. - Dans les cas prévus au paragraphe II ci-dessus et faute pour le constructeur ou l'administrateur de procéder à l'achèvement de la construction, le garant doit désigner sous sa responsabilité la personne qui terminera les travaux.

Toutefois, et à condition que l'immeuble ait atteint le stade du hors d'eau, le garant peut proposer au maître de l'ouvrage de conclure lui-même des marchés de travaux avec des entreprises qui se chargeront de l'achèvement. Si le maître de l'ouvrage l'accepte, le garant verse directement aux entreprises les sommes dont il est redevable au titre du paragraphe I du présent article.

En cas de défaillance du constructeur, le garant est en droit d'exiger de percevoir directement les sommes correspondant aux travaux qu'il effectue ou fait effectuer dans les conditions prévues au e de l'article L 231-2.

IV. - La garantie cesse lorsque la réception des travaux a été constatée par écrit et, le cas échéant, à l'expiration du délai de huit jours prévu à l'article L 231-8 pour dénoncer les vices apparents ou, si des réserves ont été formulées, lorsque celles-ci ont été levées.

Art. L231-7 - I - Dans le cas prévu au *d* de l'article L231-2, le constructeur est tenu d'exécuter ou de faire exécuter les travaux dont le maître de l'ouvrage s'est réservé l'exécution aux prix et conditions mentionnés au contrat si le maître de l'ouvrage lui en fait la demande dans les quatre mois qui suivent la signature du contrat.

II. - Est réputé non écrit tout mandat donné par le maître de l'ouvrage au constructeur ou à un de ses préposés aux fins de percevoir tout ou partie d'un prêt destiné au financement de la construction.

III. - Les paiements intervenant aux différents stades de la construction peuvent être effectués directement par le prêteur, sous réserve de l'accord écrit du maître de l'ouvrage à chaque échéance et de l'information du garant.

À défaut d'accord écrit du maître de l'ouvrage à chaque échéance, le prêteur est responsable des conséquences préjudiciables des paiements qu'il effectue aux différents stades de la construction.

Art. L231-8 - Le maître de l'ouvrage peut, par lettre recommandée avec accusé de

© Groupe Eyrolles / PAP

réception dans les huit jours qui suivent la remise des clefs consécutive à la réception, dénoncer les vices apparents qu'il n'avait pas signalés lors de la réception afin qu'il y soit remédié dans le cadre de l'exécution du contrat.

La disposition prévue à l'alinéa précédent ne s'applique pas quand le maître de l'ouvrage se fait assister, lors de la réception, par un professionnel habilité en application de la loi n° 77-2 du 3 janvier 1977 précitée ou des articles L111-23 et suivants ou par tout autre professionnel de la construction titulaire d'un contrat d'assurance couvrant les responsabilités pour ce type de mission.

Art. L231-9 - Une notice d'information conforme à un modèle type agréé par arrêté conjoint des ministres chargés de la Construction et de la Consommation est jointe au contrat qui est adressé par le constructeur au maître de l'ouvrage par lettre recommandée avec avis de réception.

Art. L231-10 - Aucun prêteur ne peut émettre une offre de prêt sans avoir vérifié que le contrat comporte celles des énonciations mentionnées à l'article L231-2 qui doivent y figurer au moment où l'acte lui est transmis et ne peut débloquer les fonds s'il n'a pas communication de l'attestation de garantie de livraison.

Dans les cas de défaillance du constructeur visés au paragraphe II de l'article L231-6 et nonobstant l'accord du maître de l'ouvrage prévu au premier alinéa du paragraphe III de l'article L231-7, le prêteur est responsable des conséquences préjudiciables d'un versement excédant le pourcentage maximum du prix total exigible aux différents stades de la construction d'après l'état d'avancement des travaux dès lors que ce versement résulte de l'exécution d'une clause irrégulière du contrat.

Art. L231-11 - Au cas où le contrat défini à l'article L231-1 prévoit la révision du prix, celle-ci ne peut être calculée qu'en fonction de la variation d'un indice national du bâtiment tous corps d'état mesurant l'évolution du coût des facteurs de production dans le bâtiment, publié par le ministre chargé de la Construction et de l'Habitation, et, au choix des parties, selon l'une des deux modalités ci-après :

a) Révision du prix d'après la variation de l'indice entre la date de la signature du contrat et la date fixée à l'article L231-12, le prix ainsi révisé ne pouvant subir aucune variation après cette date.

b) Révision sur chaque paiement dans une limite exprimée en pourcentage de la variation de l'indice défini ci-dessus entre la date de signature du contrat et la date de livraison prévue au contrat, aucune révision ne pouvant être effectuée au-delà d'une période de neuf mois suivant la date définie à l'article L231-12 lorsque la livraison prévue doit avoir lieu postérieurement à l'expiration de cette période.

Ces modalités doivent être portées, préalablement à la signature du contrat, à la connaissance du maître de l'ouvrage par la personne qui se charge de la construction. Elles doivent être reproduites dans le contrat, cet acte devant en outre porter, paraphée par le maître de l'ouvrage, une clause par laquelle celui-ci reconnaît en avoir été informé dans les conditions prévues ci-dessus.

La modalité choisie d'un commun accord par les parties doit figurer dans le contrat.

À défaut des mentions prévues aux deux alinéas précédents, le prix figurant au contrat n'est pas révisable.

L'indice et la limite prévus ci-dessus sont définis par décret en Conseil d'État. Cette limite, destinée à tenir compte des frais fixes, des approvisionnements constitués et des améliorations de productivité, doit être comprise entre 60 % et 80 % de la variation de l'indice.

© Groupe Eyrolles / PAP

L'indice servant de base pour le calcul de la révision est le dernier indice publié au jour de la signature du contrat. La variation prise en compte résulte de la comparaison de cet indice avec le dernier indice publié avant la date de chaque paiement ou avant celle prévue à l'article L231-12 selon le choix exprimé par les parties.

Art. L231-12 - La date prévue pour l'application des deuxième (a) et troisième (b) alinéas de l'article L231-11 est celle de l'expiration d'un délai d'un mois qui suit la plus tardive des deux dates suivantes :

a) La date de l'obtention, tacite ou expresse, des autorisations administratives nécessaires pour entreprendre la construction.

b) La date de la réalisation de la condition suspensive sous laquelle le contrat a été conclu ou est considéré comme conclu en application des articles 17 et 18 de la loi n° 79-596 du 13 juillet 1979 relative à l'information et à la protection des emprunteurs dans le domaine immobilier.

Art. L231-13 - Le constructeur est tenu de conclure par écrit les contrats de sous-traitance avant tout commencement d'exécution des travaux à la charge du sous-traitant. Ces contrats comportent les énonciations suivantes :

a) La désignation de la construction ainsi que les nom et adresse du maître de l'ouvrage et de l'établissement qui apporte la garantie prévue à l'article L231-6.

b) La description des travaux qui en font l'objet, conforme aux énonciations du contrat de construction.

c) Le prix convenu et, s'il y a lieu, les modalités de sa révision.

d) Le délai d'exécution des travaux et le montant des pénalités de retard.

e) Les modalités de règlement du prix, qui ne peut dépasser un délai de trente jours à compter de la date du versement effectué au constructeur par le maître de l'ouvrage ou le prêteur, en règlement de travaux comprenant ceux effectués par le sous-traitant et acceptés par le constructeur.

f) Le montant des pénalités dues par le constructeur en cas de retard de paiement.

g) La justification de l'une ou l'autre des garanties de paiement prévues à l'article 14 de la loi n° 75-1334 du 31 décembre 1975 relative à la sous-traitance.

Copie des contrats de sous-traitance est adressée par le constructeur à l'établissement qui apporte la garantie prévue à l'article L231-6.

CHAPITRE II
Contrat de construction d'une maison individuelle sans fourniture de plan

Art. L232-1 - Le contrat de louage d'ouvrage n'entrant pas dans le champ d'application de l'article L231-1 et ayant au moins pour objet l'exécution des travaux de gros œuvre, de mise hors d'eau et hors d'air d'un immeuble à usage d'habitation ou d'un immeuble à usage professionnel et d'habitation ne comportant pas plus de deux logements destinés au même maître de l'ouvrage, doit être rédigé par écrit et préciser :

a) La désignation du terrain.

b) La consistance et les caractéristiques techniques de l'ouvrage à réaliser.

c) Le prix convenu forfaitaire et définitif, sous réserve, s'il y a lieu, de sa révision dans les conditions et limites convenues, ainsi que les modalités de son

308

© Groupe Eyrolles / PAP

règlement au fur et à mesure de l'exécution des travaux.

d) Le délai d'exécution des travaux et les pénalités applicables en cas de retard de livraison.

e) La référence de l'assurance de dommages souscrite par le maître de l'ouvrage en application de l'article L242-1 du Code des assurances.

f) L'indication que le maître de l'ouvrage pourra se faire assister par un professionnel habilité en application de la loi n° 77-2 du 3 janvier 1977 précitée ou des articles L111-23 et suivants lors de la réception ou par tout autre professionnel de la construction titulaire d'un contenu d'assurance couvrant les responsabilités pour ce type de mission.

g) L'engagement de l'entrepreneur de fournir, au plus tard à la date d'ouverture du chantier, la justification de la garantie de livraison qu'il apporte au maître de l'ouvrage, l'attestation de cette garantie étant établie par le garant et annexée au contrat.

Art. L232-2 - Les dispositions du dernier alinéa de l'article L231-2, de l'article L231-6, du paragraphe II de l'article L231-4, des articles L231-8, L231-9 et L231-13 sont

applicables au contrat prévu au présent chapitre.

Sont insérés, dans le Code de la construction et de l'habitation, les articles L241-8 et L241-9 ainsi rédigés :

Art. L241-8 - Sera puni d'un emprisonnement de deux mois à deux ans et d'une amende de 37 500 €, ou de l'une de ces deux peines seulement, quiconque, tenu à la conclusion d'un contrat par application de l'article L231-1 ou de l'article L232-1, aura entrepris l'exécution des travaux sans avoir conclu un contrat écrit ou sans avoir obtenu la garantie de livraison définie à l'article L231-6.

Ces infractions peuvent être constatées et poursuivies dans les conditions fixées par les articles 45, premier et troisième alinéa, 46, 47 et 42 de l'ordonnance n° 86-243 du 1er décembre 1986 relative à la liberté des prix et de la concurrence.

Art. L241-9 - Sera puni d'un emprisonnement de deux ans et d'une amende de 18 000 €, ou de l'une de ces deux peines seulement, quiconque, chargé de l'une des opérations mentionnées à l'article L241-8, n'aura pas conclu par écrit un contrat de sous-traitance avant l'exécution des travaux de chacun des lots de l'immeuble. (…)

Dispositions générales

Art. L.271-1 - Pour tout acte ayant pour objet la construction ou l'acquisition d'un immeuble à usage d'habitation, la souscription de parts donnant vocation à l'attribution en jouissance ou en propriété d'immeubles d'habitation ou la vente d'immeubles à construire ou de location-accession à la propriété immobilière, l'acquéreur non professionnel peut se rétracter dans un délai de sept jours à compter du lendemain de la première présentation de la lettre lui notifiant l'acte.

Cet acte est notifié à l'acquéreur par lettre recommandée avec demande d'avis de réception ou par tout autre moyen présentant des garanties équivalentes pour la détermination de la date de réception ou de remise. La faculté de rétractation est exercée dans ces mêmes formes.

Lorsque l'acte est conclu par l'intermédiaire d'un professionnel ayant reçu mandat pour prêter son concours à la vente, cet acte peut être remis directement au bénéficiaire du droit de rétractation. Dans ce cas, le délai

© Groupe Eyrolles / PAP

de rétractation court à compter du lendemain de la remise de l'acte, qui doit être attestée selon des modalités fixées par décret.

Lorsque le contrat constatant ou réalisant la convention est précédé d'un contrat préliminaire ou d'une promesse synallagmatique ou unilatérale, les dispositions figurant aux trois alinéas précédents ne s'appliquent qu'à ce contrat ou à cette promesse.

Lorsque le contrat constatant ou réalisant la convention est dressé en la forme authentique et n'est pas précédé d'un contrat préliminaire ou d'une promesse synallagmatique ou unilatérale, l'acquéreur non professionnel dispose d'un délai de réflexion de sept jours à compter de la notification ou de la remise du projet d'acte selon les mêmes modalités que celles prévues pour le délai de rétractation mentionné aux premier et troisième alinéas. En aucun cas l'acte authentique ne peut être signé pendant ce délai de sept jours.

Art. L.271-2 - Lors de la conclusion d'un acte mentionné à l'article L.271-1, nul ne peut recevoir de l'acquéreur non professionnel, directement ou indirectement, aucun versement à quelque titre ou sous quelque forme que ce soit avant l'expiration du délai de rétractation, sauf dispositions législatives expresses contraires prévues notamment pour les contrats ayant pour objet l'acquisition ou la construction d'un immeuble neuf d'habitation, la souscription de parts donnant vocation à l'attribution en jouissance ou en propriété d'immeubles d'habitation et les contrats préliminaires de vente d'immeubles à construire ou de location-accession à la propriété immobilière. Si les parties conviennent d'un versement à une date postérieure à l'expiration de ce délai et dont elles fixent le montant, l'acte est conclu sous la condition suspensive de la remise desdites sommes à la date convenue.

Toutefois, lorsque l'un des actes mentionnés à l'alinéa précédent est conclu par l'intermédiaire d'un professionnel ayant reçu mandat pour prêter son concours à la vente, un versement peut être reçu de l'acquéreur s'il est effectué entre les mains d'un professionnel disposant d'une garantie financière affectée au remboursement des fonds déposés. Si l'acquéreur exerce sa faculté de rétractation, le professionnel dépositaire des fonds les lui restitue dans un délai de vingt et un jours à compter du lendemain de la date de cette rétractation.

Lorsque l'acte est dressé en la forme authentique, aucune somme ne peut être versée pendant le délai de réflexion de sept jours.

Est puni de 30 000 € d'amende le fait d'exiger ou de recevoir un versement ou un engagement de versement en méconnaissance des alinéas ci-dessus.

Dossier de diagnostic technique

Art. L271-4 I. - En cas de vente de tout ou partie d'un immeuble bâti, un dossier de diagnostic technique, fourni par le vendeur, est annexé à la promesse de vente ou, à défaut de promesse, à l'acte authentique de vente. En cas de vente publique, le dossier de diagnostic technique est annexé au cahier des charges.

Le dossier de diagnostic technique comprend, dans les conditions définies par les dispositions qui les régissent, les documents suivants :

1° Le constat de risque d'exposition au plomb prévu aux articles L. 1334-5 et L. 1334-6 du code de la santé publique ;

© Groupe Eyrolles / PAP

2° L'état mentionnant la présence ou l'absence de matériaux ou produits contenant de l'amiante prévu à l'article L. 1334-13 du même code ;

3° L'état relatif à la présence de termites dans le bâtiment prévu à l'article L. 133-6 du présent code ;

4° L'état de l'installation intérieure de gaz prévu à l'article L. 134-6 du présent code ;

5° Dans les zones mentionnées au I de l'article L. 125-5 du code de l'environnement, l'état des risques naturels et technologiques prévu au deuxième alinéa du I du même article ;

6° Le diagnostic de performance énergétique prévu à l'article L. 134-1 du présent code ;

7° L'état de l'installation intérieure d'électricité prévu à l'article L. 134-7 ;

8° Le document établi à l'issue du contrôle des installations d'assainissement non collectif mentionné à l'article L. 1331-11-1 du code de la santé publique.

Les documents mentionnés aux 1°, 4° et 7° ne sont requis que pour les immeubles ou parties d'immeuble à usage d'habitation.

Le document mentionné au 6° n'est pas requis en cas de vente d'un immeuble à construire visée à l'article L. 261-1.

Lorsque les locaux faisant l'objet de la vente sont soumis aux dispositions de la loi n° 65-557 du 10 juillet 1965 fixant le statut de la copropriété des immeubles bâtis ou appartiennent à des personnes titulaires de droits réels immobiliers sur les locaux ou à des titulaires de parts donnant droit ou non à l'attribution ou à la jouissance en propriété des locaux, le document mentionné au 1° porte exclusivement sur la partie privative de l'immeuble affecté au logement et les documents mentionnés au 3°, 4° et 7° sur la partie privative du lot.

II. - En l'absence, lors de la signature de l'acte authentique de vente, d'un des documents mentionnés aux 1°, 2°, 3°, 4°, 7° et

8° du I en cours de validité, le vendeur ne peut pas s'exonérer de la garantie des vices cachés correspondante.

En l'absence, lors de la signature de l'acte authentique de vente, du document mentionné au 5° du I, l'acquéreur peut poursuivre la résolution du contrat ou demander au juge une diminution du prix.

En cas de non-conformité de l'installation d'assainissement non collectif lors de la signature de l'acte authentique de vente, l'acquéreur fait procéder aux travaux de mise en conformité dans un délai d'un an après l'acte de vente.

L'acquéreur ne peut se prévaloir à l'encontre du propriétaire des informations contenues dans le diagnostic de performance énergétique qui n'a qu'une valeur informative.

Art. L.271-5 – La durée de validité des documents prévus aux 1° à 4°, 6°, 7° et 8° du I de l'article L. 271-4 est fixée par décret en fonction de la nature du constat, de l'état ou du diagnostic.

Si l'un de ces documents produits lors de la signature de la promesse de vente n'est plus en cours de validité à la date de la signature de l'acte authentique de vente, il est remplacé par un nouveau document pour être annexé à l'acte authentique de vente.

Si le constat mentionné au 1° établit l'absence de revêtements contenant du plomb ou la présence de revêtements contenant du plomb à des concentrations inférieures aux seuils définis par arrêté des ministres chargés de la santé et de la construction, il n'y a pas lieu de faire établir un nouveau constat à chaque mutation, le constat initial étant joint au dossier de diagnostic technique.

Si, après la promesse de vente, la parcelle sur laquelle est implanté l'immeuble est inscrite dans une des zones mentionnées au I de l'article L. 125-5 du Code de l'environ-

© Groupe Eyrolles / PAP

nement ou l'arrêté préfectoral prévu au III du même article fait l'objet d'une mise à jour, le dossier de diagnostic technique est complété lors de la signature de l'acte authentique de vente par un état des risques naturels et technologiques ou par la mise à jour de l'état existant.

Art. L.271-6 - Les documents prévus aux 1° à 4°, 6° et 7° du I de l'article L. 271-4 ainsi qu'à l'article L. 134-1 sont établis par une personne présentant des garanties de compétence et disposant d'une organisation et de moyens appropriés.

Cette personne est tenue de souscrire une assurance permettant de couvrir les conséquences d'un engagement de sa responsabilité en raison de ses interventions.

Elle ne doit avoir aucun lien de nature à porter atteinte à son impartialité et à son indépendance ni avec le propriétaire ou son mandataire qui fait appel à elle, ni avec une entreprise pouvant réaliser des travaux sur les ouvrages, installations ou équipements pour lesquels il lui est demandé d'établir l'un des documents mentionnés au premier alinéa.

Le diagnostic de performance énergétique mentionné à l'article L. 134-4 affiché à l'intention du public peut être réalisé par un agent de la collectivité publique ou de la personne morale occupant le bâtiment, dans les conditions prévues au premier alinéa du présent article. Un décret définit les conditions et modalités d'application du présent article.

Mesures de protection concernant certains vendeurs de biens immobiliers

Art. L 290-1 - Toute promesse de vente ayant pour objet la cession d'un immeuble ou d'un droit réel immobilier, dont la validité est supérieure à dix-huit mois, ou toute prorogation d'une telle promesse portant sa durée totale à plus de dix-huit mois est nulle et de nul effet si elle n'est pas constatée par un acte authentique, lorsqu'elle est consentie par une personne physique.

Art. L 290-2 - La promesse de vente mentionnée à l'article L. 290-1 prévoit, à peine de nullité, une indemnité d'immobilisation d'un montant minimal de 5 % du prix de vente, faisant l'objet d'un versement ou d'une caution déposés entre les mains du notaire.

Partie réglementaire

CHAPITRE I
Construction d'une maison individuelle avec fourniture de plan

Art. R231-1 - Le présent chapitre s'applique aux contrats relatifs à la construction d'un immeuble à usage d'habitation ou à usage professionnel et d'habitation ne comportant pas plus de deux logements destinés au même maître de l'ouvrage et régis par le chapitre 1er du titre III du livre II du présent code, partie législative.

Art. R231-2 - Il est satisfait aux obligations prévues au *a* de l'article L231-2 par les énonciations suivantes portées au contrat :
1. En ce qui concerne la désignation du terrain : sa situation avec l'indication de son adresse ou lieudit ainsi que sa surface et sa désignation cadastrale ;

© Groupe Eyrolles / PAP

2. En ce qui concerne le titre de propriété ou les droits réels permettant de construire : la nature des droits, la nature du titre, sa date, l'indication des nom et adresse du rédacteur de l'acte.

Art. R231-3 - En application du *c* de l'article L231-2, à tout contrat, qu'il soit ou non assorti de conditions suspensives, doit être joint le plan de la construction à édifier, précisant les travaux d'adaptation au sol, les coupes et élévations, les cotes utiles et l'indication des surfaces de chacune des pièces, des dégagements et des dépendances. Le plan indique en outre les raccordements aux réseaux divers décrits à la notice prévue à l'article R231-4 et les éléments d'équipement intérieur ou extérieur qui sont indispensables à l'implantation, à l'utilisation et à l'habitation de l'immeuble.

Un dessin d'une perspective de l'immeuble est joint au plan.

Art. R231-4 I. - Est aussi annexée au contrat visé à l'article L231-2 une notice descriptive conforme à un modèle type agréé par arrêté du ministre chargé de la Construction et de l'Habitation indiquant les caractéristiques techniques tant de l'immeuble lui-même que des travaux d'équipement intérieur ou extérieur qui sont indispensables à l'implantation et à l'utilisation de l'immeuble.

II. - Cette notice fait la distinction prévue à l'article L231-2 (d) entre ces éléments selon que ceux-ci sont ou non compris dans le prix convenu. Elle indique le coût de ceux desdits éléments dont le coût n'est pas compris dans le prix.

La notice mentionne les raccordements de l'immeuble à l'égout et aux distributions assurées par les services publics, notamment aux distributions d'eau, de gaz, d'électricité ou de chauffage, en distinguant ceux qui sont inclus dans le prix et, s'il y a lieu, ceux dont le coût reste à la charge du maître de l'ouvrage.

La notice doit porter, de la main du maître de l'ouvrage, une mention signée par laquelle celui-ci précise et accepte le coût des travaux à sa charge qui ne sont pas compris dans le prix convenu.

Art. R231-5 - Pour l'application du *d* de l'article L231-2, le prix convenu s'entend du prix global défini au contrat éventuellement révisé ; il inclut en particulier :

1. Le coût de la garantie de livraison et, s'il y a lieu, celui de la garantie de remboursement.
2. Le coût du plan et, s'il y a lieu, les frais d'études du terrain pour l'implantation du bâtiment.
3. Le montant des taxes dues par le constructeur sur le coût de la construction.

Art. R231-6 - L'indice mentionné à l'article L231-11 est l'index national du bâtiment tous corps d'état dénommé BT 01, créé par le ministre chargé de l'économie et des finances et utilisé pour la révision des prix des marchés de construction de bâtiment. Il traduit la variation des coûts salariaux, y compris les charges annexes, des coûts des matériaux et leur transport, des coûts d'utilisation, amortissement compris, des matériels mis en œuvre ainsi que des coûts des produits et services divers nécessaires à la gestion des entreprises définis par décision du ministre chargé de l'Économie et des Finances et publiés au Bulletin officiel de la concurrence et de la consommation.

L'indice BT 01 est publié mensuellement au *Journal officiel* par le ministre chargé de la Construction et de l'Habitation.

La limite mentionnée à l'article L231-11 est fixée à 70 %.

Art. R231-7 I. - Le pourcentage maximum du prix convenu, exigible aux différents stades de la construction d'après l'état d'avancement des travaux, est fixé, par application du troisième alinéa de l'article L242-2, de la manière suivante :

© Groupe Eyrolles / PAP

– 15 % à l'ouverture du chantier, pourcentage incluant éventuellement celui du dépôt de garantie ;
– 25 % à l'achèvement des fondations ;
– 40 % à l'achèvement des murs ;
– 60 % à la mise hors d'eau ;
– 75 % à l'achèvement des cloisons et à la mise hors d'air ;
– 95 % à l'achèvement des travaux d'équipement, de plomberie, de menuiserie et de chauffage.

II. - Le solde du prix est payable dans les conditions suivantes :

1. Lorsque le maître de l'ouvrage se fait assister, lors de la réception, par un professionnel mentionné à l'article L231-8, à la levée des réserves qui ont été formulées à la réception ou, si aucune réserve n'a été formulée, à l'issue de la réception.

2. Lorsque le maître de l'ouvrage ne se fait pas assister par un professionnel pour la réception, dans les huit jours qui suivent la remise des clés consécutive à la réception, si aucune réserve n'a été formulée, ou, si des réserves ont été formulées, à la levée de celles-ci.

Dans le cas où des réserves sont formulées, une somme au plus égale à 5 % du prix convenu est, jusqu'à la levée des réserves consignée entre les mains d'un consignataire accepté par les deux parties ou, à défaut, désigné par le président du tribunal de grande instance.

Art. R231-8 I. - Lorsque le contrat n'a pas stipulé un dépôt de garantie conforme à l'article L241-4-III, il prévoit un paiement n'excédant pas 5 % du prix convenu de la construction au jour de la signature ainsi qu'un paiement n'excédant pas 5 % dudit prix à la délivrance du permis de construire. En ce cas une attestation de garantie de remboursement est annexée au contrat.

II. - La garantie de remboursement est constituée par une caution solidaire donnée par un établissement de crédit ou une entreprise d'assurance agréés à cet effet.

La garantie est donnée :

1. Pour le cas où le contrat ne peut être exécuté faute de réalisation des conditions suspensives dans le délai prévu ;

2. Pour le cas où le chantier n'est pas ouvert à la date convenue ;

3. Pour le cas où le maître de l'ouvrage exerce la faculté de rétractation prévue à l'article L271-1.

Cette garantie prend fin à la date d'ouverture du chantier.

Art. R231-9 - La déclaration d'ouverture du chantier est modifiée par le constructeur à l'établissement garant.

Art. R231-10 - Les mises en demeure visées au II de l'article L231-6 sont faites par acte d'huissier.

Art. R231-11 - La demande d'exécution des travaux prévus à l'article L231-7 est valablement faite par lettre recommandée avec demande d'avis de réception.

Art. R231-12 - La copie des contrats de sous-traitance est adressée à l'établissement garant dans les huit jours de la signature de ces contrats.

Art. R231-13 - Sont approuvées les clauses types mentionnées au dernier alinéa de l'article L231-2 et figurant en annexe au présent code.

Art. R231-14 - En cas de retard de livraison, les pénalités prévues au i de l'article L. 231-2 ne peuvent être fixées à un montant inférieur à 1/3 000 du prix convenu par jour de retard.

Le contrat peut prévoir à la charge du maître de l'ouvrage une pénalité pour retard de paiement. Toutefois, le taux de celle-ci ne peut excéder 1 p. 100 par mois calculé sur les sommes non réglées si la pénalité pour retard de livraison est limitée à 1/3 000 du prix par jour de retard.

© Groupe Eyrolles / PAP

CHAPITRE II
Construction d'une maison individuelle sans fourniture de plan

Art. R232-1 - Le présent chapitre s'applique aux contrats ayant au moins pour objet l'exécution de gros œuvre, de mise hors d'eau et hors d'air d'un immeuble à usage d'habitation ou à usage professionnel et d'habitation, ne comportant pas plus de deux logements destinés au même maître d'ouvrage et régis par le chapitre II du titre III du livre II du présent code, partie Législative, par exclusion des contrats de construction avec fourniture de plan régis par les dispositions du chapitre 1er du présent titre.

Art. R232-2 - Dans l'hypothèse où un plan a été établi pour la réalisation des travaux prévus par un contrat relevant du présent chapitre, le maître de l'ouvrage doit indiquer le nom ou la raison sociale ainsi que l'adresse de l'auteur de ce plan. Le plan est joint au contrat.

Art. R232-3 - La désignation du terrain prévue au *a* de l'article L232-1 résulte de l'indication de son adresse ou lieudit, de sa surface et de sa désignation cadastrale.

Art. R232-4 - La consistance et les caractéristiques techniques de l'immeuble à réaliser sont décrites dans une notice analogue à celle qui est mentionnée au *I* de l'article R231-4. Cette notice est annexée au contrat.

Art. R232-5 - En application du *c* de l'article L232-1, le contrat prévoit l'échelonnement des paiements au fur et à mesure de l'exécution des travaux.

Un solde de 5 % du prix est payable à l'expiration de la garantie de livraison dans les conditions analogues à celles qui sont fixées au II de l'article R231-7.

Art. R232-6 - Les dispositions des articles R. 231-9, R. 231-10 et R. 231-12 sont applicables au contrat prévu au présent chapitre.

Art. R232-7 - En cas de retard de livraison, les pénalités prévues au *d* de l'article L. 232-1 ne peuvent être fixées à un montant inférieur à 1/3 000 du prix convenu par jour de retard.

Le contrat peut prévoir à la charge du maître de l'ouvrage une pénalité pour retard de paiement. Toutefois, le taux de celle-ci ne peut excéder 1 p. 100 par mois calculé sur les sommes non réglées si la pénalité pour retard de livraison est limitée à 1/3 000 du prix par jour de retard.

© Groupe Eyrolles / PAP

Code de l'urbanisme

Certificat d'urbanisme

Art. L410-1 - Le certificat d'urbanisme, en fonction de la demande présentée :

a) Indique les dispositions d'urbanisme, les limitations administratives au droit de propriété et la liste des taxes et participations d'urbanisme applicables à un terrain ;

b) Indique en outre, lorsque la demande a précisé la nature de l'opération envisagée ainsi que la localisation approximative et la destination des bâtiments projetés, si le terrain peut être utilisé pour la réalisation de cette opération ainsi que l'état des équipements publics existants ou prévus.

Lorsqu'une demande d'autorisation ou une déclaration préalable est déposée dans le délai de dix-huit mois à compter de la délivrance d'un certificat d'urbanisme, les dispositions d'urbanisme, le régime des taxes et participations d'urbanisme ainsi que les limitations administratives au droit de propriété tels qu'ils existaient à la date du certificat ne peuvent être remis en cause à l'exception des dispositions qui ont pour objet la préservation de la sécurité ou de la salubrité publique.

Lorsque le projet est soumis à avis ou accord d'un service de l'État, les certificats d'urbanisme le mentionnent expressément. Il en est de même lorsqu'un sursis à statuer serait opposable à une déclaration préalable ou à une demande de permis.

Le certificat d'urbanisme est délivré dans les formes, conditions et délais déterminés par décret en Conseil d'État par l'autorité compétente mentionnée au a et au b de l'article L. 422-1 du présent code.

Permis de construire

Art. L421-1 - Les constructions, même ne comportant pas de fondations, doivent être précédées de la délivrance d'un permis de construire.

Un décret en Conseil d'État arrête la liste des travaux exécutés sur des constructions existantes ainsi que des changements de destination qui, en raison de leur nature ou de leur localisation, doivent également être précédés de la délivrance d'un tel permis.

Art. L421-4 - Un décret en Conseil d'État arrête la liste des constructions, aménagements, installations et travaux qui, en raison de leurs dimensions, de leur nature ou de leur localisation, ne justifient pas l'exigence d'un permis et font l'objet d'une déclaration préalable.

Ce décret précise les cas où les clôtures sont également soumises à déclaration préalable.

Art. L421-5 - Un décret en Conseil d'État arrête la liste des constructions, aménagements, installations et travaux qui, par dérogation aux dispositions des articles L. 421-1 à L. 421-4, sont dispensés de toute formalité au titre du présent code en raison :

a) De leur très faible importance ;

b) De la faible durée de leur maintien en place ou de leur caractère temporaire compte tenu de l'usage auquel ils sont destinés ;

c) Du fait qu'ils nécessitent le secret pour des raisons de sûreté ;

d) Du fait que leur contrôle est exclusivement assuré par une autre autorisation ou une autre législation.

Art. L421-6 - Le permis de construire ou d'aménager ne peut être accordé que si les travaux projetés sont conformes aux dispositions législatives et réglementaires relatives

© Groupe Eyrolles / PAP

à l'utilisation des sols, à l'implantation, la destination, la nature, l'architecture, les dimensions, l'assainissement des constructions et à l'aménagement de leurs abords et s'ils ne sont pas incompatibles avec une déclaration d'utilité publique.

Le permis de démolir peut être refusé ou n'être accordé que sous réserve de l'observation de prescriptions spéciales si les travaux envisagés sont de nature à compromettre la protection ou la mise en valeur du patrimoine bâti, des quartiers, des monuments et des sites.

© Groupe Eyrolles / PAP

www.ingramcontent.com/pod-product-compliance
Lightning Source LLC
LaVergne TN
LVHW050037070726
842526LV00015B/2796